山西师范大学博士科研启动项目（0

经济管理学术文库·经济类

互联网对中国城市创新产出的影响研究

Research on the Impact of Internet on China Urban Innovation Output

刘　帅／著

经济管理出版社
ECONOMY & MANAGEMENT PUBLISHING HOUSE

图书在版编目（CIP）数据

互联网对中国城市创新产出的影响研究/刘帅著 . —北京：经济管理出版社，2023.9
ISBN 978-7-5096-9350-6

I.①互… Ⅱ.①刘… Ⅲ.①互联网络—影响—国家创新系统—研究—中国 Ⅳ.①F299.2-39

中国国家版本馆 CIP 数据核字（2023）第 193162 号

组稿编辑：杨　雪
责任编辑：杨　雪
助理编辑：王　蕾
责任印制：许　艳
责任校对：王淑卿

出版发行：经济管理出版社
　　　　　（北京市海淀区北蜂窝 8 号中雅大厦 A 座 11 层　100038）
网　　址：www.E-mp.com.cn
电　　话：(010) 51915602
印　　刷：北京晨旭印刷厂
经　　销：新华书店
开　　本：720mm×1000mm/16
印　　张：15.25
字　　数：282 千字
版　　次：2023 年 11 月第 1 版　　2023 年 11 月第 1 次印刷
书　　号：ISBN 978-7-5096-9350-6
定　　价：78.00 元

前　言

　　中国城市创新产出呈现"强者恒强，弱者恒弱"的发展趋势。互联网的使用和普及正在影响创新活动的组织和运行方式，重置创新活动的空间格局，为城市创新在发展中促进相对平衡提供新的解决思路。面对当前中国经济均衡可持续发展的宏观背景和需求，以及互联网基础设施和产业的蓬勃发展，有必要从互联网出发，对中国创新发展进行全面、深入的研究，探索出一条中国经济高质量发展的可行道路。因此，本书从城市视角，研究互联网对中国城市创新产出的水平、差距以及多样化的影响，这对中国制定合理的数字经济政策、提高城市创新能力、促进中国经济均衡可持续发展具有重要的理论意义和现实意义。

　　本书以网络经济理论、创新系统理论和新经济地理理论为基础，采用定性研究和定量分析相结合的方法，深入研究了互联网对中国城市创新产出的影响。首先，本书对互联网、创新以及城市创新产出三个关键概念进行界定；回顾城市创新产出相关研究，总结出城市层面的创新产出研究包括水平、差距以及多样化三个方面，并在此基础上，构建出阐释互联网影响城市创新产出的概念分析框架；从水平、差距以及多样化三个方面对互联网影响城市创新产出的机理进行分析并提出研究假说。其次，本书通过对相关政策文件的收集、整理和分析，系统归纳中国互联网发展和创新激励的相关政策制度及其演变，并基于城市层面的数据，分析中国城市互联网使用和城市创新产出的时空格局和动态演化。最后，本书基于中国城市的面板数据，运用时空研究方法、双重差分模型、面板门槛回归模型和空间计量模型等方法，实证检验互联网对城市创新产出水平、差距以及多样化的影响效应和机理。以"宽带中国"试点政策作为准自然实验，基于多期 DID 模型构建出互联网发展对城市创新产出水平影响机理的识别框架并进行实证检验；基于面板门槛回归模型研究互联网发展对城市创新产出差距的非线性影响，同时实证检验城市金融发展水平和市场活力对互联网影响城市创新产出差距的路径的门槛调节作用；利用空间计量模型，分析互联网对城市创新产出综合多样化的影响，实证检验其影响效应，深入探究互联网对城市创新产出相关多样化和无关多样化的不同作用效应。

　　本书主要创新点包括：第一，现有研究多从静态的视角对互联网的创新效应进行分析，然而创新活动的动态性意味着对互联网的创新效应的研究应更加多元和深入。因此，本书基于创新过程的四阶段理论，将创新过程划分为提出创意、咨询改进、创意匹配以及创意实施四个阶段，结合创新过程不同阶段的特征，深入分析互联网对城市创新产出水平的直接和间接影响机理。从直接影响来看，互联网的普及和发展对城市创新产出水平的提升具有显著的促进作用；从间接影响来看，互联网发展通过促进城市金融产业水平提升、城市产业结构合理化以及城市化发展进而提升城市创新产出水平。第二，不同于现有城市创新产出的增长效应研究，本书从城市之间创新活动的空间结构视角出发，同时考虑互联网对城市创新活动所产生的"离心力效应"和"向心力效应"，分析了互联网如何影响城市创新产出差距的变化。分析得出，互联网对城市创新产出差距缩小具有正向效应和门槛效应。中国互联网对城市创新产出的"离心力效应"大于"向心力效应"，有助于缩小中国城市创新产出差距；互联网对城市创新产出差距的影响显著存在基于金融发展水平和市场活力的"单门槛效应"。第三，已有研究大多关注互联网对创新活动规模水平的影响，较少涉及创新类型。本书基于创新类型视角，从理论和实证方面探究互联网对不同创新产出多样化的作用效应。研究发现，互联网对城市创新产出综合多样化、无关多样化和相关多样化具有差异化影响。从整体来看，互联网对城市创新产出综合多样化具有负向影响。根据创新产出的技术关联性，创新产出综合多样化可以分解为创新产出无关多样化和创新产出相关多样化。本书研究发现，互联网的发展有助于创新产出相关多样化的提升，而对创新产出无关多样化具有负向影响。

　　由于作者水平有限，加之编写时间仓促，所以书中疏漏与不足之处在所难免，恳请广大读者批评指正。

刘　帅

2023 年 5 月 4 日

目　录

第一章 绪 论

第一节 问题的提出

随着中国经济增长进入新常态，探索基于创新的可持续发展模式成为中国经济发展的必然要求（Schwerdtner et al.，2015；李扬、张晓晶，2015）。越来越多的学者认为，可持续的发展模式需要系统性的创新来支持。这些创新涉及制度、社会、文化、管理和技术等多方面（Gaziulusoy and Brezet，2015；Ryan，2013；Loorbach，2010）。此外，随着中国技术创新进入国际前沿，技术引进和学习的空间也越来越小，更加迫切需要系统性的创新来支撑中国的可持续发展（Zabala-Iturriagagoitia et al.，2007）。城市作为人口和经济活动集聚的主要场所，为创新活动提供了必备的条件和丰富的场景，是开展系统性创新的重要载体。因此，提升中国城市创新能力，增加城市创新产出，对于中国推进创新驱动和可持续发展战略，实现中国经济社会的高质量发展具有重要意义。

城市创新的一个典型特征就是地理空间上的集聚和分化共存（Jungmittag，2006；Wei et al.，2015）。众所周知，许多经济活动在地理空间上呈现非均匀的分布特征（Fajgelbaum and Gaubert，2020；刘华军、曲惠敏，2021；刘芳，2019）。大量城市的存在和出现，以及城市中形成的特定经济功能的集聚区域都说明了这一现象的普遍存在。并且在众多的经济活动中，创新活动的地理空间分布呈现更加强烈的非均等性（Coenen and Morgan，2020；苏屹、闫玥涵，2020；何舜辉等，2017）。而决定经济活动地理空间分布的核心是这些经济活动背后一组方向相反的集聚和分散力的相互作用。在这一组反向作用的力量当中，有些力量促使经济活动逐渐向城市或中心区域集聚，经济学家将其称为向心力；而有些力量则促使经济活动不断向小城市或边缘区域分散，经济学家将其称为离心力。由于这两种作用力的范围和强度不尽相同，即便这两种力量达到平衡，经济活动所呈现的空间格局也会存在差异。并且当这两种力量达到平衡时，其所决定的资源配置格局将直接影响城市创新产出的水平、差距以及多样化。

影响创新活动空间分布的因素有很多，而决定信息和知识流动成本的因素就是其中重要的一类，同时这一类因素也是决定区域创新产出的核心（Redding and Rossi-Hansberg，2017；万广华、张琰，2021；戴美虹，2019）。这类因素对经济中创新活动的空间分布所产生的影响，关键取决于这些因素如何影响和调节创新活动中向心力和离心力之间的平衡。影响信息和知识流动成本的因素在很大程度上决定着知识外部性和扩散的范围及强度（Baslandze，2016），在不同的知识外部性和扩散的范围及强度下，创新活动会表现出不同的集聚和分散模式。所谓外部性，当一个经济主体采取的行为影响到另一个经济主体，而经济主体评估该行为的成本和收益时没有将这种影响内部化，就会产生外部性。在信息和知识的流动过程中，这种外部性可能是缺乏相应市场的结果。一个典型的例子就是，研究人员或公司在一个地点发现的创新点扩散到同一地点或不同地点的其他研究人员和公司中。阿尔弗雷德·马歇尔（Marshall，1919）首先对这种创新活动的外部性进行了分类，该分类区分了知识溢出、密集劳动力市场造成的外部性以及产业链上的后向和前向关联。而 Duranton 和 Kerr（2015）则提出了另一种分类方式，即共享、匹配和学习三种不同的机制。并且许多实证研究发现，这些创新活动的外部性高度本地化，并随着地理、技术或经济的远离而迅速衰减（Ahlfeldt et al.，2015）。

在过去的十年中，中国以及世界互联网的发展进入了一个崭新的阶段。在上一阶段，互联网通过数字化的手段重塑了社会生活中的生产、消费和通信等方面，有效地促进了创新和经济发展，推动了中国的城市化进程。随着互联网进入深化的第二阶段，其通过嵌入式软件实现了物理对象的广泛数字化、互联化。在数字经济全面发展的时代，互联网从根本上改变了信息和知识的传播方式，大大降低了信息和知识的流动成本，对于创新活动的外部性和扩散将产生颠覆性影响。许多创意的影响范围可以跨越区域、国家甚至大陆，影响范围之广，前所未有。无数物理对象相互连接，并最终连接到数据网络和应用系统。在任何有互联网基础设施的区域，人们可以便捷地了解世界上所发生的事情，第一时间获取最新的研究成果，及时与创新团队进行互动。互联网的使用和普及正在影响创新活动的组织和运行方式，不断渗透进创新活动的各个阶段，对其进行重塑。综上可知，互联网深刻地改变着信息和知识流动的方式，进而影响创新活动的向心力和离心力的相对平衡，互联网正在重置创新活动和创新产出的空间格局。

那么，面对全面数字化时代的来临和深化，人们应该如何应对互联网创新活动带来的变化，怎样有效组织创新资源，政策制定者如何有效利用互联网进而提升区域和城市创新水平，如何合理引导和推进中国的城市化进程？回答这些问题需要人们清楚地认识互联网如何影响创新活动的过程，如何影响创新活动的离心力和向心力的平衡，从中寻找区域创新产出提升和均衡发展的有效路径。因此，本书将系统地解答以下问题：

第一，互联网是否以及如何影响创新活动的过程，进而影响城市创新的产出水平？

第二，互联网如何影响城市创新产出的均衡发展，是否有助于缩小城市创新产出差距？

第三，互联网如何影响城市创新产出的多样化发展？

第二节 研究背景与研究意义

一、研究背景

从长期看，技术创新是决定经济可持续增长的核心驱动力（Romer，1990）。自18世纪第一次工业革命以来，源源不断的技术变革使世界经济经历了前所未有的增长，这是几千年农业文明所无法想象的。许多经济学家将工业革命之后的经济发展称为现代经济增长。作为世界四大文明古国之一的中国，同时见证和亲历了这一时期。改革开放以来，中国经济以平均9.7%的速度增长了近40年，使2020年的经济规模比1978年增长约40倍①，其根本原因在于中国充分利用了作

---

① 国家数据中心。

为发展中国家的"后发优势"，通过技术创新与产业升级推动经济高速增长（林毅夫，2018）。2012年以来，为充分激发"大众创业、万众创新"，中国各级政府以及部门出台了一系列推动社会各界创新创业的激励政策。在政府的大力推动下，中国创新能力实现了显著的提升，2006~2020年，中国R&D投入占GDP比重从1.37%提升至2.41%①。综观国内国外、过去现在，国家以及区域的创新能力是推动其经济可持续发展与社会进步的根本。

虽然中国经济在过去40多年取得了前所未有的成绩，但在经济迅速增长的过程中，人们却忽视了在人口、资源、环境和生态等多方面产生的问题，也造成中国经济、社会与自然的失衡。1972年，《增长的极限》（*The Limits to Growth*）一书问世，书中反思了世界经济发展模式的不可持续性，并提出了可持续发展的概念。该书极大地促进了人类对于人与自然协调可持续发展的深度思考。在中国特色社会主义现代化建设中，实现可持续发展是中国的必然要求。1996年，中国将可持续发展列为国家发展战略；1997年，中国在1986年启动实施的"国家社会发展综合实验区"基础上创建"国家可持续发展实验区"。为推动落实联合国2030年可持续发展议程，充分发挥科技创新对可持续发展的支撑引领作用，国务院于2016年12月3日颁布了《中国落实2030年可持续发展议程创新示范区建设方案》，正式启动国家可持续发展议程创新示范区建设。循环经济、生态环境保护、清洁能源、医疗健康以及海洋经济等是未来可持续发展的核心，而这些领域的发展和进步需要技术创新的推动。因此，创新不但是中国经济高质量增长的推动力，而且更肩负着实现中国可持续发展的重任。

在中国创新能力提升的同时，不同区域之间的创新格局也发生了较大的变化。自2008年金融危机以来，中国城市创新的差距在不断增大（周锐波等，2019），并且城市创新差距的来源呈现多元化特征，既有来自中国整体的区域差距，也有来自区域内部的差距。近年来，中国创新增速最快的是长江中游和西南地区的中心城市，然而许多中西部地区中小城市的创新则增速缓慢。相关研究发现（刘华军、曲惠敏，2021）：中国的高创新产出城市主要集中在京津冀、长三角城市群；中国东部地区的城市创新产出集中度高于西部地区的城市创新产出集中度，而北部地区的城市创新产出集中度低于南部地区的城市创新产出集中度。并且中国城市创新产出呈现越来越显著的两极分化特征，横向极化与纵向极化并

---

① 笔者根据国家数据中心提供的数据计算所得。

存，纵向极化趋势远快于横向极化。除此之外，党的十九大报告指出，中国特色社会主义进入新时代，我国社会主要矛盾已经转化为人民日益增长的美好生活需要和不平衡不充分的发展之间的矛盾。欧洲的经验也表明，不断扩大的城市创新差距会导致区域经济分化，而严重失衡的区域经济将阻碍一个区域或国家的有序发展（Dijkstra et al.，2020）。因此，在提升城市创新水平的同时，如何缩小城市以及区域之间的创新差距也成为许多学者和政策制定者最为关注的问题。理论上，地理空间距离会增加劳动力和信息流动的成本。为降低该成本，提高企业创新能力，企业和劳动力趋向于集聚在大城市，随着集聚过程的不断累积，城市间的创新差距将不断扩大（Davis and Dingel，2019；张所地等，2021）。基于此，缩小城市创新差距的核心在于降低劳动力和信息流动的成本。

以互联网为代表的信息通信技术的蓬勃发展使中国数字经济欣欣向荣，助力中国经济的高质量发展。与此同时，互联网的出现为降低劳动力和信息的流动成本提供了可能，为提升城市创新水平和缩小城市创新差距提供了新的解决思路。"十三五"期间，中国建成了全球规模最大的信息通信网络，为互联网产业腾飞和数字经济繁荣发展创造了条件，更重要的是信息和知识的流动成本大大降低，知识的外部性更加显著。首先，中国光纤接入规模屡创新高。截至 2020 年 12 月，中国光纤接入用户总数已达 4.54 亿户，较 2015 年 12 月增长 3.34 亿户。其次，中国 4G 基站和用户数量全球领先。截至 2020 年 12 月，中国 4G 用户总数已达 12.89 亿户，较 2015 年 12 月增长 9.03 亿户，4G 用户在移动电话用户总数中占比从 29.6%提高至 80.8%，远高于全球平均水平。"十三五"期间，中国建成 4G 基站数占全球 4G 基站的一半以上。最后，5G 规模部署持续提速。自 2019 年 5G 商用以来，中国已建成全球最大的 5G 网络，5G 基站超 71.8 万个，5G 终端连接数突破 2 亿。①

二、研究意义

面对当前中国经济均衡可持续发展的宏观背景和需求，以及互联网基础设施和产业的蓬勃发展，有必要从互联网出发，对中国创新发展的一些问题进行分析解答，探索一条中国经济高质量发展的可行道路。本书从城市视角出发，研究互

---

① 基础设施建设全覆盖，为互联网腾飞筑根基［EB/OL］. 中国网信网，［2021-02-03］. http：//www.cac.gov.cn/2021-02/01/c_1613751827093040.htm？from=groupmessage.

联网对中国城市创新产出的水平、差距以及多样化产生的影响，对中国制定合理的数字经济政策、提高城市创新能力、促进中国经济均衡可持续发展具有重要的理论和现实意义。

第一，理论意义。本书从水平、差距以及多样化三个方面分析互联网对城市创新产出的影响，为本领域后续研究提供了一个新的研究城市创新产出的概念分析框架。本书深入研究创新活动的不同阶段，探究互联网如何影响创新活动，进而影响城市创新的产出水平，丰富了互联网对城市创新产出影响的理论研究成果。本书基于新经济地理理论，分析互联网如何影响城市创新产出差距的变化，对城市创新产出差距的成因研究进行了拓展和补充；基于行业层面的创新数据，研究互联网对城市创新产出多样化的影响，补充创新多样化相关的理论和实证研究内容。

第二，现实意义。本书基于互联网对城市创新产出影响的概念分析框架，为城市的政策制定者提供多方面的创新产出考察视角，便于其更加全面地把握城市创新的实际状态与特征。同时，本书有利于政府部门准确把握如何有效地用"有形之手"对互联网基础设施建设和相应配套的经济环境进行宏观调控和引导，为实现中国创新均衡发展提供决策参考。本书通过理论和实证分析，助力政策制定者更准确地评估政策措施所带来的影响，使其更精准地进行政策的制定和实施。

第三节　研究目标与研究内容

本书的研究目标是在数字经济蓬勃发展的背景下，从城市视角出发，研究互联网对中国城市创新产出的水平、差距以及多样化所产生的影响。本书研究为优化中国互联网络基础设施的建设和利用，进而提升区域和城市创新绩效提供支撑，助力中国经济的高质量发展。

本书具体研究内容安排如下：

第一章，绪论。本章首先主要阐述选题的由来、背景以及意义；其次，明确本书的研究目标，梳理主要研究内容和研究思路，同时陈述本书所采用的主要研究方法；最后，就本书的主要创新点做出总结。

第二章，理论基础与研究综述。本章首先呈现了研究相关的基础理论；其次，从成本视角对以互联网为代表的信息通信技术的经济效应进行系统的梳理，并且对城市在创新活动中所发挥的作用的相关文献进行归纳；再次，从空间经济的视角梳理关于互联网影响城市创新的理论分析以及实证研究；最后，对现有文献的拓展研究进行评述。

第三章，概念界定与理论解析。本章首先对互联网、创新以及城市创新产出三个关键概念进行界定；其次，通过文献梳理构建了互联网影响城市创新产出的概念分析框架；最后，分别从水平、差距以及多样化三个方面分析了互联网对城市创新产出的影响机理。

第四章，互联网与城市创新产出：政策与时空态势。本章首先通过对相关政策文件的收集、整理和分析，系统归纳中国互联网发展和创新激励的相关政策制度及其演变；其次，基于城市层面的数据，分析中国城市互联网使用和城市创新产出的时空格局和动态演化。

第五章，互联网对中国城市创新产出水平影响的实证分析。本章基于创新过程的四阶段（创意、咨询改进、创意匹配以及创意实施）理论，分析互联网影响城市创新产出水平的直接机理和间接机理，以"宽带中国"试点政策作为准自然实验，基于多期 DID 模型构建互联网发展对城市创新产出水平影响机理的识别框架并进行实证检验。

第六章，互联网对中国城市创新产出差距影响的实证分析。本章在新经济地理理论的基础上，从创新活动在城市间的空间分布视角出发，同时考虑互联网对城市创新活动所产生的"离心力效应"和"向心力效应"，基于面板门槛回归模型研究互联网发展对城市创新产出差距的非线性影响，并实证检验城市金融发展水平和市场活力对互联网影响城市创新产出差距的路径的门槛调节作用。

第七章，互联网对中国城市创新产出多样化影响的实证分析。本章基于创新类型视角，利用空间计量模型，分析互联网对城市创新产出综合多样化的影响，实证检验其影响效应，深入探究互联网对城市创新产出相关多样化和无关多样化的不同作用效应。

第八章，研究结论、政策启示与研究展望。本章总结全书研究发现的主要结论，并且基于研究发现提出相关的政策启示，并展望未来的研究。

第四节　研究思路与研究方法

一、研究思路

本书从城市视角出发，探究互联网对城市创新产出的影响机理和效应，深入分析互联网对城市创新产出的水平、差距以及多样化所产生的重要影响作用。具体而言，主要研究思路如下：

第一，通过文献回顾以及时空分析，首先梳理中国互联网和创新政策制度的演变趋势，其次考察中国城市互联网使用和创新产出的空间格局和动态演化。

第二，基于创新过程理论，分析和检验互联网对城市创新产出水平的直接增长效应，从金融发展、产业结构合理化和城市化三个方面分析互联网对城市创新产出水平的间接作用机理。

第三，运用新经济地理理论，分析互联网对城市创新产出差距的非线性影响，并实证检验城市金融发展水平和市场活力对互联网影响城市创新产出差距路径的门槛调节作用。

第四，从创新类型视角出发，分析和检验互联网对城市创新产出综合多样化的影响效应，并对城市创新产出综合多样化进行分解，深入分析互联网对创新产出相关多样化和无关多样化的作用。

本书研究思路框架如图1-1所示。

二、研究方法

基于上述研究问题，本书采用的研究方法包括：

第一，时空特征描述性研究方法。综合运用基尼系数及其空间分解、探索性空间分析、核密度估计等研究方法，全面呈现和深入分析中国城市互联网使用和城市创新产出的时空格局与动态演化。

第二，因果识别研究方法。运用多期双重差分模型（DID）评估互联网对城市创新产出水平提升的影响效应，并进一步检验互联网影响城市创新产出水平的作用机理。

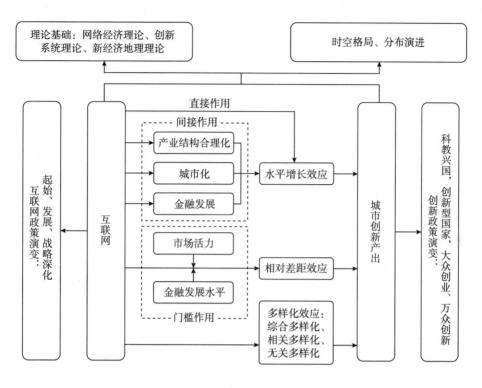

图1-1 本书研究思路框架

第三，面板数据计量研究方法。采用面板模型和非动态面板门槛回归模型来研究互联网对城市创新产出差距的影响，检验互联网对城市创新差距非线性的"门槛效应"。

第四，空间计量研究方法。使用空间自回归模型、空间误差模型以及空间自回归误差模型分析互联网对城市创新产出综合多样化的影响，并深入探究互联网对城市创新产出相关多样化和无关多样化的作用效应。

第五，结合上述研究方法，针对不同的研究内容，进一步采用分区域回归、PSM-DID模型、Matching Frontier分析、安慰剂检验、工具变量法（2SLS）和广义矩估计方法（GMM）或剔除数据异常值等不同的方法对本书的实证分析进行内生性和稳健性检验。

第五节　研究的创新点

与已有研究相比，本书的创新点主要体现在以下三个方面：

第一，现有研究多从静态的视角对互联网的创新效应进行分析，然而创新活动的动态属性意味着对互联网的创新效应的研究应该更加多元和深入。因此，本书基于创新过程的四阶段理论，将创新过程划分为提出创意、咨询改进、创意匹配以及创意实施四个阶段，结合创新过程不同阶段的特征，深入分析了互联网对城市创新产出水平的直接和间接影响机理。以"宽带中国"试点政策作为准自然实验，基于 DID 模型的实证研究发现，互联网可以通过直接和间接的作用提升城市创新产出水平。从直接影响看，互联网的普及和发展对于城市创新产出水平的提升具有显著的促进作用；从间接影响看，互联网发展通过促进城市金融产业水平提升、城市产业结构合理化以及城市化发展进而提升城市创新产出水平。

第二，不同于现有城市创新产出的增长效应研究，本书从城市之间创新活动的空间结构视角出发，同时考虑互联网对城市创新活动所产生的"离心力效应"和"向心力效应"，分析了互联网如何影响城市创新产出差距的变化。互联网对创新活动地理分布的影响效应并非是单一的"离心力效应"或"向心力效应"，而是两种效应同时发挥作用，并且城市金融发展和市场活力在其中发挥重要的调节作用。实证检验得出，互联网对城市创新产出差距缩小具有正向效应和门槛效应；中国互联网对城市创新产出的"离心力效应"大于"向心力效应"，有助于缩小中国城市创新产出差距；互联网对城市创新产出差距的影响显著存在基于金融发展水平和市场活力的"单门槛效应"，城市只有跨越相应的金融发展水平和市场活力的门槛，互联网才能有效地促进中小城市创新能力提升，缩小城市创新产出差距。

第三，已有研究大多关注互联网对创新活动规模水平的影响效应，较少涉及创新活动的类型。本书基于创新类型的视角，从理论和实证方面深入探究了互联网对不同创新产出多样化的作用效应。研究发现互联网对城市创新产出综合多样化、无关多样化和相关多样化具有差异化的影响。整体来看，互联网对于城市创新产出综合多样化具有负向的影响。互联网通过提高现有产业体系的分工水平，强化在位企业的创新能力，对城市创新产生专业化促进的作用，在一定程度上降低了城市创新产出多样化水平。根据创新产出的技术关联性，创新产出综合多样化可以分解为创新产出无关多样化和创新产出相关多样化，实证检验发现互联网的发展有助于创新产出相关多样化的提升，而对创新产出无关多样化具有负向影响。

第二章 理论基础与研究综述

第一节 理论基础

一、网络经济理论

自 20 世纪 90 年代以来，以互联网为代表的信息技术的新一轮发展催生了数字经济新的时代特征——网络经济。学界对于互联网等信息技术的研究不再局限于信息产业对社会经济活动所产生的影响，互联网在经济活动中所发挥的作用及产生的影响也受到了许多学者的关注。中国学者乌家培，美国学者卡尔·夏皮罗（Carl Shapiro）、哈尔·范里安（Hal Ronald Varian）都在该领域做出了开创性的研究。

在网络经济中，不同经济主体通过网络平台在虚拟市场中进行链接。在互联网中，厂商、中间商、消费者可以最大限度地突破地理空间的约束，甚至可以在全球范围内获取信息，通过电子化的过程高效快捷地完成生产和交易等经济活动。不同于传统经济，网络经济可以通过互联网等信息技术向经济、社会的各个领域逐渐渗透，从根本上影响经济中的生产、交换等方式。与此同时，网络经济对传统经济理论也形成了一系列冲击，如边际收益递增现象、规模经济弱化现象等。并且网络经济所展现的一些新特征也使中小企业可能获取更强的发展活力，使落后的发展中国家和区域可能拥有更大的发展动力（Goldfarb and Tucker，2019）。吴婵丹（2015）从新经济地理学视角发现 ICT（信息通信技术）存在供给链的"整体分散与环节集聚"效应、市场规模的"实体分散与虚拟集聚"效应、关联成本的"地理距离衰减"效应、城市体系的"网络流协同发展"效应、企业发展的"知识开放累计循环"效应五大效应，意味着ICT引致了技术密集型行业的空间集聚，对劳动密集型和资源密集型行业的空间配置未产生显著作用（吴婵丹，2015）。

在信息产业以及网络经济中，互联网遵循三大规律（翟婧彤，2020）：①摩尔定律。1965年，摩尔预测到单片硅芯片的运算处理能力每18个月就会翻一番，而与此同时，价格则减半。②梅特卡夫法则。根据此法则，网络经济的价值等于网络节点数的平方，这说明互联网所产生和带来的效益将随着网络中用户的增加而呈现指数级的增长。③信息技术的马太效应。在网络经济中，由于行为主体的心理反应和惯性行为，在一定条件下，优势或劣势一旦出现并达到一定程度，就会不断自我强化，出现"强者更强，弱者更弱"的垄断局面。

二、创新系统理论

创新是一个复杂的系统过程，需要多种要素的协同才可以有效发挥作用。一个典型的创新系统包括许多要素，比如丰富的知识储备、广泛的网络和关联，以及支持创新创业的制度和文化环境等（Asheim and Coenen，2005；苏屹、闫玥涵，2020；庞玉萍、刘叶青，2020）。并且，创新系统必须依托于一定的空间环境才可以有效发挥作用。基于国家创新系统的理论框架，国外学者从实证分析的角度探讨了造成不同国家之间创新能力差异的原因（Proksch et al.，2017），为研究中国创新能力提供了有益的借鉴。

但当前中国依然是处于转型阶段的发展中国家，国内不同区域之间的经济、社会以及文化都存在较大的差异，李习保（2007）基于职务发明专利数据发现，中国创新产出存在显著的区域差异，从国家角度研究中国创新能力变迁存在一定偏颇，因此基于区域视角的创新能力研究更适于中国现状。因此，许多研究使用区域创新系统的研究框架来分析区域创新差距的来源和机理（Asheim et al.，2019；Doloreux，2002；韩先锋等，2019）。例如，杨明海等（2018，2017）从不同层次分别研究了中国七大城市群与八大综合经济区创新能力的区域差距以及差距来源；盛彦文等（2020）选取中国东部沿海五大城市群作为研究区域，分析城市群的创新效率、空间动态及其影响因素。区域创新系统理论认为，创新是系统中各创新主体之间关系的社会化和网络化过程，在这个过程中，系统规则和制度影响并指导着创新主体的行为（白俊红、蒋伏心，2015）。李习保（2007）研究发现，中国区域创新能力差距日益扩大的主要原因是地区之间创新效率的差距不断扩大，而影响创新效率的因素主要包括区域创新主体构成、政府支持以及与工业结构相关的创新环境。

区域创新系统理论的一个主要优点就是其摒弃了在相当宽泛的范围内构建一个一般模型的思路（Coenen et al.，2017）。相反，区域创新系统更强调创新过程的构成和环境，其主张基于创新系统的构成要素进行不同的分类，深入分析不同类型创新系统的运作机理（Cooke，2005；Asheim et al.，2015）。正是由于该理论的这一优点，其获得了许多政策制定者的青睐（Morgan，2017；Uyarra et al.，2017；苏屹、闫玥涵，2020）。尤其是在制定一些地方敏感的产业创新战略方面，系统视角是分析区域创新的具体条件和制定地方性战略所不可或缺的重要的工具。而许多实践和研究都表明创新活动具有典型的本地化特征（Aryal et al.，2021；查婷俊、杨锐，2015）。就此而言，中国各区域和城市都应该制定与各自地区创新发展的具体条件相适应的创新发展战略。

三、新经济地理理论

地理空间是研究区域或城市经济活动不可回避的重要因素，尤其是在探究跨区域或城市的问题时，地理空间距离所引致的交通运输成本是分析相关问题的关键。20 世纪 90 年代，在集聚经济学的理论基础上，保罗·克鲁格曼（Paul R. Krugman）将地理空间因素引入了这一传统分析框架，并且充分发掘和利用迪克西特—斯蒂格利茨垄断竞争模型的空间属性，将理论模型的前提假设放宽为规模报酬递增、冰山运输成本和不完全竞争的市场结构，进而研究工业企业在不同区域和城市中的区位选择，探讨产业集聚的内在机理，由此一个新的经济学流派就形成了，即新经济地理理论（Krugman，1991）。新经济地理理论认为，经济活动的集聚力量主要来源于本地市场规模扩大所产生的规模报酬递增效应，产业的空间集聚能够促进劳动力实际收入水平的提升和产品种类的增加，从而对人口产生正向的吸引力，促使本地市场规模进一步扩大，并进一步增强规模报酬递增效应，进一步吸引人口流入，循环往复，我们将该过程称为累积因果。但由于农业生产的不可移动性，只有当运输成本低于交易的利润水平时，产业集聚才能达到稳定的均衡。新经济地理理论强调集聚经济的收益来自于地理空间的邻近带来的运输成本降低，运输成本的降低会使企业拥有更大的利润空间，从而增加了集聚的动力。但也有研究表明，随着城市规模的扩张和运输条件的优化，运输成本对于企业利润的影响正在弱化，知识溢出成为集聚产生的重要原因。集聚有利于知识在当地的外溢，从而扩大企业生产可能性的边界，促使企业的生产效率提高（Glaeser et al.，2010）。

第二节 互联网经济效应相关研究

从本质上讲，以互联网为代表的信息通信技术是对信息和数据的一种编码、存储以及加工处理方式，其主要通过比特（BIT）的形式对信息进行展示，这种信息处理技术极大地降低了数据的存储、运算和传输成本（何大安，2018）。随着互联网等信息通信技术的快速发展，其对于经济社会生活产生了巨大的影响。在此背景下，互联网经济就是从经济学的角度研究互联网等信息通信技术是否以及如何影响经济主体的行为活动。

在开展互联网经济研究的过程中，首先遇到的问题就是，现有经济理论是否足以支撑互联网经济的相关研究，研究当中是否需要发展新的互联网经济理论。Goldfarb 和 Tucker（2019）认为，开展互联网经济研究其实并非需要全新的经济理论。人们进行互联网经济的研究，应该兼具继承与创新两个方面（何大安，2018）。从基本经济理论出发，在互联网经济研究过程中人们只需要在传统经济理论上突出互联网技术所带来的差异。基于此，本书开展互联网经济研究需要弄清楚下面的问题，互联网经济与传统经济存在哪些差别？基于互联网的技术本质，它作为一种通用技术，主要影响经济活动中的各类成本。因此，互联网经济研究可以基于以下指导开展研究，即当影响经济主体行为的成本大幅下降或接近零时，基本经济理论模型会发生哪些变化。从成本的角度看，互联网等信息通信技术极大地降低了搜寻成本、生产成本（数字产品）、运输成本、追踪成本以及信誉验证成本五类经济活动的成本（Shapiro and Varian，1999；Borenstein and Saloner，2001；Ellison and Ellison，2005）。在互联网环境中，搜寻成本较低，甚至在某些情况下趋近于零，扩大了搜索的潜在范围和质量。而对于数字化的产品，它们可以以近乎零的成本不断被复制，这意味着它们是一种非竞争性的产品。由于数字产品和信息的运输成本几乎为零，地理距离在这种情况下变得不再像以前那么重要（张永林，2016）。互联网等信息通信技术的发展使厂商可以较低的成本追踪任何一个消费者的行为，为其提供个性化的服务与产品，当然这也会带来其他一些不好的影响，比如价格歧视与杀熟等（李丹，2021；承上，2020）。随着互联网征信体系的完善，它可以更容易地让人们验证数字经济中任何个人、公司或组织的声誉和可信度。基于上述五类成本视角，本书对互联网的经济效应进行回顾。

一、信息搜寻成本相关研究

所谓信息搜寻成本，就是经济主体在信息搜集过程中所花费的成本。因此，所有涉及信息搜集的经济活动都会有搜寻成本。互联网的出现，尤其是基于互联网的商业活动的出现，极大地降低了消费者的商品搜寻成本。消费者很容易在各类电子商务平台对产品的各类信息进行对比。相关研究发现，线上同类产品的价格低于线下同类产品的价格（Brown and Goolsbee，2002；Morton et al.，2001；Orlov，2011；盛天翔、刘春林，2011）。随着电子商务的发展和在线搜寻成本的降低，消费者的福利也得到了增加（Brynjolfsson and Hitt，2003；鲁元平、王军鹏，2020）。但由于互联网为许多商户提供了展示自身产品以及服务的渠道，造成线上产品之间的差异化反而增大，进而扩大了线上产品的价格差异（Orlov，2011；Baye and Morgan，2001；常亮，2016）。此外，在线平台可以通过改变产品展示和搜索的方式来影响消费者的搜寻成本，进而影响其消费决策（Honka，2014）。

除了对产品价格产生影响之外，搜寻成本的降低也极大地扩展了消费者的消费可能集，增加了消费产品的多样性。在线平台的出现允许消费者可以购买许多平常较为少见的产品（Yang，2013；Zhang，2018；张佳、王琛，2020）。通过对比卖家在线上、线下销售的产品，Brynjolfsson 等（2011）发现其线上产品的种类多于其线下销售产品的种类。随着电子商务平台的发展，搜寻成本不断降低，在线消费市场出现了"长尾"（Anderson，2006）和"爆款"（Bar-Isaac et al.，2012）共存的现象。互联网除了提高了消费者的信息搜索和获取能力之外，其对企业的搜索能力的提高也有很大的帮助。在更广义的层面，搜寻成本的降低提高了市场中供需的匹配效率，比如工人与企业、买者与卖者、投资人与企业家等，极大地推进了 P2P 在线平台的繁荣发展（Cullen and Farronato，2020），也有研究将其称为"共享经济"。P2P 平台的核心理念就是通过互联网将供需双方连接起来，促进双方交易（Einav et al.，2018；张海洋，2017）。互联网大大降低了搜寻成本，提高了供需双方的匹配和交易效率，极大地推动了在线平台经济的发展（Nocke et al.，2007；Simcoe，2012；施炳展、李建桐，2020）。

二、生产成本相关研究

互联网等信息技术的发展催生了许多数字化的产品。相较于常规的产品，数字化产品的一个重要特征就是其再生产成本接近于零。这意味着在互联网环境中，数字产品是非竞争的（Goldfarb and Tucker，2019），即一个消费者对于数字产品的消费并不会影响其他消费者对该数字产品的消费。比如，信息可以在计算机中不断复制，并不会影响初始信息的数量或质量。面对非竞争的数字化产品，在线企业遇到的第一个问题就是如何为这些数字产品定价。其中一个可行的定价方式或销售方式就是捆绑销售（Brynjolfsson and Smith，2000；冯然，2017）。捆绑销售的关键就是产品的多元化，将具有不同偏好的产品进行捆绑销售，比如将两种偏好相反的产品捆绑定价，使所获得的收益高于将任何一种产品单一销售所获得的收益（Carlton et al.，2010）。

除了数字化产品的定价和销售问题，许多研究对于非竞争的数字化产品供给动机也进行了深入的分析。尤其对于许多开源产品，其免费供给背后的原因究竟是什么。Lerner 和 Tirole（2002）认为存在两方面的原因：一方面，对于个体开源人员来说，在互联网平台开源自己的代码，尤其是高质量的代码，有助于将其优秀的个人工作能力传递给潜在的企业；另一方面，对于企业来说，维护开源的平台有助于企业其他增值服务或与开源产品互补的产品的销售。而且数字产品的开源使发展中国家的消费者与劳动力可以以较低的成本获得优质的服务和产品。比如，互联网教育的兴起使许多欠发达地区的教育得到了一定的发展（Kremer et al.，2013；廖宏建、张倩苇，2018）。Acemoglu 等（2014）认为互联网教育将使教育资源的分配更加公平。

接近于零的复制成本使数字化产品在互联网发展初期成为公共产品，比如音乐（Waldfogel，2010）、电影（Peukert et al.，2017）以及书籍（Reimers，2016）等。只要互联网中有一个用户上传这些数字化的产品，上百万甚至所有接入互联网的用户都可以免费享受这些产品。这带来的一个副作用就是降低了这些产品的销售收入（Waldfogel，2012）。于是，为保障数字化产品所有者的合法权益，数字化产品的版权法应运而生。版权法的实施在一定程度上提升了版权产品所有者的销售收入。但相关研究却发现版权法的实施降低了互联网中的创新（Waldfogel and Reimers，2015）。此外，版权法的实施降低了创新的连续性（Williams，2013；Nagaraj，2018），即互联网中受到版权保护的创新往往缺乏很好的连续性，而在互联网中共享的一些创新却持续出现。互联网中收入与创新的共同提升为版权法的制定提出了挑战，这也成为许多学者研究的热点。

三、运输成本相关研究

互联网等信息通信技术的出现使数字化产品的跨地理空间的运输成本迅速下降，甚至逼近于零（安同良、杨晨，2020）。人们不再需要通过物理空间的位移来实现数字产品的运输，只需要在虚拟的网络空间就可以实现数字产品远距离的传输。此外，除了数字产品的运输成本降低，互联网尤其是电子商务同样降低了实物产品的运输成本（Pozzi，2013；薛有志、郭勇峰，2012）。相较于线下购物，在线购物大大降低了消费者的交易成本（Forman et al.，2009；Brynjolfsson et al.，2009；黄群慧等，2019）。因此，无论对于信息和数字产品，还是实物产品，互联网都降低了它们的运输成本。

在互联网发展初期，许多研究者预言空间距离在经济活动中将不再重要，他们认为互联网的出现打破了空间距离对于经济活动的局限。Cairncross（2001）指出，互联网所带来的信息传输成本的降低将致使"距离的死亡"。中小城市以及乡村地区被隔离的经济个体和企业将通过互联网融入全球经济，他们可以获得与大城市同样的数字产品和服务。互联网推进了经济的全球化发展，Friedman（2007）将之描述为"世界是平的"。然而，在互联网时代，空间距离是否真的不再重要，或者其在何种条件下还将发挥作用？许多学者对该问题进行了探索。研究发现，线上购物并非完全替代线下购物，只有在乡村地区或远离线下销售商店的情况下，线上购物才会替代线下购物（Balasubramanian，1998）。而当消费者距离线下销售点较近时，线下购物则会替代线上购物（Forman et al.，2009）。此外，由于某些产品只在线下的渠道销售，因此其线上销售也无法替代线下销售，比如流行衣物等（Brynjolfsson et al.，2009）。而地域之间的文化属性也会使空间距离在经济活动中具有重要的意义。Blum 和 Goldfarb（2006）研究了 2600位美国的互联网用户的网页浏览记录，研究发现，他们更倾向于浏览美国邻近国家的网站，其背后的原因就是邻近国家具有相似的文化。此外，除了线下购物替代和文化相似等因素，社会网络也是空间距离具有重要意义的原因之一。因为社会网络往往具有本地化的属性（Hampton and Wellman，2003；任远、陶力，2012）。尤其是在创业初期，其可获得的创业投资随着距离的增加而减少，创业者最初的投资往往来自于本地的社会网络，比如音乐创作（Agrawal et al.，2015）。

四、追踪成本相关研究

在互联网环境中，网络用户的许多行为都会被计算机自动记录下来，包括其网页浏览、产品购买以及上网时间等信息。尤其是当这些信息被平台或线上卖家所掌握时，企业对于消费者的追踪成本就会大大降低。两者之间的信息不对称就会发生变化。随着企业对在线消费信息的积累，其对消费者的偏好也就越来越了解，此时就会产生价格歧视（Shapiro and Varian，1999；李丹，2021），比如目前网络热门讨论的平台"杀熟"现象。其实，许多数字经济的文献对于互联网带来的价格歧视进行了研究。研究者发现互联网中存在两种典型的价格歧视：基于行为的价格歧视（De Nijs，2017；承上，2020）与基于版本控制的价格歧视（Bhargava and Choudhary，2008）。关于互联网中的价格歧视，一些研究者认为其会加剧市场中的竞争（Fudenberg and Villas-Boas，2012；苏治等，2018）；而另一些研究者认为互联网中的价格歧视有助于那些意愿价格较低的消费者（Taylor and Wagman，2014；Kim and Wagman，2015）。

然而，相关研究观察发现，即使互联网为厂商的价格歧视提供了足够的条件，但实际上消费者所面对的许多数字产品的价格依然为零（Evans，2009），许多平台并未采取价格歧视的手段。这可能是因为大量消费者信息被掌握在第三方平台，而并非直接由企业和厂商所掌握。因此，许多平台通过积累的消费者信息为厂商与企业定制精准的广告投放服务（Johnson，2013；倪宁、金韶，2014）。由于互联网广告投放的非标准化，其广告定价对于平台来说也是一大挑战。对于如何合理地为互联网广告定价，经济学家们其实早有研究，拍卖就是搜寻产品价格的重要方式。如今在互联网广告领域，拍卖已经被普遍采用，并且大量研究都针对互联网环境来发展适用的拍卖方式（Arnosti et al.，2016；Levin and Milgrom，2010；周正龙等，2017）。此外，许多研究探讨了精准的广告服务是否可以有效提升企业收益或利润（Simonov et al.，2018；Lewis and Reiley，2014），但未形成统一的结论，需要更加精确的评估方法进一步检验。

随着互联网促使平台对消费者的追踪成本降低，消费者的隐私保护问题也引起了许多研究人员的关注。Lenard 和 Rubin（2010）、Edelman（2009）认为隐私保护存在以下两种结果的权衡取舍，一种结果是允许平台收集和使用消费者信息以补贴其免费提供的产品，另一种结果是不允许平台收集与使用消费者信息从而使平台的定向广告效果急剧下降。此外，不同的隐私保护政策将影响企业创新的演化方向。Miller 和 Tucker（2018）研究发现，不同类型的隐私保护对于新型的医疗技术的采用产生了不同的影响：当允许病患自主掌握信息的披露程度时，对于该技术的采用将增加；而当对病患采用强制信息披露的方式时，对该技术的采用就会减少。因此，关于隐私保护不只是保护与不保护的选择题，还需要考虑采取何种方式进行保护将产生最优的结果。

五、信誉验证成本相关研究

追踪成本降低了企业对于消费者的信息不对称，互联网同样也降低了消费者对企业及其产品的信息不对称，即对企业的信誉验证。在互联网出现之前，企业主要通过建立良好的品牌形象来维持自身的信誉（Waldfogel and Chen，2006；程崇祯、周世民，2004），并且早期互联网信誉验证成本的降低并未被研究人员所发现和关注，这是由于最初对于互联网的报道都倾向于将它定义为一个匿名的信息传递工具（Goldfarb and Tucker，2019）。但随着互联网中信息的积累、搜索引擎的不断发展，消费者通过互联网验证一个企业或产品变得越来越容易。而且许多国家正在基于互联网构建一套健全的数字征信系统，有利于市场经济的良好发展。

互联网中最普遍的信誉验证机制是电子商务平台的评论系统，该系统可以保存过去在该商家购买产品的消费者对产品的评价，并且新的消费者可以浏览这些评价。关于该评论系统的研究指出，在无法通过重复购买建立信誉的情况下，评论系统有效地提升了消费者对平台商家的信任（Ba and Pavlou，2002；孙瑾等，2020）。许多实证研究发现，消费者对商家的评论越好，商家的定价越高，其收益也越多（Lucking-Reiley et al.，2007；Houser and Wooders，2006；Livingston，2005；石文华等，2017）。除了在线购物以外，类似的信誉验证系统可以在多种场景下提升效率，比如在线支付（Economides and Jeziorski，2017）和预防犯罪（Doleac，2017）等领域。此外，区块链作为新型的信息技术，已开始有学者关注其在降低信誉验证成本方面的影响（Böhme et al.，2015；龚强等，2021）。然而，该信誉验证系统并非完美无缺，它也会出现问题。其中一个问题就是消费者的评论存在偏差。Nosko 和 Tadelis（2015）研究发现，当消费者在线购物的体验较差时，许多消费者并不会给出差评，而是选择退出在线购物市场。这对于平台方的客户维持会产生负面的影响。另外一个问题就是平台卖家人为操纵评论。Luca 和 Zervas（2016）、Mayzlin 等（2014）的研究发现卖家往往通过操纵给自己好评，而给其竞争对手差评。针对以上信誉验证系统存在的问题，平台与消费者也采取了一定的补救措施，比如平台通过货币激励消费者提交他们的评论（Fradkin et al.，2018），消费者通过第三方的中介机构获取平台卖家的相关信誉信息（Stanton and Thomas，2016）等。

第三节　城市创新相关研究

观察可知，一个普遍存在的现象就是人口与经济活动的空间分布高度不均衡，往往呈现空间集聚的特征。经过长时间的空间调整，城市成为人口和经济活动集聚的主要场所。创新作为现代经济的主要活动之一，其空间集聚的水平相对于其他经济活动的集聚水平要更高（Buzard et al.，2017）。为何创新活动会在空间呈集聚态势？创新空间集聚背后的机理是什么？本节主要对创新集聚及其机理的相关文献进行梳理。

一、知识溢出与创新相关研究

自城市出现以来，它就是许多创新产生的地方，正是城市大规模与高密度的人口集聚，为人与人之间的互动提供了有利的机会，促进了知识和信息的流动（Bettencourt et al.，2007；张萃，2019）。尤其是对于一些非编码的默会性知识，产业和人口的集聚为这些知识的流动提供了重要的物理条件。新经济增长理论认为，城市是人力资本的集聚中心，同时也是创新创业的孵化器，城市环境下不同经济主体之间的知识溢出是经济增长的基础动力（Romer，1990；Jones，1995；王军、常红，2020）。随着学者们对知识溢出的深入研究，越来越多的研究认为城市在促进知识生产中具有重要的意义。此外，从企业层面看，知识溢出的重要意义更加明显。例如，Facebook、谷歌和 Twitter 三家公司为了充分发挥知识的溢出效应，都精心设计了企业内部的工作和娱乐空间，以加强员工之间的交流和互动。

虽然知识溢出理论最初是被用来解释一般的产业集聚现象的，但如上所述，它在解释创新活动的集聚方面也具有重要的作用（张可，2019；赵星、王林辉，2020）。与多数行业相比，研发活动更加依赖于新知识的输入。通常情况下，关于技术创新的最新知识对企业创新活动具有重要的价值，但该新知识的价值具有一定的时效性。创新企业通过空间上的集聚可以及时交换有价值的信息，在一定程度上可以减少企业创新所面对的不确定性（Feldman，1994）。Davis 和 Dingel（2019）提出了一个基于知识经济的空间均衡模型来说明知识溢出在城市经济分析中的重要意义。模型提出，创新人员之间的思想交流是高成本的，为了降低该成本，创新企业和劳动力会在城市中不断集聚，进而形成不同规模的城市体系；并且研究指出，规模越大的城市，其技能溢价和生产力也越高，相较于低技能劳动者，高技能劳动者更倾向于跨城市的移居。

经验研究方面，由于知识溢出无法直接观察或测量，许多研究从间接的角度对其进行实证检验，学者们进行实证分析的两种主要研究方法包括：Mincer 工资回归（Acemoglu and Angrist，2000；Ciccone and Peri，2006；阮素梅等，2015）和专利引用分析（Buzard et al.，2017；Murata et al.，2014；司月芳等，2020）。首先，关于使用 Mincer 工资回归的实证研究，需要谨慎解读其结果。虽然这些实证研究为知识溢出提供了间接的检验途径，但它们并非是决定性的证据（Combes and Gobillon，2015）。其次，基于专利引用的数据证实了区域性的知识溢出（Arzaghi and Henderson，2008；李琳、郭立宏，2018），但依然有许多细节需要研究，比如如何将基于专利的估计结果与其他研究进行比较，进而探究本地知识存量与专利产出的关系等。

二、要素共享与创新相关研究

所谓要素共享，就是当城市的产业和人口规模不断集聚，每个经济个体可以以较低的成本获取生产生活中的各种要素。而要素共享效应发挥的前提条件就是经济中存在规模经济递增的生产函数（Carlino and Kerr，2015）。当各类经济活动不断向城市集聚时，一个规模庞大并且多样化的要素市场就会形成。这个丰富的要素市场可以使城市的每个个体都从中获益（Porter，1998；张军涛等，2021），它允许创新主体有效地共享各类专业化的投入要素，并且以较低的成本获取专业化的和有经验的劳动力以及各类服务，例如专利律师、产品测试和各类贸易服务等，这极大地降低了创新的成本。此外，城市内所提供的外包服务允许企业更高效地管理库存,进而降低生产成本。Porter(1998)认为,这种效应对于一些涉及嵌入式技术、信息和服务的创新活动尤其重要。随着城市产业的集聚,创新主体可以以更低的成本进行创新前期的试验,可以从产业集群内获取创新所需的资源,以迅速实施创新。

为了系统分析要素共享机制,许多研究从不同角度为其构建了理论分析模型。由于创新是一个利用已有知识不断更新、创造的动态过程(Liu et al.,2021),Helsley 和 Strange(2002)构建了一个创新的动态模型,该模型阐明了多样并且大规模的供应商网络可以有效降低创意从提出到实现所需的成本,进而促进企业创新。Gerlach 等(2009)研究认为,与空间上相对封闭的企业相比,产业集群内的企业在研发上会投入更多,与此同时,空间上相对封闭的企业也相应地会承担更大的创新风险;此外,研究还指出,当相似的企业选择在城市集聚时,他们并不会选择相似的研发项目,而是会选择投资不同的研发项目,这有利于整个集聚区域以及城市形成多元化的创新投资组合。对于一个特定的产业,其整个产业链可能非常复杂,任何单独一个企业都无法完成产业链整个流程。而企业通过集聚以及模块化的生产技术可以有效地整合产业链资源(Baldwin and Clark,1997;贺晓宇、张治栋,2013)。模块化是一种制造复杂产品或基于子系统(模块)创建复杂流程的方法。在模块化的生产技术指导下,不同的供应商和企业负责一个或多个模块,并且每个供应商都遵守一些共同的"设计规则",以确保不同模块之间有效的协同(戚聿东、肖旭,2020)。

进一步探究可知,生产的模块化促使创新活动分散在不同的企业当中,而不是集中于一个规模庞大的企业中。在一定水平下,技术创新的速率随着产业链的细化而提高,这主要是因为独立的企业将花费更多的精力去关注其特定模块的创新,而当某一产业链垂直整合时,产业链上每个模块所获得的投入将大大下降,而且模块化生产有助于企业的全球化布局(Sturgeon,2002)。硅谷的半导体和计算机产业就是模块化生产应用的典范(毛蕴诗、周燕,2002)。

实证研究方面,关于生产要素共享的检验较少。张小蒂和曾可昕(2012)通过案例研究发现,产业集群内生产要素共享的面越宽,共享的程度越高,其外部经济的效应就越显著。Audretsch 和 Feldman(1996)研究发现,人力资本密集的创新活动更加倾向于在空间上集聚。而关于一些专业化的服务共享的研究文献较多,在创新融资方面尤其如此,比如天使投资和风险投资。对于传统的融资渠道,如银行贷款,创新型企业往往由于风险高、融资需求大、信息不对称,而无法获得足够的融资，特别是对于一些高科技企业来说（Gompers and Lerner，2001；徐力行等，2011）。因此，对于风险投资机构，他们更倾向于在机构所在城市进行投资，以便他们对创新企业进行监督，同时为这些创新企业提供经营管理方面的援助（温军、冯根福，2018）。Kolympiris 等（2011）发现，在生物技术领域，相应的风险投资往往集中在半径 10 英里或更小的区域之内，风险投资企业的商业模式依赖于创新机会的本地规模和多样性，他们为创新企业提供的增值服务经常来自于本地化的经济社会网络，如撮合交易、提供劳动力信息等。

三、要素匹配与创新相关研究

区域或城市内产业的集聚除了有助于企业之间共享生产要素之外，还有助于提高要素市场的匹配效率。许多研究指出，较大的要素市场有助于本地劳动力与企业之间的有效匹配（Berliant et al.，2006；Strange et al.，2006；Gaubert，2018；陈奕庭、董志强，2020）。Berliant 等（2006）研究认为，大城市的劳动力在择业时，他们的选择性更多。他们很容易在同一个集聚区域或城市内寻找到新的职位（Fallick et al.，2006；Freedman，2008；韩旭等，2018）。因为相对于小城市的劳动力，大城市劳动力寻找新工作的机会成本更低，并且他们达成匹配的速度也更快。因此，相对来说，大城市企业的平均产出也会更高。此外，Freedman（2008）研究发现，随着产业集聚水平的提高，劳动力在不同企业之间的流动速度也会加快。通过对比硅谷和其他区域的劳动力流动，有研究发现，对于计算机行业受过高等教育的男性员工来说，他们在硅谷的企业间的流动性要比在加州以外的其他地区的流动性大得多（Fallick et al.，2006）。这主要是公司和员工都在寻求更好的匹配过程，自然就会导致更快的劳动力跨企业的流动。并且集聚区域内快速的劳动力流动有助于整个产业链的模块化发展（毛蕴诗、周燕，2002）。那些对于高度专业化的劳动力的需求具有不确定性的企业，他们可以从专业化的产业集群中获益，这主要是因为这些产业集群提供了多样化、大规模的劳动力市场，使企业可以迅速应对许多不可预见或具有挑战性的创新机遇（Strange et al.，2006；刘晔等，2019）。

虽然产业集聚所带来的丰富的要素市场降低了企业的成本，提升了企业的收益，但与此同时，这对于劳动力市场的竞争和劳动力的流转也产生了负面的影响（Matouschek and Robert-Nicoud，2005；Combes and Duranton，2006；Gerlach et al.，2009）。在产业集聚区域，企业的员工被竞争对手挖走的风险上升，尤其是企业的核心技术人员，这相应地会增加企业为留住员工而支出的劳动力成本，也会影响企业的选址决策。相关研究发现，劳动力市场中进行人力资本投资的直接主体的不同将直接影响企业的选址决策（Matouschek and Robert - Nicoud，2005；曾祥炎等，2019），比如是由企业进行投资还是由劳动力本身进行投资。当劳动力市场中的人力资本主要由企业进行投资时，企业为了避免竞争对手挖走企业员工，往往会尽量避免与同类行业集聚；当劳动力市场中人力资本主要由员工自身进行投资时，企业会有很大的积极性去与同类型的企业形成空间集聚。此外，企业的选址行为也会对劳动力的人力资本投资产生影响。当企业选择在产业集聚区选址时，企业员工更倾向于进行自我投资（Rotemberg and Saloner，2000）。当本地劳动力市场规模较小时，进行自我人力资本投资的劳动力与当地企业雇主议价的能力较弱，除非他们愿意承担高昂的跨区域或跨城市的移居成本，否则他们无法通过自我投资提高劳动力收入。在这种情况下，中小城市中的垄断性企业通过自己的高议价能力对劳动力进行剩余价值的攫取，进而对本地劳动力实施"间接绑架"，即本地劳动力被企业套牢，最终降低了劳动力进行自我人力资本投资的原始动机（Carlino and Kerr，2015）。然而，在产业集聚区域，企业和劳动力都很充裕，相互之间的议价能力差距并不大，可以有效缓解企业对劳动力的"间接绑架"，激励劳动力不断进行自我提升，最终促进区域经济增长。综上所述，考虑到企业选址和劳动力自我投资互为因果，造成上述理论的实证检验存在内生性的困难，并且目前缺乏相关的实证研究。

第四节 互联网与城市创新相关研究

一、互联网的"离心力效应"相关研究

众所周知，所有经济活动都必须依托于一定的地理空间环境而开展。人类所生存的地球，由于多样化的制度、经济和文化等因素形成不同的聚居区，从空间层次上看，包括国家、区域以及城市等。交通和通信是连接这些不同层次聚居区的关键要素（惠宁、刘鑫鑫，2020；叶德珠等，2020）。互联网作为基础的信息通信技术，直接影响不同区域间的经济和社会关联，进而影响人口和产业在不同

区域间的流动。因此，互联网的普及和使用对于经济社会的地理格局产生了深远的影响（万广华、张琰，2021；王峤等，2021）。

进入21世纪以来，中国逐渐在全国加快推进互联网的基础设施建设，尤其是大规模地在中小城市和农村地区接入互联网，为这些区域带来了许多创新创业的机会（张旭亮等，2017），显著促进了当地的经济增长（马晓河、胡拥军，2020）。甚至有关研究认为，由于互联网等信息技术的普及和使用，中小城市和农村地区的经济发展可以赶上大城市（Cairncross，2001），空间经济中将其称为互联网的"离心力效应"。这一结论始于这样一个前提假设，即互联网使"规模经济"变得不再重要，网络空间使地理空间距离失去了其重要的意义，互联网允许企业在更大的空间范围内柔性地配置其资源（Quah，2000）。由于信息、创意、数字化的产品，甚至一些隐性的知识都可以通过数字化的方式在互联网中进行交换和流动，中小城市和农村地区中由于地理原因被孤立的企业通过互联网可以更好地接入到创新网络和产业价值链中（Malecki，2017；程立茹，2013）。而且，这些企业在网络空间中可以整合和利用以前无法触及的资源（薛成等，2020），从而进入更大的市场（Grimes，2005；白俊红、刘怡，2020）。这通常会削弱大城市的集聚优势，尤其是互联网等信息通信技术的应用对于线下面对面的交流形成了一定程度的替代，从而强化了中小城市中企业的信息获取能力（Galloway et al.，2011；Malecki，2003）。

在数字化的时代，企业的数字化既深刻地改变了经济系统运行的方式（沈国兵、袁征宇，2020），也改变了创新的模式（张骁等，2019）。互联网等信息通信技术不仅为更多的企业和劳动力提供了创新创业的机会，同时也为他们提供了多样化的创新方式和多元化的创新内容（Nambisan et al.，2019）。例如，越来越多的知识生产和创新发生在虚拟网络空间（Malecki，2017）。过去20年来，互联网经济已经成为许多风险投资和创业人员主要关注的领域，其间产生了大量的创新成果，比如电子商务、共享平台以及互联网金融等。此外，从企业管理角度看，企业的数字化允许许多工作流程脱离地理位置的束缚，增加了许多远程工作的机会，实现了更加灵活的企业流程安排（Loebbecke and Picot，2015）。这为企业和劳动力的空间均衡分布提供了先决条件（Rehnberg and Ponte，2018）。当然，这取决于中小城市或农村区域是否有足够的互联网基础设施（Townsend et al.，2017）。这也是中国大力发展农村区域互联网基础设施的出发点，而且随着5G基础设施在中国的推进，中小城市和农村地区的经济将会得到进一步的激发。

二、互联网的"向心力效应"相关研究

与上述互联网的"离心力效应"理论相反，另外一种截然不同的观点却认为，互联网的普及和使用并未削弱大城市的集聚优势，同时互联网也无法从根本上帮助中小城市的经济发展迎头赶上大城市（Haefner and Sternberg，2020；Mack and Grubesic，2009）。虽然互联网等信息通信技术有助于可编码的知识进行跨区域、远距离的传输，但一些严重依赖于个人或不可编码的默会性知识依然需要通过线下面对面的方式进行交流与互动（Morgan，2004）。因此，便于线下面对面进行互动交流的大城市依然是企业学习和创新的主要场所。并且一个值得注意的现象就是互联网的发展首先发端于大城市，而非中小城市或农村地区。相关研究表明互联网有效地激发了大城市中企业间的互动和学习（Forman and Van Zeebroeck，2019）。由此可知，互联网是对大城市集聚优势的补充和强化，而并不是替代或削弱，尤其是互联网是由大城市率先发展而来的（Craig et al.，2017）。

从互联网的基础设施空间分布来看，区域之间和城市之间的互联网基础设施分布也存在较大的差距，尤其是不同规模的城市之间，这也会造成城市创新差距的扩大（刘传明、马青山，2020；惠宁、刘鑫鑫，2020）。张骞（2019）研究发现，中国数字基础设施发展水平存在显著的空间非均衡分布现象，主要表现为中国东部地区处于全国领先地位，而中西部地区的互联网发展水平则相对比较落后，并且内陆区域和沿海区域之间存在明显的"数字鸿沟"。谷国锋和许瑛航（2019）基于中国最大的电子商务平台阿里巴巴的数据发现，中国电子商务发展水平呈现自东向西逐渐递减的分布态势，从集聚态势来看，中国电子商务发展整体上呈现"大集聚、小分散"的等级扩散特征。并且在短时期之内，中国无法完全实现数字技术基础设施的均衡的空间分布。

此外，在大城市中，互联网催生了许多商业实践的创新，从而加剧了城市之间的创新差距（Camagni and Capello，2005）。这一方面是因为互联网和大城市丰富的人力资本之间可以形成优势互补（Akerman et al.，2015），充分发挥大城市人力资本的优势；另一方面是较短的空间距离有助于可编码知识的流动和传播（Leamer and Storper，2001），尤其是在创新活动中，许多知识和信息都是新产生的，其可编码性较差，这些信息在初始阶段只可以在较小的区域范围内进行传播。而且互联网的出现，加速了信息的流动，使创新活动的时效性越来越重要，而大城市的产业集聚有利于企业创新的时效性的发挥（Leamer and Storper，2001）。鉴于面对面交流对于知识流动和创新的重要意义，而城市为线下面对面交流提供了极佳的环境条件，因此互联网实际上极有可能会吸引劳动力和产业向大城市集聚，扩大城市创新差距，即互联网对城市创新存在"向心力效应"。

三、互联网与城市创新的相关实证研究

Townsend 等（2017）通过案例研究发现，互联网等信息通信技术的推广与使用为中小城市以及农村地区的企业提供了许多创新发展的机会。然而，一些其他实证研究却发现，与互联网相关的创新活动更多地出现在大城市或一些区域经济中心。截至 2017 年，德国工业 4.0 相关的项目主要在经济实力雄厚的地区实施（Rehnberg and Ponte，2018；Ciffolilli and Muscio，2018）。而在 2019 年之前，中国的 5G 基础设施也都重点在东部沿海地区发展。因此，实证研究中关于互联网对城市创新的影响效应并未形成一致的结论，Moriset 和 Malecki（2009）将其称为"互联网对城市创新地理的悖论"。

基于国家层面的数据，许多研究的结果表明，互联网等信息通信技术对于国家的创新、就业以及经济增长都有正向的影响（Bertschek et al.，2015；Gómez-Barroso and Marbán-Flores，2020）；并且对于处于不同发展阶段的国家，如发展中国家和发达国家，该结论依然显著（Niebel，2018；胡宗义等，2017）。然而，当使用区域或城市层面数据时，互联网对创新、就业以及经济增长的影响就呈多样化，无法形成统一的结论。这意味着推进互联网的普及和使用并不一定会促进区域或城市的创新和经济发展。对于大城市周边的中小城市，互联网的普及和使用在一定程度上可以帮助这些中小城市享受大城市的集聚优势，而不需要承担由于过度集聚带来的成本（De Vos et al.，2020）。一项研究发现，在农村地区推进互联网的普及和使用有助于遏制农村地区人口的流出，但并不会创造新的工作（Briglauer et al.，2019）。对于城市地区，相关研究认为互联网等基础设施只是创新与经济增长的必要条件，而非充分条件（Tranos，2012）。另外一些研究发现，对于创新、就业以及经济增长等变量，互联网在农村地区的正向影响大于城市地区（Bertschek et al.，2015；Ivus and Boland，2015；刘银等，2021）。然而，关于互联网对经济增长的影响效应，Briglauer 等（2019）得出了相反的结论，其结果表明互联网对于城市经济增长的正向影响大于互联网对农村地区经济增长的正向影响。基于新兴国家的区域数据发现，互联网有助于缩小区域创新以及经济

发展的差距（Celbis and De Crombrugghe，2018；Jung and López-Bazo，2020；安同良、杨晨，2020）。

第五节　文献简要评述

现有文献在互联网经济和城市创新方面积累了大量的理论和实证研究，为本书的研究提供了坚实的基础。然而，现有文献在以下几方面仍可以进行拓展分析：

第一，互联网对于城市创新产出是否存在影响、是否可以提高城市创新产出、其影响效应是否显著，这些问题的回答直接关系到中国数字化政策的推进和实施，然而目前相关实证研究较少，并且实证结论也无法统一，尤其是互联网通过哪些路径对城市创新产生影响，现有实证研究也未很好地进行解答。这些问题的深入拓展研究有助于中国数字化战略的落地实施。

第二，许多国家将互联网作为有效解决区域差距扩大问题的重要途径，然而关于互联网是否可以缩小城市之间创新产出差距的实证研究很少，结论也并不明确，这在一定程度上对中国运用互联网缩小区域差距提出了可行性方面的问题。而且许多研究表明互联网只是创新发展的必要条件，那么互联网在何种条件下才可以有效缩小城市之间的创新产出差距，相关文献关于该问题的分析也较少，无法深入指导城市创新的发展。针对以上研究问题的分析和完善，将为中国使用互联网缩小区域差距提供重要的理论支撑和指导。

第三，随着互联网等通信技术的发展，人与人之间、企业与企业之间、企业与劳动力之间的互动变得越来越容易，极大地克服了空间距离给互动带来的负面影响，拓展了不同经济主体创新所需知识的多样化，那么互联网是否以及如何影响创新产出的多样化，互联网通过促进知识流动如何影响城市创新产出的相关多样化和无关多样化，关于这些问题的解答直接关系到城市内的创新是专业化发展还是多样化发展，然而目前关于该问题的研究还较少。通过解答该问题，可以帮助城市政策制定者了解数字经济时代城市创新的发展模式，有助于其创新政策的制定。

第六节　本章小结

　　首先，本章从成本视角对以互联网为代表的信息通信技术的经济效应进行了系统的梳理，重点呈现了互联网使经济活动中的五类成本（搜寻成本、生产成本、运输成本、追踪成本以及信誉验证成本）降低及其所产生的经济影响；其次，本章对城市创新机理的相关文献进行了归纳，主要对现有研究中关于城市在创新活动中所发挥的作用进行了呈现；再次，本章从空间经济的视角梳理了关于互联网影响城市创新的理论分析以及实证研究；最后，本章对现有文献的拓展研究进行了评述。

第三章 概念界定与理论解析

第一节 概念界定

一、互联网

互联网始于 1969 年的美国阿帕网，其又称国际网络，指的是网络与网络之间所串联成的庞大网络。自 20 世纪 70 年代以来，信息技术的迅速发展促使互联网的应用领域不断扩大，其越来越深刻地改变着人们的学习、工作以及生活方式。随着互联网应用走向多元化，互联网的经济内涵也不断丰富。学界对互联网的认知和研究也开始突破技术层面的范畴，许多研究将互联网的使用视为企业生产要素、基础设施等投入（Forman and Van Zeebroeck，2019；Goldfarb and Tucker，2017），或以互联网使用规模和普及率等作为关键代理变量，来量化评估以互联网为代表的信息技术对经济增长和贸易等的重要影响（Choi，2010；Choi and Hoon，2009）。在数字时代，互联网的内涵已远远突破技术范畴，其已经成为经济创新发展的关键基础设施，互联网服务的使用也日益成为企业、行业发展的关键投入要素之一。本章将互联网界定为经济发展所需的一种编码、存储、加工以及传输信息和数据的关键基础设施和服务，互联网服务应用得越普及，互联网自身设施建设、关联产业发展越完善，则城市创新所获得的基础设施服务支持也越充分。

二、创新的定义和类型

21 世纪以来，人们越来越认识到创新在经济发展中的重要性。无论对于学者还是政策制定者，还是在日常生活中，创新都成为许多人谈论的内容。那么，创新究竟是什么，它与发明的区别又在哪？创新是否有不同的类型，都有哪些类型？如何定量地测度创新？通过回顾已有文献，本章对上述问题进行一一解答。OECD 和 Statistical Office of the European Communities（2005）给创新下的定义如下：创新是开发一种新的或显著改进的产品或服务，或者提出一种新的营销方法或生产过程，或者对企业组织架构、工作空间以及对外关系等进行重构。在日常的使用中，人们往往将发明也当作创新。然而两者是存在差别的，发明是创造以前从未存在的产品、服务或过程。但其并不涉及这些产品或服务的商业化。而创新的核心在于这些新的产品、服务以及过程的商业化，其可以直接促进经济增长。

为了方便研究，根据不同的特征，学者们对创新进行了多样化的分类。其中，第一种比较早的分类将创新划分为渐进式创新与颠覆式创新，这种分类主要基于对现有产品是继承还是替代。所谓渐进式创新，就是通过不断学习和积累，逐渐进行新产品的开发（Usher，1988；王道金等，2020）；而颠覆式创新则不同，它的出现打破了现有的市场均衡，会对现有的产品产生根本性的替代（Schumpeter，1934；王道金等，2020）。第二种研究人员常用的分类是根据最终成果将创新划分为产品创新与过程创新（Cohen and Klepper，1996；简泽等，2017）。产品创新是指开发一种新的或改进的产品，主要面对市场；而过程创新主要是指企业生产技术的改进，主要面对企业内部。此外，考虑到产品的时空属性，许多学者将在不同区域引入的新产品也称为创新。第三种分类方式与产品和过程的分离有关，它侧重于创新是属于公司内部的还是外部的，常被称为探索式创新和开发式创新（Akcigit and Kerr，2018）。探索式创新是指对公司外部环境的学习和搜索，以获得新的知识和思路。这种创新更加具有实验性、开拓性和风险性，侧重于长期和持续的学习、调查市场需求、开发潜在新产品等，目的是拓展公司的能力边界，进入新的领域。开发式创新是指公司内部已经积累的知识和能力的利用和发展。这种创新相对更加稳定、可控、低风险，侧重于改进和提升现有产品和服务，提高生产效率等，目的是深化公司的现有优势，从而在熟悉的领域获得最大回报。

三、城市创新产出

随着城市层面数据的积累和发布，城市视角下的创新成为国内外区域经济领域研究的热点议题。城市创新是城市经济社会发展的第一推动力，是以城市现有知识储备和产业为基础，在特定条件下，改善原有事物或者创造新事物。城市创新中的"城市"强调的是一个城市内部不同主体既独立决策又紧密联系的、经济活动较为完整的和具有特定功能的地域空间，而创新作为城市的一种功能在发挥作用（任会明，2020）。城市创新的核心在于创新主体对现有知识和技术的吸收和发展，进而将创新应用于城市的实际生产生活中，强调知识和技术的综合利用。城市创新产出是创新主体在城市区域内综合利用现有知识和物质基础开发的新产物。

研究中学者们主要通过三种方式从投入和产出两个角度对创新进行测度：第一种方式是从创新过程的投入角度进行测度，比如部分研究采用的研发投入（蔡庆丰等，2020）与风险投资（董屹宇、郭泽光，2020）等指标。研发投入和风险投资的数据容易获得，而且数据在不同个体或区域之间的可比性较好。虽然创新投入在一定程度上反映了企业的创新水平，但其无法很好地反映创新过程的效率。第二种方式是从创新过程的中间产品进行测度，研究人员主要使用的指标就是专利数据（李青原、肖泽华，2020）。随着中国知识产权系统的数字化，专利数据的可得性与可比性也逐渐提升。相对于创新投入，专利数据主要的优势就是其在一定程度上体现了创新过程的效率。然而，专利数据也存在一定缺陷。首先，专利终究不是创新的最终产出，在许多情况下，专利的空间分布与创新最终产出的空间分布存在一定的差异。其次，从创新价值的角度看，专利数据的价值分布存在严重的非均衡性，较大比例的专利价值有限（Serrano，2010）。最后，经济活动中的创新保护包括多种形式，专利只是一部分，除了申请专利，许多企业还采取商业机密和先发优势来获取创新的垄断利润（Cohen et al.，2000）。并且在不同的行业中，企业也会采取不同的方式保护其创新，因此跨产业的专利数据并不具有良好的可比性（Lerner and Seru，2017）。第三种方式是直接使用新产品的开发数据对创新进行测度（李艳妮、徐兰香，2021）。相对于其他两种测度方式，第三种测度方式包含了创新的关键步骤，即产品的商业化。但第三种测度方式也存在一定不足：首先，不同企业对于新产品的定义不同，因此数据的可比性较差；其次，将新产品的开发作为创新的测度标准，忽略了其他形式的创新，比如过程创新、管理创新等。

第二节　概念分析框架

近年来，作为新经济地理学分支学科的创新地理学研究得到了长足的发展，创新产出的地理空间格局和影响因素就是创新地理学探讨的主题之一。在相关研究中，考虑地理空间的创新产出研究主要聚焦两个视角：第一个视角是基于特定地理环境的创新产出水平，如某一特定区域或城市所产生的专利、新产品和新服务等；第二个视角是从对比的角度关注不同区域或城市的创新产出差距。基于创新产出水平的第一视角，相关研究分析了人力资本（刘晔等，2021；刘晔等，2019）、基础设施（吕拉昌等，2021；邹璇等，2020）、知识资源（苏屹、林周周，2021）、产业结构（高昱昱等，2020）、金融发展（郑雅心，2020）、社会资本（李振华等，2016）以及对外直接投资（FDI）（原毅军、黄菁菁，2016）等因素对区域或城市创新产出的影响机理。这些研究重点探究地理环境内的不同因素如何影响创新的绝对产出水平。基于创新产出差距的第二视角，相关研究分析了中国不同区域创新产出差异的演变和影响因素，如黄丽等（2018）分析了长三角城市群创新产出差异的时空演变和影响因素；王晶晶等（2018）分析了山东省区域创新产出差异的空间演化及其影响因素；张贵和李涛（2018）探究了京津冀地区城市群创新产出空间差异的影响因素；张梁等（2021）深入分析了数字金融对区域创新差距的影响机理。

当考虑创新产出的类型时，创新产出的多样化也是创新地理学关注的重要方面，由于数据的局限，相关实证研究较少，刘凤朝等（2015）利用电子信息和生物医药的创新数据，探究中国电子信息和生物医药领域的区域间技术交易网络、吸收能力与区域创新产出的关系。Bonesso等（2020）利用意大利豪华高端时尚鞋业的管理者样本数据，分析了人力资本对于创新多样化的影响机理。此外，2021年3月发布的《中华人民共和国国民经济和社会发展第十四个五年规划和2035年远景目标纲要》指出，深入实施区域协调发展战略，深入推进西部大开发、东北全面振兴、中部地区崛起、东部率先发展，支持特殊类型地区加快发展，在发展中促进相对平衡。这意味着在城市创新发展过程中，在提升城市创新产出水平的同时，还要促进城市创新产出的协调发展，缩小城市间的创新产出差距，并且推动城市创新产出的多样化发展。因此，为全面分析互联网对中国城市创新产出的影响，本书从创新产出的水平、差距以及多样化三个方面构建了概念分析框架，如图 3-1 所示。

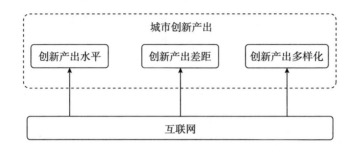

图 3-1　互联网对中国城市创新产出影响的概念分析框架

在这一概念分析框架的基础上，本书将从创新产出的水平、差距以及多样化三个方面就互联网对中国城市创新产出的影响机理进行理论与实证分析。

第三节　互联网对城市创新产出水平影响的理论分析

创新活动的内在是一个动态渐进的过程（Redding and Rossi‐Hansberg，2017），并非某一时点的静态理论可以刻画和解释，需要将其置于时间过程中进行动态化的分析（刘帅等，2022）。因此本节从创新过程视角，探究互联网对城市创新产出水平的影响效应及作用机制。创新活动从起始到结束需要经历一个漫长的过程（Haruyama and Hashimoto，2020）。De Jong 和 Den Hartog（2010）认为，这一创新过程通常可以用阶段模型来描述与刻画，他们将创新过程分解为机会探索、创意产生、创意倡导和创意实现四个阶段。Kleysen 和 Street（2001）则将创新过程分为机会探索、创意产生、考察调研、创意倡导和创意应用五个阶段。然而上述创新过程的划分在一定程度上忽视了创新产生的本质特征，即创新是知识与技术的逐步组合与迭代（许时泽、杜德斌，2019）。Arthur（2009）研究发现许多创新技术都具有递归的特征，如果将不同的技术进行分解，就会发现次一级的依然是一些技术，即技术是由不同等级的技术建构而成的，直到最基础的技术。基于对技术层级的解构，Arthur（2009）认为组合是许多新技术的潜在来源。Weitzman（1998）也认为创新是一个模式匹配与知识以及技术组合的过程，其将该过程描述为提出创意、咨询改进、创意匹配以及创意实施四个阶段。

基于上述创新过程的研究文献，本书的城市创新模型遵循 Weitzman（1998）四阶段的创新重组过程，具体创新过程描述如下：第一阶段，城市中有经验的企业家基于对现有的产品及其商业模式的分析和研究，进而提出初始的创新概念。第二阶段，这些初始的创新概念通过不断向其他企业家进行咨询，并逐步调整，逐渐发展成为主要的创新理念。第三阶段，这些单一的创新理念与城市中其他创新理念不断互动交流、尝试组合，最终形成组合的创新理念。第四阶段，通过与城市中各类资源的磋商，比如相应的产业、资本等，这些组合后的创新理念被转化为可执行的商业计划并付诸实施，最终产出新的产品或服务。本书的模型构建虽然无法全面展现上述创新过程，但参考 Glaeser 等（2016）对于企业家创新的模型设计，笔者对各阶段的主要特征都进行了刻画，具体分析内容如下：

一、直接影响机理

假设经济体中存在许多城市，为便于分析城市中的创新过程，假设经济中所有城市都相同，并且城市体系及网络并非本书研究的重点，因此城市同质化的假设并不会对本书的结论产生逆转的影响。假设城市 c 中存在一定数量的高技能劳动者 H_{ct}，通常也称为企业家，下标 c 表示城市，t 表示时间，本节其他变量的下标具有相同的含义。城市中生产的产品种类数量为 N_{ct}。本节在上述假设基础上刻画城市中的创新过程。第一阶段，城市中的企业家对现有的产品类别及其商业模式进行分析和研究，在此基础上提出初步的创新概念，企业家在这一阶段基于已有的知识创造新的知识，Schumpeter（1934）把这种新知识的创造定义为破坏性创新，并且企业家并非单纯地创造和应用新知识，而是将新旧知识进行重组整合，其所产生的作用超出简单的新旧知识加总所发挥的作用。因此创新概念的产生取决于城市中企业家的数量以及产品类别的丰富程度。本节则基于城市中的企业家和产品类别数量，假设初步产生的创新概念数量为 $H_{ct}N_{ct-1}$。

第二阶段，主要是针对这些初始的创新概念不断向其他企业家进行咨询，征求意见并逐步调整，新创造的知识往往存在许多不完善的地方，需要通过交流和咨询，从其他企业家处获得存在的问题以及完善的方向等信息，使新创造的知识更加科学合理，将其由初步的创新概念发展成为一个比较完善的创新理念。这意味着每个创新概念获得的咨询意见越多，其修改完善的幅度也就越大。本节假设每个创新概念可以向经济中所有的企业家进行咨询，并设经济中所有的企业家数量为 H_t。此外，信息技术的发展改变了知识流动的方式，经济主体之间的交互方式变得更加多样化（Caragliu and Del Bo，2019）。本节基于现有经济活动中重要的交互模式，假设企业家之间的咨询互动通过线上（通过互联网交流互动）和线下（通过面对面交流互动）两种方式进行。其中，基于互联网的线上咨询活动效率取决于互联网基础设施的完善水平，设城市互联网发展水平为 I_{ct}。基于面对面的线下咨询活动效率则取决于城市化水平（王峤等，2021），这是因为城市化水平较高的城市，具有较大的人口规模和密度，一方面人口的集聚可以有效降低面对面咨询交流的成本（陈杰、周倩，2016）；另一方面高密度的人口分布也提高了面对面交流的概率（Duranton and Puga，2020），设城市化水平为 U_{ct}。综上所述，创新过程第二阶段的创新转化效率取决于其所可能咨询的企业家数量和咨询渠道的效率，设第二阶段在第一阶段的基础上所形成的创新理念满足式（3-1）：

$$P_{ct} = H_{ct}N_{ct-1}\left(\frac{H_t U_{ct} I_{ct}}{H_{ct} N_{ct-1}}\right)^{\delta}, \quad 0<\delta<1 \tag{3-1}$$

其中，$\left(\dfrac{H_t U_{ct} I_{ct}}{H_{ct} N_{ct-1}}\right)^{\delta}$ 可视为每个创新概念由于咨询交流所获得的来自其他企业家的完善意见，代表了创新过程第二阶段的转化效率。

第三阶段，在上一阶段形成的创新理念基础上，不同创新理念之间会试图寻求组合。随着经济社会的发展，现代产品的复合性越来越强，这要求创新过程中要不断融合多个领域的知识进行知识的再创造。这一阶段是创新过程的关键，组合的成功与否直接决定后续创新的可行性。在实际的创新过程中，这一组合过程复杂多变，也正是这种组合的复杂性为创新提供了多种可能，同时也增加了创新的难度。但为了便于建模和分析，本节假设不同创新理念之间采取两两配对的组合模式，虽然这种组合模式较为简单，但是其依然对创新过程的组合特征进行了刻画。基于创新理念的两两组合模式，第三阶段形成的组合理念数量为 $\dfrac{P_{ct}^2}{2}$。

第四阶段，主要依托于城市，这一阶段主要涉及新知识的应用，通过整合城市中的各类资源，将这些组合后的创新理念转化为新的产品或者服务以满足消费者的需求。首先，城市中的企业家 H_{ct} 在创新过程的最后商业化阶段依然发挥着重要的作用，不同的企业家通过优势互补可以推进创新的商业化实施。其次，创新理念的商业化过程需要庞大的资本投入，而且期间伴随各类不可预知的风险，这就要求城市的金融体系给予资金支持，并且通过不同的金融方式降低企业家的创业风险，激励其不断开展创业活动。因此城市的金融发展水平 F_{ct} 在创新过程阶段具有重要的作用（纪祥裕，2020）。最后，一个新产品的诞生涉及许多产业间的配合，现代经济创新的产品均具有较高的复杂度，只依靠一家企业或一个产业无法有效地实现产品的商业化。当城市产业结构较为单一时，企业家在创新的商业化阶段就需要在更广的范围内整合资源，比如考虑区域内或国家层面，这会增加创新商业化初期的成本。合理的城市产业结构反映了城市内产业之间的协调程度。城市内产业选择的专业性与多样性的平衡是产业结构协调发展的关键。本质上讲，合理的产业结构是一个城市资源有效利用程度的反映，更是投入与产出耦合程度的一种表征（马青山等，2021）。因此，城市合理的产业结构 S_{ct} 有助于企业家以较小的成本整合创新理念商业化所需的产业资源（王鹏、李军花，2020；陈长石等，2019）。综上所述，影响创新过程最后阶段效率的因素是每个创新理念在其他企业家、金融以及产业方面所获得的资源或关注，设最终商业化的新产品种类数量满足式（3-2）：

$$N_{ct}=\frac{P_{ct}^2}{2}\left(\frac{H_{ct}F_{ct}S_{ct}}{\frac{P_{ct}^2}{2}}\right)^{\tilde{\delta}}，\ 0<\tilde{\delta}<1 \qquad (3-2)$$

许多研究发现，由城市化所带来的高人口密度、高人口增长以及庞大的人口规模均有助于城市中的企业家精神的发展（Reynolds et al.，1994；Freire-Gibb and Nielsen，2014；Shane，2004；Sternberg，2009），因此假设城市企业家比例与城市化水平之间满足以下简化的函数关系 $H_{ct}=\rho_{ct}U_{ct}$。综上所述，可以将式（3-2）简化为式（3-3）：

$$N_{ct}=2^{\tilde{\delta}-1}\rho_{ct}^{\mu}N_{ct-1}^{\gamma}U_{ct}^{2-\tilde{\delta}}I_{ct}^{\nu}H_t^{\tilde{\delta}}F_{ct}^{\tilde{\delta}}S_{ct}^{\tilde{\delta}} \qquad (3-3)$$

式（3-3）是关于城市创新产出的差分方程，其描述了城市创新产出的动态迭代过程，其中弹性 $\mu=2(1-\delta)(1-\tilde{\delta})+\tilde{\delta}\in(0,2)$，$\gamma=\mu-\tilde{\delta}\in(0,2)$，$\nu=2\delta(1-\tilde{\delta})\in(0,2)$。为分析城市创新过程的稳态，设该动态过程达到稳态时城市创新产出均衡值为 N_{ct}^*，代入式（3-3）可得城市创新产出的稳态为式（3-4）：

$$N_c^*=(2^{\tilde{\delta}-1}\rho_c^{\mu}U_c^{2-\tilde{\delta}}I_c^{\nu}H^{\nu}F_c^{\tilde{\delta}}S_c^{\tilde{\delta}})^{\frac{1}{1-\gamma}} \qquad (3-4)$$

在式（3-4）的基础上，进一步讨论城市创新产出的稳态条件，由于城市化水平、互联网发展状况、经济中的企业家数量、城市金融发展水平以及城市产业结构合理化水平均有助于提升城市创新产出，因此 $1-\gamma>0\Leftrightarrow(1-\delta)(1-\tilde{\delta})<\dfrac{1}{2}$，这意味着只有当创新过程的第二和第四阶段（咨询改进和创意实施）保持一定的转化效率，上述城市创新产出的动态过程的稳态才会存在。

在式（3-4）的基础上，将创新产出对城市互联网发展状况取一阶偏导数可得式（3-5）：

$$\frac{\partial N_c^*}{\partial I_c}=\frac{N_c^{*\,\gamma}}{1-\gamma}\nu I_c^{\nu-1}>0 \tag{3-5}$$

基于式（3-5）可知，随着城市互联网发展水平的提升，城市创新产出水平将增加，这主要是由于互联网促进了信息与知识的流动，便利了创新主体之间的互动和交流，降低了新知识的获取成本，为创新知识的改进和完善提供了一个高效便捷的渠道，同时也降低了市场的信息不对称，有助于降低企业家创新风险。因此，本节提出如下关于互联网发展与城市创新产出水平的假说关系：

假说 H1：城市互联网的发展有助于城市创新产出水平的提升。

二、间接影响机理

根据式（3-3）可知，在城市层面，城市金融发展水平、城市产业结构合理化水平以及城市化水平均对城市创新产出水平具有积极的影响，下面本节进一步分析互联网是否会通过上述三个因素影响城市创新产出水平。

金融产业发展的两个核心要素是信息和信用（曾菊凡，2015；刘少波等，2021）。随着互联网的普及和发展，经济社会中累积了大量消费者和企业的数据。大数据、云计算等技术的发展极大地扩展了金融部门信息收集与传递的范围，并且大大节省了信息搜集的成本。与此同时，人脸识别、语音识别等互联网智能技术的应用，使过去一些难以系统表述的非标准化信息也可以用于处理和分析，这在一定程度上丰富了信息的种类。基于这些数据，金融部门可以有效地分析客户行为和需求，既可以帮助金融部门提升服务质量，也可以帮助金融部门有针对性地开发金融产品。此外，随着各类经济主体数据的积累，原有金融部门无法服务的个体现在也可以为其提供服务，有效地扩展了金融部门的市场服务范围（黄益平、陶坤玉，2019），基于互联网的消费金融就是典型的例子。并且基于互联网信息技术的征信系统大大地提高了经济个体失信的成本，有效提升了经济活动的信用水平，这为金融部门的发展提供了必要条件（曾菊凡，2015）。

此外，从作用和职能的角度来看，金融部门主要具有资源配置、支付结算、风险管理以及信息传递等关键作用。互联网等信息通信技术正是通过优化和赋能传统金融部门上述几个职能，进而来推动金融产业发展水平的提升（薛熠、张昕智，2022）。首先，传统金融产业只能在有限的时间和空间内进行资源配置。但随着互联网等信息通信技术的发展，金融科技也获得了长足的进步，这改变了金融部门原有的数据收集、加工以及处理的方式，使更大范围的数据集聚和使用成为可能。在这种新的数据集聚模式下，不同的要素可以在虚拟的互联网络空间中进行配置，这大大扩展了金融部门资源配置的空间与时间范围。其次，互联网等信息通信技术的发展使许多非金融企业也可以参与到支付结算行业。随着金融科技的进步，许多互联网企业、电商平台以及大型的金融科技公司纷纷开通了自有的支付结算业务，为支付结算行业增添了市场活力，促进行业内的竞争，进而提高支付结算行业的市场效率。而且互联网等信息技术的发展打破了线下与线上支付结算服务的界限，不断推动金融服务与商业服务共同向智能化方向发展。最后，由互联网等信息通信技术发展所引致的金融科技使金融部门可以更好地识别和管理风险。通过大数据、人工智能、区块链等技术，金融科技扩展了金融部门用于评估客户信用风险的基础数据。利用用户社交网络、消费记录等数据，金融部门不但可以更精准地评估其客户的信用风险等级，而且可以有效降低信用风险评估体系的成本。信息技术除了可以提高用户风险管理效率，还可以通过大数据来有效预测和管理来自于市场的风险。而人工智能等互联网信息技术的应用使金融部门大量重复性业务实现了自动化，这不仅节约了人力成本，而且还大大降低了操作风险，提高了金融部门内部风险管控效率。

综上所述，互联网的发展将有助于城市金融水平的提升，本节假设城市金融发展水平与互联网发展满足如下函数关系，$F_{ct} = f(I_{ct})$，$f'(I_{ct}) = \dfrac{dF_{ct}}{dI_{ct}} > 0$。因此，互联网通过影响城市金融发展水平进而影响城市创新产出水平的边际效应为式（3-6）：

$$\frac{\partial N_{ct}}{\partial F_{ct}}\frac{dF_{ct}}{dI_{ct}} = \tilde{\delta}\alpha_{ct}\rho_{ct}^{\mu}N_{ct-1}^{\gamma}U_{ct}^{2-\tilde{\delta}}I_t^{\nu}H_t^{\tilde{\delta}}S_{ct}^{\tilde{\delta}}F_{ct}^{\tilde{\delta}-1}f'(I_{ct}) > 0 \qquad (3-6)$$

综合上述分析和式（3-6）可知，互联网通过影响城市金融发展水平进而影响城市创新产出水平的边际效应为正，由此本节提出如下假说关系：

假说 H2：互联网通过促进城市金融发展进而提升城市创新产出水平。

互联网等信息通信技术主要通过优化资源配置来影响产业结构的合理化发展（柳志娣、张骁，2021）。作为一种基础的通用技术，互联网等信息通信技术已经逐渐成为各类产业的基础设施，其可以有效缓解外部市场信息的不完全和不对称（罗珉、李亮宇，2015），避免出现盲目投资和生产过剩的情况，从而减少产业结构不合理变动的摩擦，促进产业间资源的合理配置。传统企业不但获取信息的渠道单一，而且获取信息的频率较低，时效性较差。而互联网完全改变了企业获取市场信息的方式，不仅使信息渠道更加多元，如许多互联网平台用户的社会网络数据以及消费行为数据，这些数据经过脱敏、人工智能挖掘等处理可以有效指导企业生产经营，还可以通过互联网等信息通信技术，获取高频的数据，大大提高了数据的时效性，有利于企业及时制定策略，合理配置资源。而且物联网、云计算、大数据等新兴的信息通信技术也在被不同的产业逐步应用。基于互联网的信息技术有效地促进了产业链的信息流动，有效地提升了产业链的资源配置效率。此外，互联网的应用也促进了跨产业的信息流动，一方面，互联网普及有助于不同产业之间资源的再配置；另一方面，跨产业的信息流动有助于不同产业间的融合发展，最终促使城市产业结构更加合理。

工业互联网是利用数字技术促进产业结构优化的典型。工业互联网通过推动企业生产数字化转型，将企业生产流程数据化，实现企业内的资源优化配置。工业互联网能够增强产业链上不同企业之间的链接，通过为企业提供更多的市场供求信息，赋予企业在选择上下游客户时更大的自由度。在工业互联网中，企业之间的关系已经转变为多对多的状态，每一个企业都有多个与之相关的供应者。在工业互联网平台上，其能够在企业之间构建信息流通的渠道，企业之间的信息是透明的，便捷的信息流和物流降低了企业间的交易成本，提高了企业的资源整合效率。工业互联网将企业之间的关联多元化，这些联系降低了某个企业对产业链上特定企业的依存度，意味着该企业可以在多个供应商中灵活安排采购计划，大幅度降低库存压力和对生产计划的资源限制使企业可以在更大的可行集内配置资源，以达到更合理的资源配置。

此外，上述分析指出互联网有助于城市金融水平的提升。相关研究发现，基于信息技术的科技金融发展显著促进了中国产业结构合理化。具体来讲，金融发展可以通过推动产业衍生、提升人员与产业结构适配性、实现产业结构动态存量转换等方式提升城市产业结构合理化水平（徐越倩等，2021）。综上所述，互联网的应用和普及将有助于城市产业结构合理化发展，本节假设城市产业结构合理化水平与互联网发展满足如下函数关系，$S_{ct} = g(I_{ct})$，$g'(I_{ct}) = \dfrac{dS_{ct}}{dI_{ct}} > 0$。因此，互联网通过影响城市产业结构合理化水平进而影响城市创新产出水平的边际效应，可表示为式(3-7)：

$$\frac{\partial N_{ct}}{\partial S_{ct}}\frac{dS_{ct}}{dI_{ct}} = \widetilde{\delta}\alpha_{ct}\rho_{ct}^{\mu}N_{ct-1}^{\gamma}U_{ct}^{2-\widetilde{\delta}}I_{ct}^{\nu}H_{t}^{\nu}F_{ct}^{\widetilde{\delta}}S_{ct}^{\widetilde{\delta}-1}g'(I_{ct}) > 0 \qquad (3-7)$$

综合上述分析和式（3-7）可知，互联网通过影响城市产业结构合理化水平进而影响城市创新产出水平的边际效应为正，由此本节提出如下假说关系：

假说 H3：互联网通过促进城市产业结构合理化发展进而提升城市创新产出水平。

城市化的主要特征表现为人口由农村区域流向城市区域，城市人口规模逐渐扩大，城市人口密度不断增大。互联网发展影响人口向城市区域流动的路径主要有三种：第一，城市互联网的发展催生了许多新兴经济，同时创造了许多就业岗位，有助于农村劳动力进城就业，比如伴随电子商务而发展起来的物流行业就吸纳了大量进城务工人员。电子商务本身的发展就创造了大量的就业岗位。互联网在赋能服务业时所催生的外卖、团购以及共享交通等平台也是许多农村劳动力进城就业的首选。而且互联网的发展降低了城市创业的成本（刘银等，2021），也有助于吸引人口流入。第二，互联网为许多中小微企业的发展提供了机遇，《2021 年中国小微企业发展指数报告》显示，2016~2020 年，全国实有各类市场主体从 8705.4 万户上升到 13840.7 万户，而小微企业占比也从 94.1% 增长到 96.8%。第三，互联网的发展，尤其是农村区域互联网的普及，可以有效降低农村劳动者找工作的搜索成本，改善劳动力市场的信息不对称，强化劳动力与潜在雇主的信息交换，互联网的信息传递功能有效拓展了农村劳动力获取就业信息的渠道，为他们提供丰富的就业信息，并有效降低其求职成本，提高获得工作的概率和工作匹配的程度（Czernich，2014；Kuhn and Mansour，2014），提高劳动力正规就业的概率，进而促进农村劳动力向城市流动。综上，信息化有助于城市化水平提升（万广华、张琰，2021），本节假设城市化水平与互联网发展满足如下函数关系，$U_{ct} = w(I_{ct})$，$w'(I_{ct}) = \dfrac{dU_{ct}}{dI_{ct}} > 0$。因此，互联网通过影响城市化水平进而影响城市创新产出水平的边际效应可表示为式（3-8）：

$$\frac{\partial N_{ct}}{\partial S_{ct}}\frac{dU_{ct}}{dI_{ct}} = (2-\tilde{\delta})\alpha_{ct}\rho_{ct}^{\mu}N_{ct-1}^{\gamma}I_t^{\nu}H_t^{\nu}F_{ct}^{\tilde{\delta}}S_{ct}^{\tilde{\delta}}U_{ct}^{1-\tilde{\delta}}w'(I_{ct}) > 0 \qquad (3\text{-}8)$$

综合上述分析和式（3-8）可知，互联网通过影响城市化水平进而影响城市创新产出水平的边际效应为正，由此本研究提出如下假说关系：

假说 H4：互联网通过促进城市化发展进而提升城市创新产出水平。

互联网对城市创新产出水平影响机制如图 3-2 所示。

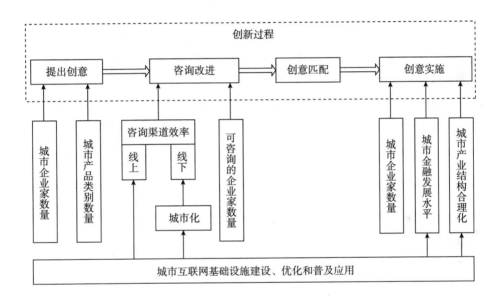

图 3-2 互联网对城市创新产出水平影响机制

第四节 互联网对城市创新产出差距影响的理论分析

众所周知，随着地理空间距离的增加，劳动力和信息等生产要素的流动成本也会随之增加，甚至一些特殊的地理环境会使劳动力和信息的流动成本急剧上升，造成不同区域以及城市在经济文化上的空间隔绝。为降低该流动成本，促进不同经济主体之间的知识交流互动，提高企业创新能力，企业和劳动力往往会趋向于在大城市进行集聚（Fitjar and Rodríguez-Pose，2020）。新经济地理理论认为该集聚过程具有自我强化的能力（Krugman，1998），即集聚一旦开始，会形成累积循环的趋势，随着集聚过程的不断累积，区域或城市间的创新产出差距将不断扩大（Davis and Dingel，2019）。基于此，可以推论缩小城市创新产出差距的核心在于降低劳动力和信息流动的成本，尤其是跨区域和跨城市的流动成本（刘帅等，2023）。以互联网为代表的信息通信技术的出现为降低劳动力和信息流动的成本提供了可能，尤其是对于跨区域和跨城市的劳动力和信息流动，这为城市创新产出差距问题提供了新的解决思路和政策抓手。

一、互联网与城市创新产出差距缩小

本节旨在通过构建一个简单的模型，说明互联网在缩小城市创新产出差距方面所发挥的作用。首先，假设经济中存在两个城市：A 与 B。每个城市中都有一个研发部门 R_A 和 R_B，研发部门的主要产出为专利 p，专利生产的主要要素投入是高技能的劳动力 λ，并且技术溢出是研发人员提高创新效率的重要途径之一。其次，专利作为经济活动中的必要投入将参与最终消费产品的生产，并且新的专利可以增加经济中最终产品的种类。高技能的劳动力分布在两个城市当中，设两个城市中的高技能劳动力规模分别为 λ_A 和 λ_B。

参考内生经济增长理论（Romer，1990；Grossman and Helpman，2001）的分析以及 Fujita 和 Thisse（2003）的模型，本节的研究假设，高技能的劳动力的生产效率会随着过去知识和技术的积累而提高，并且已有的知识和技术具有公共产品的性质，比如非竞争性。但是在部分时候，这种公共品的性质可能是在一定范围内才会体现，比如在一个区域或一个城市。本节假设两个城市中已有的知识资本存量作为城市内的公共产品发挥作用。进一步来讲，城市 A 与城市 B 中每个高技能劳动力的生产效率取决于城市中的知识资本存量：K_A 与 K_B。因此，一个城市总的专利生产量取决于城市中高技能劳动力的规模与其生产效率。假设两个城市的专利生产满足式（3-9）和式（3-10）：

$$p_A = K_A \cdot \lambda_A \tag{3-9}$$

$$p_B = K_B \cdot \lambda_B \tag{3-10}$$

需要强调的是，在知识生产过程中，研发人员无法在孤立的环境下开展自己的创新工作。新的创意的产生是一个运用各种技术、整合已有知识并生成前所未有的知识或产品的过程，而这些已有的知识可能来于不同的个体、区域、机构和组织（Mokyr，2002；黎晓春、常敏，2020）。这意味着不同研发人员之间的互动交流是创新的一个关键因素。城市对于促进研发人员之间的互动交流具有重要的作用（Murray，2002；万道侠等，2019）。由于不同的研发人员具有不同的知识体系，城市中研发人员通过互动交流促进了知识和信息的流动（Bettencourt et al.，2007；张莘，2019），进而产生新的知识。因此，进一步假设每个城市的知识资本是所有高技能劳动力之间相互交流互动所产生的结果，并且高技能劳动力之间互动的强度随着这些高技能劳动力的空间分布而变化。本节使用 $h(j)$ 表示高技能劳动力 j 拥有的知识资本，则两个城市的可用知识总量可以分别表示为式（3-11）和式（3-12）：

$$K_A = \left[\int_0^{\lambda_A} h(j)^\beta dj + \eta \int_0^{\lambda_B} h(j)^\beta dj \right]^{1/\beta}, \ 1 \leqslant \beta \tag{3-11}$$

$$K_B = \left[\int_0^{\lambda_B} h(j)^\beta dj + \eta \int_0^{\lambda_A} h(j)^\beta dj \right]^{1/\beta}, \ 1 \leqslant \beta \tag{3-12}$$

式（3-11）和式（3-12）中，β 表示不同高技能劳动力之间的知识互补性。当 β 较大时，不同高技能劳动力之间的知识互补性较差；当 β 较小时，不同高技能劳动力之间的知识互补性较好。参数 η（$0 \leqslant \eta \leqslant 1$）表征两个城市之间的知识溢出效应的强度，$\eta$ 的值越大，城市之间的知识溢出越强。互联网的发展有助于跨城市的信息流动和研发人员的交互协作，因此互联网发展水平越高，η 的值越大。

此外，随着互联网的发展，几乎全世界的专利信息都可以通过互联网获取，并且相对于没有互联网之前，当前互联网的发展致使获取这些专利信息的成本极大地降低。并且互联网极大地扩展了研发人员的知识获取和互动的范围（Feldman，2002）。为便于分析，假设两个城市中每个高技能劳动力的个人知识储备随着经济中所有专利数量的增加而增加，并且设其为经济中所有专利 M 的一个比例。因此，高技能劳动力的知识储备满足式（3-13）：

$$h(j) = \alpha M \tag{3-13}$$

其中，α 表示高技能劳动力对于现有专利信息的获取和掌握程度，α 越大，表示研发人员对于现有专利信息的获取和掌握程度越高。为便于分析，且不失一般性，笔者将 α 标准化为1。将式（3-11）、式（3-12）和式（3-13）代入式（3-9）和式（3-10）中，可得两个城市的专利生产分别为式（3-14）和式（3-15）：

$$p_A = M \cdot \left[\lambda_A + \eta \lambda_B \right]^{1/\beta} \cdot \lambda_A \tag{3-14}$$

$$p_B = M \cdot \left[\lambda_B + \eta \lambda_A \right]^{1/\beta} \cdot \lambda_B \tag{3-15}$$

为分析互联网如何影响两个城市的创新活动，本节基于式（3-14）和式（3-15），将两个城市的专利数量分别对城市知识溢出变量 η 取一阶导数，则互联网对两个城市的专利产出的影响可表示为式（3-16）和式（3-17）：

$$\frac{dp_A}{d\eta} = M \cdot \left[\lambda_A + \eta\lambda_B \right]^{\frac{1}{\beta}-1} \cdot \lambda_A\lambda_B > 0 \tag{3-16}$$

$$\frac{dp_B}{d\eta} = M \cdot \left[\lambda_B + \eta\lambda_A \right]^{\frac{1}{\beta}-1} \cdot \lambda_B\lambda_A > 0 \tag{3-17}$$

通过观察实际经济中的研发活动可知，研发人员在城市之间的分布并非均匀分布（王春杨等，2020a）。据此可以假设，高技能劳动力在两个城市的空间分布满足以下条件：$\lambda_A > \lambda_B$，即城市 A 的高技能劳动力规模大于城市 B 的高技能劳动力规模。虽然城市 B 的高技能劳动力规模较小，但是根据式（3-17）的求导结果，城市 B 依然可以通过互联网提升其创新效率。并且由于互联网实现了跨越空间的信息互联互通，有观点认为互联网将会推动"空间距离的终结"（Cairncross，2001；Gaspar and Glaeser，1998）。随着互联网的普及和使用，信息、知识以及数字化产品的流动和交易成本不断降低，为中小城市的企业提供了许多创新创业的机会（Alfaro Navarro et al.，2017）。并且互联网的普及使大城市周边的中小城市也可以从大城市的集聚中有所获益，同时还不需要承担由于人口过度集聚所带来的成本（De Vos et al.，2020）。相关研究还认为互联网的应用侵蚀了大城市的集聚优势（Galloway et al.，2011），可能会降低其创新增长速度。据此，许多政策制定者鼓励城市接入和普及互联网等信息技术，他们认为这将通过降低空间邻近的重要性，进而弥补中小城市缺失的集聚优势，缩小城市间的创新产出差距。

然而，由式（3-16）可知，互联网并未削弱大城市的创新优势，与此相反，互联网同时也提高了大城市即城市 A 的创新效率。相关实证研究发现，随着城市互联网的普及和使用，城市创新产出差距并没有明显缩小的趋势（刘华军、曲惠敏，2021）。于是，许多学者开始反思互联网是否可以有效逆转城市创新产出差距不断扩大的趋势（Camagni and Capello，2005）。Morgan（2004）认为，在经济发展中，互联网对于空间距离的弱化作用被过分夸大了。而且相较于中小城市，互联网的普及和使用为大城市带来的创新机会更多。这主要是因为在大城市集聚了许多专业化的企业和劳动力，有效地降低了创新成本和风险（Soo，2018）。

综上分析可知，互联网并非简单地弥补了中小城市的劣势，同时也强化了大城市的集聚优势。学者们将互联网对城市创新产生的这两种效应分别称为"离心力效应"和"向心力效应"（Moriset and Malecki，2009）。本节可以通过对比式（3-16）和式（3-17）进一步分析互联网的"离心力效应"和"向心力效应"中哪个效应更显著，两者的相对大小将决定创新活动的空间分布和结构，将式（3-16）除以式（3-17）得到式（3-18）：

$$\frac{dp_A/d\eta}{dp_B/d\eta} = \left[\frac{\lambda_A + \eta\lambda_B}{\lambda_B + \eta\lambda_A}\right]^{\frac{1}{\beta}-1} < 1 \qquad (3\text{-}18)$$

基于式（3-18）可知，互联网对于城市 B 的创新效应大于互联网对城市 A 的创新效应，即相对于研发人员较多的大城市，在互联网的推动下，研发人员较少的小城市的创新速度快于研发人员较多的大城市的创新速度，这有利于小城市（城市 B）的创新水平不断向大城市（城市 A）的创新水平逼近，进而缩小城市之间的创新产出差距。这主要是由于许多创新资源都集聚在大城市，竞争较为激烈，而对于许多小城市来说，其处于经济发展的快速上升阶段，创新机会较多，竞争也相对较小。因此，本节可得如下假说推论：

假说 H5：互联网的发展有助于缩小城市间的创新产出差距。

二、互联网缩小城市创新产出差距的门槛效应机理

相关研究表明，互联网对城市创新产出的影响并非是简单的线性关系（Gaspar and Glaeser，1998），常用的线性实证模型无法准确逼近互联网与城市创新产出的真实关系函数，自然也无法对两者的因果效应进行有效的分析。本节认为，城市创新产出差距在互联网的正反双重效应（离心力效应和向心力效应）下呈现复杂的、非线性的变化特征。相关实证研究表明，城市层面的许多特征也会显著影响互联网创新效应的发挥（Haefner and Sternberg，2020）。正如上述分析，创新是一个需要高度互动，并且需要整合各类资源的过程，因此一个城市保持足够的市场活力是创新的关键，此外，城市金融产业的发展水平直接影响创新主体的资源整合能力。下面本节就城市的这两个关键特征进行分析。

第一，创新过程需要大量的资本投资，一个城市的金融发展水平会直接影响创新企业的地理选址（纪祥裕，2020；钟腾、汪昌云，2017）。如果一个城市金融发展水平较高，那么城市资本相对充足，并且创新主体开办创新企业的融资成本也较低，这会吸引不同创新主体来此开展各类创新活动，同时提升城市的创新能力；而如果城市金融产业发展水平较低，那么城市资本相对缺乏，并且创新主体开办创新企业的融资成本也较高，此时城市无法对创新主体形成足够的吸引力，促使其再次进行创新活动，甚至会致使已有的创新主体选择离开，去往其他城市开展创新活动，这将不利于城市创新能力的提升和发展。综上分析，城市金融发展水平将会影响互联网的离心力效应和向心力效应的发挥，直接决定创新企业和资源的城市选址和流向，进而影响城市创新产出差距的变化。基于此，本节认为城市市场活力和金融发展水平在互联网影响城市创新产出差距的路径中起到了重要的门槛调节作用。因此，本节提出以下研究假说：

假说 H6：城市金融发展水平对互联网的城市创新效应起到门槛调节的作用，使互联网对城市创新产出差距的影响呈非线性的特征。

第二，作为城市重要的特征之一，市场活力反映了经济活动中不同经济主体参与市场交易的积极性（沈立等，2020），市场活力的大小将直接影响互联网中信息流动的频率和速度，进而影响经济中的创新效率。当城市中市场活力较大时，经济主体会积极地通过各种渠道获取信息以促成交易，因此互联网的信息流动频率高、速度快，创新主体可以迅速地获得市场需求信息，指导其创新资源的配置，此外，活力高的市场也有助于创新主体获得市场对于其最新的创新产品的反馈信息，有助于其进一步改进和提升；而当城市中市场活力较小时，经济主体缺乏主动性，往往被动接受交易，并不会主动寻求市场信息，因此互联网的信息流动频率低、速度慢，创新主体无论是获取市场需求信息，还是收集新产品的市场反馈都会存在一定的困难，不利于其创新发展。综上所述，当不同城市的市场活力具有较大差异时，互联网为企业所能提供的创新机会以及经济中的创新效率也将有所差异，进而会影响城市之间的创新产出差距。因此，本节提出以下研究假说：

假说 H7：城市市场活力对互联网的城市创新效应起到门槛调节的作用，使互联网对城市创新产出差距的影响呈非线性的特征。

第五节　互联网对城市创新产出多样化影响的理论分析

基于企业的视角，创新产出多样化通常指企业向不同的领域进行拓展，通过研发新技术进而生产和供给新的产品或服务（李长英、赵忠涛，2020；Breschi et al.，2003），这一创新活动将影响企业现有产品和新产品之间的资源配置。与创新多样化相反的是企业的创新专业化，一般指企业将更多的资源配置于现有产品，对现有产品进行改进创新，充分攫取已有产品优势的准租金（郑江淮、冉征，2021）。当我们将创新多样化的概念由企业扩展到城市层面时，其不仅涉及企业内部的资源配置，还涉及城市内不同企业之间的资源配置问题。为便于分析，本节假设城市中在位企业更倾向于创新活动的专业化，潜在的进入企业更倾向于创新活动的多样化，整个城市的创新产出是所有在位企业和潜在的进入企业创新产出的总和。该假设并不会影响研究结论的一致性，如果从项目的角度来看，将潜在的进入企业看作企业新开发或者新上线的项目，而将在位企业视为已有的项目，则上述假设基本与事实保持一致，投资在新开发项目上的资源更加倾向于拓展企业的产品类别，促进创新活动的多样化。

一、互联网对城市创新产出多样化的影响效应

在上述概念框架下，当城市中更多资源配置于在位企业时，城市创新产出整体表现为专业化发展，而当城市中资源更多配置于潜在的进入企业时，城市创新产出整体表现为多样化发展。在现如今万物互联的网络时代，"跨界"成为许多企业突破自身、实现创新的重要方式（张骁等，2019），而互联网正是企业实现"跨界"创新的关键工具。2020年《政府工作报告》提出，全面推进"互联网+"，打造数字经济新优势。互联网正在深刻影响着经济社会中所有个体的决策与行为，当然也包括在位企业和潜在的进入企业的创新行为。

因此，城市互联网的发展将直接影响潜在的进入企业和在位企业的创新决策和行为，进而影响创新资源在潜在的进入企业和在位企业之间的配置。具体来讲，互联网的主要的作用效应表现在以下两个方面：首先，从消费者需求角度看，城市互联网水平的提高以及在位企业对互联网的使用，允许在位企业以较低的成本对其产品的消费者进行长期追踪，可以更好地了解其消费者的需求（Johnson，2013；倪宁、金韶，2014），以指导产品的改进，并且基于追踪数据的产品改进方案更加具有说服力，也更容易获得资金的支持；而对于潜在的进入企业，由于其目标消费者具有不确定性，而且没有历史数据支持，潜在的进入企业对于目标客户的了解较少，双方信息不对称问题较为严重，虽然其通过互联网也可以获得部分潜在消费者的需求信息，但相对在位企业，其获得资金

支持的概率会相对较低。其次，从生产技术角度看，随着在位企业对互联网的使用程度逐渐加深，在位企业将会获得生产过程中更多的技术细节和不足，进而指导自身不断更新和优化其现有的生产技术（黄群慧等，2019；韩先锋等，2019），而对于潜在的进入企业，它的生产组织还处于初期的设计阶段，生产过程的各项数据较为缺乏，在企业的初期，由于缺乏足够的数据驱动，互联网的使用无法有效发挥作用以指导潜在的进入企业进行生产技术的提升创新。因此，基于上述分析，本节提出如下关于互联网发展与城市创新产出多样化的假说关系：

假说 H8：城市互联网的发展对于城市创新产出的多样化具有负向的影响，而有助于城市创新产出的专业化。

二、互联网对城市创新产出相关多样化和无关多样化的差异化影响

基于区域相对技术密度，创新产出多样化又可以划分为创新产出相关多样化和创新产出无关多样化两类（郑江淮、冉征，2021；李长英、赵忠涛，2020）。所谓创新产出相关多样化，是指潜在的进入企业的技术和产品与在位企业具有相似性和关联性，或者属于同一产业，在此情况下，潜在的进入企业可以有效利用在位企业积累的技术知识和市场信息，有助于提高其创新的成功率。而创新产出无关多样化是指潜在的进入企业的技术和产品与在位企业不存在关联性，或关联性较低，属于新兴产业，由于缺乏相关产业基础和研发经验，相对于创新产出相关多样化的潜在的进入企业，创新产出无关多样化的潜在的进入企业所面临的不确定性更大，创新难度更高。

基于上述分析，是否可以推论，互联网对于不同类型的创新产出多样化依然呈现负向的影响？本节认为并非如此。首先，由于创新产出相关多样化的技术和产品与在位企业的技术和产品具有一定的相似性和关联性，因此，无论从市场角度还是生产技术角度，创新产出相关多样化都有可参照和学习的基础，而互联网的知识共享性（方刚、谈佳馨，2020）和低搜索成本（Goldfarb and Tucker，2019）允许潜在的进入企业以极低的成本获得创新产出相关多样化所需的产品技术和知识，进而帮助其创新。而对于进行创新产出无关多样化的潜在的进入企业则缺乏相应的知识作为创新基础，虽然其可以通过互联网获取其他城市和区域的产品技术和知识，但跨区域的技术知识转移具有较高的不确定性，如模式的本地适用性、与本地产业的匹配度等，这些不确定的因素都会降低跨区域技术知识

的可用性和生产率（Arkolakis et al.，2018），而且技术知识转移的成本也较高（Fajgelbaum et al.，2019）。

其次，互联网的使用可以帮助进行创新产出相关多样化的潜在的进入企业及时追踪在位企业的技术和产品信息，尤其是可以及时了解消费者的需求变化，利用互联网定向发送产品信息（倪宁、金韶，2014；Johnson，2013），进一步降低其创新过程中的不确定性，提高其创新成功率。而对于进行创新产出无关多样化的潜在的进入企业，互联网的使用只能帮助其追踪短期甚至随机的消费者，并且只有当消费群体达到一定规模之后，互联网才会发挥作用，增加了进行创新产出无关多样化的潜在的进入企业的不确定性和风险。

最后，由于进行创新产出相关多样化的潜在的进入企业可以获得更多的产品和消费者信息，其通过电子商务和P2P等互联网商务模式可以更好地将产品与消费者进行匹配（Cullen and Farronato，2020），在较短的时期内可以实现其创新产品的价值。而对于进行创新产出无关多样化的潜在的进入企业，虽然也可以通过互联网技术进行产品与消费者的匹配，但只能在创新和经营过程中逐步积累消费者信息，当交易信息达到一定规模之后才可以进一步提高其创新产品与消费者的匹配效率和准确度。基于以上两种创新方式的多方面对比可得，当互联网在促使城市创新产出多样化发展时，相关多样化的创新风险相对更小，成本回收更快，成功率更高；而相对来看，无关多样化的创新风险更大，成本回收较慢，并且创新成功的概率较低。这将会对潜在的进入企业的资源配置产生重要影响，理性假设下，潜在的进入企业会将更多的资源配置于相关多样化的创新活动，而减少对无关多样化的创新活动的资源配置。因此，本节提出如下关于互联网发展与城市创新产出相关多样化和无关多样化的假说关系：

假说H9：城市互联网的发展有助于城市创新产出相关多样化水平的提升。

假说H10：城市互联网的发展对城市创新产出无关多样化水平具有负向的影响。

第六节　本章小结

首先，本章对互联网、创新以及城市创新产出三个关键概念进行界定；其次，本章通过文献梳理，总结出城市层面的创新产出研究包括水平、差距以及多样化三个方面，在此基础上，构建了阐释互联网影响城市创新产出的概念分析框架；最后，本章分别从水平、差距以及多样化三个方面对互联网影响城市创新产出的机理进行分析并提出研究假说。

第四章　互联网与城市创新产出：
政策与时空态势

第一节　中国互联网政策的演变

合理有效的互联网治理是维护网络环境、提高网络服务质量的关键，互联网政策就是政府部门开展互联网治理的重要工具和手段。为反映中国在不同的经济社会发展阶段，政府部门在互联网治理方面的价值准则、政策目标和政策工具，本章通过北大法宝（中国法律信息总库），以互联网为关键词对相关的法规政策进行了检索和筛选。基于检索的政策文件，简要分析中国互联网治理政策的演化趋势。

一、互联网政策起始阶段（1994~1999 年）

在互联网政策的起始阶段，政策制定的核心目标为建立互联网连接的良好秩序和环境，推进互联网的有序接入（孙宇、冯丽烁，2017）。此外，网络安全从政策初始阶段就是政府部门关注的重点，相应的政策文件也处于政策框架的核心地位。从政策内容来看，初始阶段的互联网政策规定了不同行为主体在接入互联网时需要的行政审批流程，同时还对接入互联网的主体的业务范围和经营活动进行了规范和限制，体现出政府部门对互联网接入的事前管理和高介入性的特征（黄丽娜等，2019）。在这一阶段，中国基本构建了以《中华人民共和国计算机信息系统安全保护条例》与《中华人民共和国计算机信息网络国际联网管理暂行规定》为核心，以其他政策法规为主体的互联网政策体系。此阶段主要的政策法规如表 4-1 所示。

表 4-1　起始阶段（1994~1999 年）主要互联网政策文件

实施日期	发布部门	政策与法规
1994 年 2 月 18 日	国务院	《中华人民共和国计算机信息系统安全保护条例》
1996 年 2 月 1 日	国务院	《中华人民共和国计算机信息网络国际联网管理暂行规定》
1997 年 5 月 30 日	国务院信息化领导小组	《中国互联网络域名注册暂行管理办法》
1997 年 4 月 28 日	信息产业部（现为工业和信息化部）	《关于增加计算机互联网（CHINANET）业务收费方式（试行）的通知》
1997 年 9 月 2 日		《关于更正计算机互联网（CHINANET）业务收费方式（试行）中部分内容的通知》
1998 年 6 月 1 日	中国工商银行	《中国工商银行因特网（国际互联网）上网信息管理办法》
1999 年 5 月 25 日	中国证券监督管理委员会	《中国证监会国际互联网站信息发布管理暂行办法》

注：由于相关互联网政策较多，此表选取了具有代表性的政策文件进行列示。

资料来源：笔者根据相关资料整理。

二、互联网政策发展阶段（2000~2009 年）

2000 年，无论对于世界互联网的发展还是中国互联网的发展，都是一个重要的转折点。在这一年，人类历史迎来了有史以来首次互联网科技泡沫。之后的两年，人们见证了互联网科技泡沫的破灭，美国纳斯达克指数从 2000 年 3 月 10 日的泡沫最高点 5048 一路下跌，直到 2002 年 10 月 9 日的最低点 1114 为止，整个美国股市将近 2/3 的市值在两年之内被蒸发掉了。许多互联网科技企业的市值呈现断崖式下跌，甚至破产倒闭，大量互联网从业人员失业，被迫转行，在当时的互联网领域，企业存活率不到 50%。① 随着互联网科技泡沫的破灭，2000 年之后的几年，中国互联网市场也进入了低迷期。如果说 2000 年之前中国互联网治理的核心是规范互联网的接入，那么 2000 年之后，通过反思互联网科技泡沫，中国互联网治理的核心逐渐由接入规制转向应用规制（孙宇、冯丽烁，2017）。针对不同领域的互联网应用，相关部门出台了许多政策文件规范其经营活动，涉及领域包括医疗卫生、网络出版、网络知识产权、数字印刷、互联网地图、网络文化、网络游戏、网络音视频传播、电子商务、电子支付、电子银行、网络税务、网络民事纠纷

---

① 维基百科。

等。相较于上一阶段，这一阶段中国的互联网政策主题更为丰富，政策内容更为具体，政策体系得到扩充与发展、日臻完善。此阶段主要的政策法规如表4-2所示。

表4-2　发展阶段（2000~2009年）主要互联网政策文件

实施日期	发布部门	政策与法规
2000年1月17日	信息产业部 （现为工业和信息化部）	《信息产业部关于同意组建中国移动互联网的批复》
2000年11月7日	国务院新闻办公室、信息产业部 （现为工业和信息化部）	《互联网站从事登载新闻业务管理暂行规定》
2000年11月24日	中国证券监督管理委员会	《中国证监会国际互联网站管理暂行办法》
2001年8月14日	新闻出版总署 （现为国家广播电视总局）	《关于对出版物使用互联网信息加强管理的通知》
2001年9月29日	信息产业部 （现为工业和信息化部）	《互联网骨干网间互联服务暂行规定》
2002年9月16日	信息产业部 （现为工业和信息化部）	《信息产业部关于授权中国互联网络信息中心行使域名注册管理机构职责的通知》
2002年11月20日	文化部（现为文化和旅游部）	《互联网上网服务营业场所计算机经营管理系统技术规范》
2002年12月16日	文化部（现为文化和旅游部）	《文化部文化市场司关于互联网上网服务营业场所计算机经营管理系统软件产品检测认证的公告》
2004年7月8日	国家食品药品监督管理总局	《互联网药品信息服务管理办法》
2005年3月20日	信息产业部 （现为工业和信息化部）	《非经营性互联网信息服务备案管理办法》 《互联网IP地址备案管理办法》
2006年3月1日	公安部	《互联网安全保护技术措施规定》
2006年3月30日	信息产业部 （现为工业和信息化部）	《互联网电子邮件服务管理办法》
2006年10月12日	司法部、国务院新闻办公室、全国普及法律常识办公室	《司法部　国务院新闻办　全国普法关于加强互联网法制宣传教育工作的意见》
2008年7月6日	国家税务总局	《国家税务总局关于互联网广告代理业务营业税问题的批复》
2008年8月14日	国家发展和改革委员会办公厅	《国家发展改革委办公厅关于组织实施2008年下一代互联网业务试商用及设备产业化专项的通知》
2009年8月27日	全国人民代表大会常务委员会	《全国人民代表大会常务委员会关于维护互联网安全的决定》（2009年修正）

注：由于相关互联网政策较多，此表选取了具有代表性的政策文件进行列示。

资料来源：笔者根据相关资料整理。

三、互联网政策战略深化阶段（2010 年至今）

互联网政策战略深化阶段以网络安全战略和互联网产业深化应用为核心，不断深化和完善中国互联网治理体系。首先，在互联网政策战略深化阶段，网络安全被置于中国互联网治理体系的中心位置。在这一阶段，《中华人民共和国网络安全法》《国家网络空间安全战略》和《网络空间国际合作战略》相继出台，它们共同构成了中国网络安全保护法律体系的基石，成为互联网治理体系的核心（黄丽娜等，2019）。其次，2010 年以来，全球互联网产业再次进入发展的上升通道，成为许多创新创业的高地。与此同时，中国互联网产业也发展迅猛，许多领域都处于世界领先水平。2010 年更是成为国内的团购平台崛起的元年；2011年，腾讯公司的微信 1.0 版本首次在苹果手机开始应用，智能手机快速普及，移动互联网产业加速发展；2013 年，中国制定了《"宽带中国"战略及实施方案》大数据概念逐渐清晰，首次在数字消费领域落地应用，互联网金融蓬勃发展，截至 2013 年 12 月 31 日，余额宝的规模突破 1800 亿元[①]；2014 年，网络安全进入国家战略的核心，中央网络安全和信息化领导小组宣告成立；2015 年，李克强总理在《政府工作报告》中首次提出，制订"互联网+"行动计划，推动移动互联网、云计算、大数据、物联网等与现代制造业结合，促进电子商务、工业互联网和互联网金融健康发展，引导互联网企业拓展国际市场；至此之后，中国互联网产业的发展进入高潮阶段。为紧跟互联网产业发展实践，中国这个阶段的互联网治理政策以引导产业发展为特征，相关产业主管部门纷纷出台相关政策，推动互联网接入服务、数据服务、应用服务、网络文化等行业的转型发展（孙宇、冯丽烁，2017）。此阶段主要的政策法规如表 4-3 所示。

表 4-3　战略深化阶段（2010 年至今）主要互联网政策文件

实施日期	发布部门	政策与法规
2010 年 3 月 17 日	国家广播电影电视总局（现为工业和信息化部）	《互联网视听节目服务业务分类目录（试行）》
2010 年 4 月 26 日	中国互联网协会网络版权工作委员会、中国电影著作权协会、中国广播电视协会电视制片委员会	《互联网影视版权合作及保护规则》

---

① 人民网，http://finance.people.com.cn/money/n/2014/0102/c218900-24001532.html.

续表

实施日期	发布部门	政策与法规
2010 年 9 月 26 日	财政部	《互联网销售彩票管理暂行办法》
2011 年 1 月 8 日	国务院	《互联网信息服务管理办法》（2011 年修订）
2011 年 8 月 1 日	中国互联网协会	《互联网终端软件服务行业自律公约》
2011 年 10 月 28 日	国家广播电影电视总局（现为工业和信息化部）	《持有互联网电视牌照机构运营管理要求》
2012 年 2 月 10 日	国家发展和改革委员会办公厅	《国家发展改革委办公厅关于组织实施 2012 年下一代互联网技术研发、产业化和规模商用专项的通知》《国家发展改革委办公厅关于组织实施 2012 年国家下一代互联网信息安全专项有关事项的通知》
2012 年 3 月 15 日	工业和信息化部	《规范互联网信息服务市场秩序若干规定》
2012 年 5 月 4 日	工业和信息化部	《互联网行业"十二五"发展规划》
2013 年 3 月 7 日	中国支付清算协会	《支付机构互联网支付业务风险防范指引》
2013 年 9 月 1 日	工业和信息化部	《电信和互联网用户个人信息保护规定》《互联网接入服务规范》
2014 年 8 月 28 日	工业和信息化部	《关于加强电信和互联网行业网络安全工作的指导意见》
2015 年 7 月 1 日	国务院	《国务院关于积极推进"互联网+"行动的指导意见》
2015 年 7 月 14 日	中国人民银行、工业和信息化部、公安部等十部门	《关于促进互联网金融健康发展的指导意见》
2015 年 10 月 26 日	国务院办公厅	《国务院办公厅关于加强互联网领域侵权假冒行为治理的意见》
2016 年 4 月 12 日	国务院办公厅	《国务院办公厅关于印发互联网金融风险专项整治工作实施方案的通知》
2016 年 4 月 15 日	国务院办公厅	《国务院办公厅关于深入实施"互联网+流通"行动计划的意见》
2016 年 5 月 13 日	国务院	《国务院关于深化制造业与互联网融合发展的指导意见》
2016 年 9 月 1 日	国家工商行政管理总局	《互联网广告管理暂行办法》
2016 年 9 月 7 日	工业和信息化部	《互联网信息安全管理系统使用及运行维护管理办法（试行）》
2016 年 9 月 25 日	国务院	《国务院关于加快推进"互联网+政务服务"工作的指导意见》
2016 年 12 月 1 日	国家互联网信息办公室	《互联网直播服务管理规定》

续表

实施日期	发布部门	政策与法规
2017 年 6 月 1 日	国家互联网信息办公室	《互联网信息内容管理行政执法程序规定》《互联网新闻信息服务管理规定》
2017 年 11 月 1 日	工业和信息化部	《互联网域名管理办法》
2017 年 11 月 14 日	工业和信息化部	《公共互联网网络安全突发事件应急预案》
2017 年 11 月 19 日	国务院	《国务院关于深化"互联网+先进制造业"发展工业互联网的指导意见》
2017 年 12 月 15 日	文化部（现为文化和旅游部）	《互联网文化管理暂行规定（2017 修订）》
2018 年 4 月 25 日	国务院办公厅	《国务院办公厅关于促进"互联网+医疗健康"发展的意见》
2018 年 7 月 9 日	工业和信息化部	《工业互联网平台建设及推广指南》《工业互联网平台评价方法》
2018 年 11 月 1 日	公安部	《公安机关互联网安全监督检查规定》
2018 年 11 月 30 日	国家互联网信息办公室、公安部	《具有舆论属性或社会动员能力的互联网信息服务安全评估规定》
2019 年 1 月 1 日	中国人民银行、中国银行保险监督管理委员会（现为国家金融监督管理总局）、中国证券监督管理委员会	《互联网金融从业机构反洗钱和反恐怖融资管理办法（试行）》
2019 年 9 月 1 日	国家互联网信息办公室、国家发展和改革委员会、工业和信息化部、财政部	《云计算服务安全评估办法》
2019 年 11 月 11 日	教育部办公厅	《教育移动互联网应用程序备案管理办法》
2020 年 7 月 12 日	中国银行保险监督管理委员会（现为国家金融监督管理总局）	《商业银行互联网贷款管理暂行办法》
2020 年 12 月 17 日	工业和信息化部	《电信和互联网行业数据安全标准体系建设指南》
2020 年 12 月 22 日	工业互联网专项工作组	《工业互联网创新发展行动计划（2021－2023 年）》
2021 年 2 月 1 日	中国银行保险监督管理委员会（现为国家金融监督管理总局）	《互联网保险业务监管办法》
2021 年 2 月 22 日	国家互联网信息办公室	《互联网用户公众账号信息服务管理规定》（2021 年修订）

注：由于相关互联网政策较多，此表选取了具有代表性的政策文件进行列示。

资料来源：笔者根据相关资料整理。

第二节　中国创新政策的演变

对不同类型创新主体的有效激励是提升中国创新能力的关键，而创新政策是中国政府部门激励创新活动的重要工具和手段。为反映中国在不同的经济社会发展阶段，政府部门在创新激励方面的政策目标和政策工具，本节通过北大法宝（中国法律信息总库），以创新创业为关键词对相关的法规政策进行了检索和筛选。基于检索的政策文件，对中国创新政策的演化趋势进行简要分析。

一、科教兴国（1978~2005 年）

"科教兴国"思想的理论基础是邓小平同志关于"科学技术是第一生产力"的思想。从 20 世纪 70 年代后期到 90 年代初期，邓小平同志坚持"实现四个现代化，科学技术是关键，基础是教育"的核心思想，为"科教兴国"发展战略的形成奠定了坚实的理论和实践基础。20 世纪末期，随着中国经济发展的深入，科研与经济脱节的问题越来越严重，许多阻碍科研与经济协同发展的不利因素也越来越凸显。企业与高校及科研机构缺乏合作协同、企业自身研发条件和研发动力不足、高校及科研机构的科研成果转化率低下等问题阻碍着中国的经济发展。在此背景下，1995 年 5 月 6 日，中共中央、国务院向全国各地区、各部门发布了《关于加速科学技术进步的决定》，决定中首次提出在中国实施"科教兴国"的重大战略。所谓"科教兴国"战略，是指全面落实"科学技术是第一生产力"的思想，坚持教育为本，把科技和教育摆在经济、社会发展的重要位置，增强国家的科技实力及向现实生产力转化的能力，提高全民族的科技文化素质，把经济建设转移到依靠科技进步和提高劳动者素质的轨道上来，加速实现国家的繁荣强盛。在这一阶段，"科教兴国"战略推动了中国创新政策从推动科研成果产业化向建立以企业为主体、以市场为导向、产学研相结合的技术创新体系的转变（朱桂龙等，2018）。此外，强化对科研人员的激励和为其构建良好的创新环境也是此阶段政策制定的核心。科教兴国阶段主要创新政策文件如表 4-4 所示。

表 4-4 科教兴国阶段（1978~2005 年）主要创新政策文件

实施日期	发布部门	政策与法规
1996 年 1 月 1 日	国家经济贸易委员会（现为商务部）、国家经济委员会	《国家经济贸易委员会、国家经济委员会关于推选首批技术创新试点城市和企业的通知》
1996 年 8 月 16 日	国家经济贸易委员会（现为商务部）	《关于大力开展技术创新工作的意见》
1996 年 11 月 25 日	国家经济贸易委员会（现为商务部）	《"九五"全国技术创新纲要》
1997 年 4 月 27 日	国家科学技术委员会（现为科学技术部）	《国家科委关于实施技术创新工程意见的通知》
1997 年 8 月 22 日	国家经济贸易委员会（现为商务部）	《国家技术创新项目计划管理办法》
1998 年 8 月 11 日	科学技术部	《技术创新工程区域试点管理办法（试行）》
1999 年 5 月 21 日	国务院办公厅	《科学技术部、财政部关于科技型中小企业技术创新基金的暂行规定的通知》
1999 年 6 月 21 日	国家经济贸易委员会（现为商务部）	《国家技术创新工程项目选点招标管理办法》
2000 年 1 月 5 日	教育部	《教育部关于贯彻落实〈中共中央、国务院关于加强技术创新，发展高科技，实现产业化的决定〉的若干意见》
2000 年 6 月 21 日	科学技术部、人事部（现为人力资源和社会保障部）、教育部	《科学技术部、人事部、教育部关于组织开展国家留学人员创业园示范建设试点工作的通知》
2000 年 7 月 19 日	国家经济贸易委员会（现为商务部）	《关于加强中小企业技术创新服务体系建设的意见》
2001 年 1 月 15 日	人事部（现为人力资源和社会保障部）	《留学人员创业园管理办法》
2002 年 6 月 12 日	共青团中央、科学技术部	《共青团中央、科技部关于在全国高新区中开展青年创新创效活动的通知》
2002 年 6 月 13 日	科学技术部、教育部、中国科学院、中国工程院、国家自然科学基金委员会	《科技部、教育部、中国科学院、中国工程院、国家自然科学基金委员会关于进一步增强原始性创新能力的意见》
2002 年 6 月 28 日	科学技术部、教育部	《关于充分发挥高等学校科技创新作用的若干意见》
2003 年 3 月 7 日	劳动和社会保障部（现为人力资源和社会保障部）	《劳动和社会保障部关于在十个城市建立国家创业示范基地的通知》

续表

实施日期	发布部门	政策与法规
2004 年 6 月 10 日	教育部	《"长江学者和创新团队发展计划"创新团队支持办法》 《"长江学者和创新团队发展计划"长江学者聘任办法》
2004 年 12 月 3 日	教育部	《高等学校科技创新工程重大项目培育资金项目管理办法》
2005 年 3 月 2 日	科学技术部、财政部	《科技型中小企业技术创新基金项目管理暂行办法》

注：由于相关创新政策较多，此表选取了具有代表性的政策文件进行列示。

资料来源：笔者根据相关资料整理。

二、建设创新型国家（2006~2014 年）

对于改革开放以来中国的科技发展，2006 年召开的国家科学技术大会是一个重要的历史节点。本次会议的重要任务之一就是部署实施《国家中长期科学和技术发展规划纲要（2006-2020 年）》。该纲要全面地规划部署了 21 世纪中国的科技发展战略和重点，提出了自主创新的指导思想和建设创新型国家的战略目标。随着建设创新型国家战略的提出，创新进一步受到更大范围的关注，大量涉及自主创新、集成创新、创新能力、创新体系和引进消化吸收再创新的政策不断出台，比如 2006 年发布的《中共中央 国务院关于实施科技规划纲要增强自主创新能力的决定》、2010 年发布的《关于鼓励引进技术消化吸收再创新的指导意见》、2012 年颁发的《关于深化科技体制改革加快国家创新体系建设的意见》以及 2013 年颁发的《国务院办公厅关于强化企业技术创新主体地位全面提升企业创新能力的意见》。正是在这一阶段，中国的创新水平不断提升，许多科研领域实现重大突破，同时也充分证明了中国这种举国体制的创新发展战略的优越性。面对复杂多变的环境，这种举国体制可以有效整合政府、产业、科研院所以及高校等各方主体的优势，针对重大关键共性技术进行重点突破，实现跨越式发展。此外，举国体制在完成建设创新型国家战略目标的同时允许我们有更多的自主可控性，有利于提升中国在国际科技领域的竞争力。建设创新型国家阶段主要创新政策文件如表 4-5 所示。

表 4-5　建设创新型国家阶段（2006~2014 年）主要创新政策文件

实施日期	发布部门	政策与法规
2006 年 1 月 26 日	中国共产党中央委员会、国务院	《中共中央　国务院关于实施科技规划纲要增强自主创新能力的决定》
2006 年 2 月 7 日	国务院	《国家中长期科学和技术发展规划纲要（2006-2020 年）》
2006 年 10 月 25 日	财政部、国家发展和改革委员会、科学技术部、劳动保障部（现为人力资源和社会保障部）	《财政部　国家发展改革委　科技部　劳动保障部关于企业实行自主创新激励分配制度的若干意见》
2007 年 1 月 16 日	中共中央组织部、教育部、科学技术部、人事部（现为人力资源和社会保障部）、中国科学技术协会	《关于动员和组织广大科技工作者为建设创新型国家作出新贡献的若干意见》
2007 年 12 月 24 日	商务部、科学技术部、中国进出口银行	《商务部　科技部　中国进出口银行关于利用金融手段支持国家科技兴贸创新基地的指导意见》
2007 年 12 月 27 日	商务部、科学技术部、国家发展和改革委员会、信息产业部（现为工业和信息化部）、财政部、海关总署、国家税务总局、国家质量监督检验检疫总局（现为国家市场监督管理总局）	《商务部　科技部　发展改革委　信息产业部　财政部　海关总署　税务总局　质检总局关于建设科技兴贸创新基地的指导意见》
2008 年 12 月 15 日	国务院办公厅	《关于促进自主创新成果产业化若干政策的通知》
2008 年 12 月 25 日	商务部	《商务部关于进一步发挥外商投资促进中国自主创新积极作用的指导意见》
2008 年 12 月 30 日	科学技术部、财政部、教育部、国务院国资委、中华全国总工会、国家开发银行	《关于推动产业技术创新战略联盟构建的指导意见》
2009 年 12 月 1 日	科学技术部	《关于推动产业技术创新战略联盟构建与发展的实施办法（试行）》
2010 年 12 月 16 日	商务部、科学技术部、工业和信息化部、财政部、国家税务总局、知识产权局	《商务部　科技部　工业和信息化部　财政部　国家税务总局　知识产权局关于鼓励引进技术消化吸收再创新的指导意见》
2011 年 2 月 23 日	中共中央组织部、人力资源和社会保障部	《关于支持留学人员回国创业的意见》
2011 年 10 月 20 日	科学技术部、财政部、中国人民银行、国务院国资委、国家税务总局、中国银监会（现为国家金融监督管理总局）、中国证监会、中国保监会（现为国家金融监督管理总局）	《关于促进科技和金融结合加快实施自主创新战略的若干意见》

续表

实施日期	发布部门	政策与法规
2011 年 11 月 14 日	国务院办公厅	《国务院办公厅关于进一步支持企业技术创新的通知》
2012 年 6 月 27 日	科学技术部、中共中央宣传部、财政部、文化部（现为文化和旅游部）、广电总局（现为国家广播电视总局）、新闻出版总署（现为国家新闻出版署）	《国家文化科技创新工程纲要》
2012 年 9 月 23 日	中国共产党中央委员会、国务院	《中共中央　国务院关于深化科技体制改革加快国家创新体系建设的意见》
2013 年 1 月 28 日	国务院办公厅	《国务院办公厅关于强化企业技术创新主体地位全面提升企业创新能力的意见》
2014 年 10 月 30 日	国务院办公厅	《国务院办公厅关于促进国家级经济技术开发区转型升级创新发展的若干意见》
2014 年 11 月 16 日	国务院	《国务院关于创新重点领域投融资机制鼓励社会投资的指导意见》

注：由于相关创新政策较多，此表选取了具有代表性的政策文件进行列示。

资料来源：笔者根据相关资料整理。

三、"大众创业、万众创新"（2015 年至今）

关于"大众创业、万众创新"的论述，出自李克强总理 2014 年 9 月在夏季达沃斯论坛上的讲话，在该论坛上，李克强总理提出："在中国 960 万平方公里土地上掀起一个'大众创业''草根创业'的新浪潮""形成'万众创新''人人创新'的新势态"。2015 年 6 月，国务院颁发实施了《国务院关于大力推进大众创业万众创新若干政策措施的意见》，该意见指出，"推进大众创业、万众创新，是发展的动力之源，也是富民之道、公平之计、强国之策，对于推动经济结构调整、打造发展新引擎、增强发展新动力、走创新驱动发展道路具有重要意义，是稳增长、扩就业、激发亿万群众智慧和创造力，促进社会纵向流动、公平正义的重大举措"。自此，中国创新创业进入全民创新的时代。2015 年之后，中国为进一步推动"大众创业、万众创新"的深化发展，有效落实"大众创业、万众创新"各项政策措施，在中国真正实现全民全员创新，中国不断出台相应创新配套措施，比如 2017 年 7 月国务院发布了《国务院关于强化实施创新驱动发展战略进一步推进大众创业万众创新深入发展的意见》，2018 年 9 月国务院下发了《国务院关于推动创新创业高质量发展打造"双创"升级版的意见》。如果说中国创新政策在上一阶段是举国体制下的创新发展，那么"大众创业、万众创新"阶段就是举全民族体制下的科技腾飞。在此阶段，中国充分激发了全国所有人民的智慧来提升中国的创新能力。"大众创业、万众创新"阶段主要创新政策文件如表4-6所示。

表4-6 "大众创业、万众创新"阶段（2015年至今）主要创新政策文件

实施日期	发布部门	政策与法规
2015年3月2日	国务院办公厅	《国务院办公厅关于发展众创空间推进大众创新创业的指导意见》
2015年5月4日	国务院办公厅	《国务院办公厅关于深化高等学校创新创业教育改革的实施意见》
2015年6月11日	国务院	《国务院关于大力推进大众创业万众创新若干政策措施的意见》
2015年8月14日	国务院办公厅	《国务院办公厅关于同意建立推进大众创业万众创新部际联席会议制度的函》
2015年9月18日	国务院办公厅	《国务院办公厅关于推进线上线下互动加快商贸流通创新发展转型升级的意见》
2015年9月23日	国务院	《国务院关于加快构建大众创业万众创新支撑平台的指导意见》
2016年5月	中国共产党中央委员会、国务院	《国家创新驱动发展战略纲要》
2016年7月28日	国务院	《国务院关于印发"十三五"国家科技创新规划的通知》
2016年11月18日	国务院办公厅	《国务院办公厅关于支持返乡下乡人员创业创新促进农村一二三产业融合发展的意见》
2016年12月1日	科学技术部、国家发展和改革委员会	《科技部 国家发展改革委关于印发建设创新型城市工作指引的通知》
2017年5月11日	国务院办公厅	《国务院办公厅关于县域创新驱动发展的若干意见》
2017年7月21日	国务院	《国务院关于强化实施创新驱动发展战略进一步推进大众创业万众创新深入发展的意见》
2017年9月7日	国务院办公厅	《国务院办公厅关于推广支持创新相关改革举措的通知》
2018年9月18日	国务院	《国务院关于推动创新创业高质量发展打造"双创"升级版的意见》

续表

实施日期	发布部门	政策与法规
2018 年 12 月 23 日	国务院办公厅	《国务院办公厅关于推广第二批支持创新相关改革举措的通知》
2019 年 10 月 20 日	中国共产党中央委员会、国务院	《中共中央 国务院关于促进中医药传承创新发展的意见》
2019 年 12 月 10 日	人力资源和社会保障部、财政部、农业农村部	《关于进一步推动返乡入乡创业工作的意见》
2019 年 12 月 27 日	人力资源和社会保障部	《人力资源社会保障部关于进一步支持和鼓励事业单位科研人员创新创业的指导意见》
2020 年 1 月 23 日	国务院办公厅	《国务院办公厅关于推广第三批支持创新相关改革举措的通知》
2020 年 7 月 23 日	国务院办公厅	《国务院办公厅关于提升大众创业万众创新示范基地带动作用进一步促改革稳就业强动能的实施意见》
2020 年 10 月 25 日	国务院办公厅	《国务院办公厅关于推进对外贸易创新发展的实施意见》
2021 年 3 月 19 日	财政部办公厅、国家知识产权局办公室	《关于实施专利转化专项计划助力中小企业创新发展的通知》

注：由于相关创新政策较多，此表选取了具有代表性的政策文件进行列示。

资料来源：笔者根据相关资料整理。

第三节 时空研究方法与数据

本章旨在探究中国城市互联网使用和城市创新产出的空间差距、分布演进和动态变迁。基于以上研究内容，本节综合运用基尼系数及其空间分解、探索性空间分析、核密度估计等研究方法，深入分析中国城市互联网使用和城市创新产出的时空格局与动态演化。首先，通过对城市互联网使用数据以及城市创新数据进行基尼系数测算及空间分解，有助于呈现中国城市互联网使用和城市创新产出的空间差距及其空间差距来源；其次，探索性空间分析分别展示了中国城市互联网使用和城市创新产出的空间相关性，并且通过莫兰散点图呈现不同城市互联网使用和城市创新产出的空间分布及其态势；最后，为分析中国城市互联网使用和城市创新产出分布的位置、形态和动态演变，使用核密度估计方法来分别拟合城市互联网使用数据和城市创新数据的分布曲线。关于上述研究方法的具体内容如下：

（1）基尼系数及其空间分解。基尼系数常被学者们用于测度变量的内部差距，它可以较好地展示变量的变异程度（杨明海等，2017；李星，2020），因此，本章使用基尼系数分别衡量互联网使用和城市创新产出的差距（刘帅等，2021）。基于相对平均差的基尼系数公式如下：

$$G = \frac{\sum_{r=1}^{n} \sum_{z=1}^{n} |IA_r - IA_z|}{2n^2 \overline{IA}} \tag{4-1}$$

其中，IA_r、IA_z 分别表示城市 r 和 z 的互联网使用或创新产出水平，其中 r，$z = [1, 2, \cdots, n]$，n 为城市样本个数。$\overline{IA} = (1/n) \sum_{i=1}^{n} IA_i$ 为城市互联网使用或城市创新产出水平的平均值。此外，为识别互联网使用与创新产出在城市之间差距的来源，本节利用不同城市间的空间邻接关系对上述基尼系数进行空间分解（Rey and Smith，2013），即空间邻接权重矩阵。传统构造城市邻接权重矩阵是基于城市之间是否存在地理相邻而构造的，但这种矩阵构造方式并未考虑城市之间的经济社会关联。而且基于中国区域发展战略，中国正在重点推进基于城市群的区域经济格局建设，相关研究发现城市群内城市之间的通勤时间为 1~2 小时，换算成地理距离约为 150~300 千米（方创琳，2020）。由此可推论，在此通勤距离之内的城市间的经济关联更为密切。本节参考城市群内城市之间的地理距离，以单个城市周边 300 千米作为临界距离，300 千米以内为城市相邻，超出 300 千米则为不相邻，构建本章所用的空间邻接权重矩阵。因此，式（4-1）可以重写为：

$$G = \frac{\sum_{r=1}^{n} \sum_{z=1}^{n} w'_{rz} |IA_r - IA_z|}{2n^2 \overline{IA}} + \frac{\sum_{r=1}^{n} \sum_{z=1}^{n} (1 - w'_{rz}) |IA_r - IA_z|}{2n^2 \overline{IA}} \tag{4-2}$$

其中，右边第一项为相邻城市之间的差距对基尼系数的贡献，第二项为非邻城市之间的差距对基尼系数的贡献。w'_{rz} 是行标准化之后空间权重矩阵的元素（张志强，2014）。当基尼系数的第一项大于第二项时，互联网使用与创新产出的城市差距主要来自于相邻区域之间的差距；当基尼系数的第一项小于第二项时，互联网使用与创新产出的城市差距主要来自于非邻区域之间的差距。

（2）探索性空间分析。上述基尼系数及其空间分解从样本整体上反映了城市互联网使用与创新产出的空间特征。为更深入地分析不同城市互联网使用与创新产出的局部空间关联和异质性，本节进一步采用探索性空间分析对中国城市互联网使用与创新产出的空间特征进行研究。探索性空间分析主要包括空间自相关检验（莫兰指数检验）与莫兰散点图呈现。莫兰指数的计算公式如下：

$$GlobalMoran'I = \frac{\sum_{i=1}^{n}\sum_{j=1}^{n}W_{ij}(X_i-\overline{X})(X_j-\overline{X})}{S^2\sum_{i=1}^{n}\sum_{j=1}^{n}W_{ij}} \tag{4-3}$$

其中，$S^2 = \sum_{i=1}^{n}(X_i-\overline{X})^2/n$ 为样本数据的方差，n 为城市数量；X_i 与 X_j 分别为区域 i 和 j 的观测值，即本章中的城市互联网使用和创新产出；$\overline{X}$ 为观测值的平均值；W_{ij} 为基于球面距离的空间权重矩阵元素。

（3）核密度估计。核密度估计是一种非参数的统计估计方法，具有较好的稳健性。该方法主要通过估计随机变量的概率密度，用平滑的概率密度曲线描述随机变量的分布形态（杨明海等，2017）。假设随机变量 X 的密度函数为 $f(*)$，在点处的概率密度由式（4-4）进行估计。其中，N 是样本观测值的个数，$K(*)$ 是核函数，X_i 为独立同分布的观测值，$\overline{x}$ 为样本均值；h 为带宽，带宽越小，估计的密度函数曲线越光滑，估计精度越高。本节选择高斯核函数对城市互联网使用和创新的分布动态演变进行估计，如式（4-5）所示。

$$f(x) = \frac{1}{Nh}\sum_{i=1}^{N}K\left(\frac{X_i-\overline{x}}{h}\right) \tag{4-4}$$

$$K(x) = \frac{1}{\sqrt{2\pi}}\exp\left(-\frac{x^2}{2}\right) \tag{4-5}$$

本章选择 2003~2018 年中国 277 个地级市的面板数据作为样本。其中，城市创新产出来自北京大学企业大数据研究中心编制的创新指数，其中包括城市总量创新指数、人均创新指数和单位面积创新指数。创新指数测算基于北京大学企业大数据研究中心整合的企业大数据库。企业大数据库整合了全国工商企业注册数据库、VCPE 投资数据库、专利数据库、商标注册库，囊括了1990 年至今所有在中国境内注册的企业单位，记录了企业的注册信息及其变动、法人投资行为等基本信息，同时也记录了企业专利、商标与软件著作权等创新成果。该城市创新指数以企业为核心，强调创新创业的市场识别机制，使用客观指标，聚焦创新创业产出，便于更全面地呈现城市创新产出的时空态势。城市互联网发展状况来自《中国城市统计年鉴》，其中分别对城市固定互联网（宽带互联网接入）和移动互联网（移动电话用户）的使用规模进了统计，该指标可以较好地反映中国各城市互联网基础设施的建设情况和提供的网络服务。

第四节　中国互联网的时空态势

运用以上时空分析方法以及数据可视化，本节对中国城市互联网使用的时空态势进行探究，具体分析内容如下：

一、中国互联网使用的总体描述

基于 2003～2018 年中国 277 个地级市的互联网使用面板数据，计算 16 年间中国城市互联网使用的平均水平，图 4-1 呈现了 2003～2018 年中国城市固定互联网和移动互联网平均使用规模的变化趋势。可知中国互联网使用具有以下特征事实：第一，从整体发展看，中国城市固定互联网与移动互联网的平均使用规模呈稳步增长趋势，这主要归功于中国政府部门持续的互联网基础设施建设。第二，中国移动互联网的使用规模显著高于传统互联网的使用规模，城市固定互联网的平均使用规模从 2003 年的 19.56 万户增长为 2018 年的 141.42 万户，城市移动互联网的平均使用规模从 2003 年的 95.88 万户增长为 2018 年的 533.67 万户。这主要是因为相对于传统的 PC 端互联网，移动端的互联网使用更加方便、高效，当然前提条件是城市区域的移动互联网基础设施建设完善。

图 4-2 为 2003～2018 年中国城市固定互联网和移动互联网普及率（互联网普及率的计算采用互联网使用规模除以城市年平均人口计算所得）的变化趋势。从整体来看，城市固定互联网与移动互联网的普及率不断提升，并且城市移动互联网的普及率显著高于城市固定互联网的普及率。值得注意的是，从 2012 年起，中国城市移动互联网普及率超过 100%，直到 2018 年，中国城市移动互联网普及率达到 120%，这意味着 2018 年中国城市中平均 20% 的人口拥有多个移动网络账户或终端。

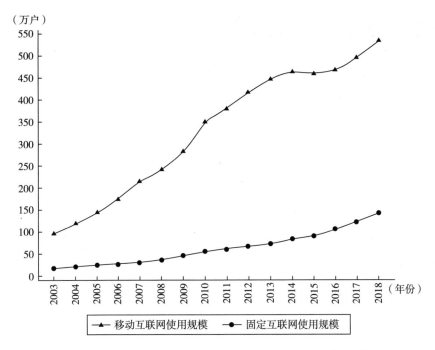

图 4-1　2003~2018 年中国城市互联网平均使用规模变化趋势

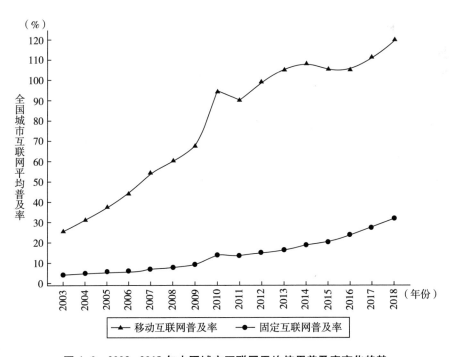

图 4-2　2003~2018 年中国城市互联网平均使用普及率变化趋势

二、中国互联网使用的时空格局

表4-7呈现了2003~2018年中国城市固定互联网使用的基尼系数及其空间分解的结果。分析可得：第一，2003~2018年，中国城市固定互联网使用的基尼系数区间为0.438~0.684，表明样本区间内中国城市固定互联网使用的城市间差距较大，这主要是由于不同城市的地理环境和经济发展存在较大差距，进而造成互联网基础设施建设的非均衡推进；第二，从发展趋势看，基尼系数逐渐减小，表明中国城市固定互联网使用的城市差距在逐渐缩小；第三，观察城市固定互联网使用基尼系数的空间分解结果可得，中国固定互联网使用的城市差距主要来源于非邻城市之间的差距，相邻城市之间差距非常小，样本期内，相邻城市差距对总体城市差距的平均贡献只有0.301%，而非邻城市差距对总体城市差距的平均贡献高达99.699%。

表4-7　2003~2018年中国城市固定互联网使用基尼系数与空间分解

年份	总体城市差距	相邻城市差距	非邻城市差距	相邻城市差距占总体城市差距份额（％）	非邻城市差距占总体城市差距份额（％）
2003	0.684	0.002	0.682	0.310	99.690
2004	0.667	0.002	0.664	0.308	99.692
2005	0.660	0.002	0.658	0.311	99.689
2006	0.652	0.002	0.650	0.312	99.688
2007	0.622	0.002	0.620	0.307	99.693
2008	0.619	0.002	0.617	0.304	99.696
2009	0.601	0.002	0.599	0.303	99.697
2010	0.588	0.002	0.586	0.299	99.701
2011	0.564	0.002	0.563	0.302	99.698
2012	0.514	0.002	0.512	0.300	99.700
2013	0.498	0.001	0.497	0.297	99.703
2014	0.511	0.001	0.510	0.290	99.710
2015	0.489	0.001	0.488	0.293	99.707
2016	0.460	0.001	0.459	0.290	99.710
2017	0.445	0.001	0.444	0.290	99.710
2018	0.438	0.001	0.437	0.298	99.702

表4-8为2003~2018年中国城市移动互联网使用的基尼系数及其空间分解的结果。分析可得：第一，样本期内，中国城市移动互联网使用的基尼系数区间为0.431~0.538，相较于固定互联网的使用，移动互联网使用的城市差距相对较小，但从基尼系数的绝对水平看，移动互联网使用的城市差距依然较大；第二，2003~2018年，中国移动互联网使用的基尼系数呈逐渐下降趋势，表明在此期间中国移动互联网使用的城市差距在缩小，这主要得益于中国持续推进移动互联网的基础研究和建设；第三，通过对总体基尼系数的分解，可以发现移动互联网使用的城市差距主要来源于非邻城市之间的差距，样本期内，相邻城市间的平均差距只有0.001，而非邻城市间的平均差距为0.469。

表4-8　2003~2018年中国城市移动互联网使用基尼系数与空间分解

年份	总体城市差距	相邻城市差距	非邻城市差距	相邻城市差距占总体城市差距份额（%）	非邻城市差距占总体城市差距份额（%）
2003	0.538	0.002	0.537	0.297	99.703
2004	0.532	0.002	0.530	0.295	99.705
2005	0.529	0.002	0.527	0.297	99.703
2006	0.510	0.002	0.508	0.299	99.701
2007	0.494	0.001	0.493	0.296	99.704
2008	0.472	0.001	0.471	0.297	99.703
2009	0.459	0.001	0.458	0.298	99.702
2010	0.468	0.001	0.466	0.307	99.693
2011	0.451	0.001	0.449	0.301	99.699
2012	0.449	0.001	0.448	0.303	99.697
2013	0.441	0.001	0.439	0.305	99.695
2014	0.441	0.001	0.440	0.307	99.693
2015	0.443	0.001	0.442	0.307	99.693
2016	0.437	0.001	0.436	0.305	99.695
2017	0.431	0.001	0.430	0.308	99.692
2018	0.436	0.001	0.435	0.306	99.694

为进一步分析中国互联网使用的时空格局，表4-9和表4-10分别给出了中国城市固定互联网使用与移动互联网使用的空间自相关检验结果。基于空间自相关检验的结果，研究发现：第一，样本期内，固定互联网使用与移动互联网使用

的莫兰指数均为正，且显著，表明中国城市互联网使用呈现正向的空间集聚特征；第二，无论是固定互联网，还是移动互联网，其莫兰指数均较小，表明中国互联网使用在城市间的空间溢出效应较弱，城市自身互联网使用的增长对于邻接城市互联网使用的作用较小。

表4-9　2003~2018年中国城市固定互联网使用的空间自相关检验

年份	莫兰指数	Z 值	P 值	年份	莫兰指数	Z 值	P 值
2003	0.020	3.907	0.000	2011	0.005	1.623	0.052
2004	0.017	3.666	0.000	2012	0.038	6.637	0.000
2005	0.013	3.126	0.001	2013	0.046	7.927	0.000
2006	0.010	2.808	0.003	2014	0.039	6.891	0.000
2007	0.014	3.790	0.000	2015	0.030	5.489	0.000
2008	0.017	3.918	0.000	2016	0.044	7.425	0.000
2009	0.018	3.855	0.000	2017	0.049	8.276	0.000
2010	0.015	3.179	0.001	2018	0.035	6.079	0.000

表4-10　2003~2018年中国城市移动互联网使用的空间自相关检验

年份	莫兰指数	Z 值	P 值	年份	莫兰指数	Z 值	P 值
2003	0.057	9.671	0.000	2011	0.041	6.987	0.000
2004	0.056	9.575	0.000	2012	0.040	6.816	0.000
2005	0.057	9.622	0.000	2013	0.035	6.039	0.000
2006	0.053	9.065	0.000	2014	0.033	5.741	0.000
2007	0.057	9.562	0.000	2015	0.030	5.385	0.000
2008	0.056	9.357	0.000	2016	0.028	5.052	0.000
2009	0.049	8.224	0.000	2017	0.027	4.855	0.000
2010	0.028	5.015	0.000	2018	0.030	5.255	0.000

在莫兰指数检验的基础上，图4-3与图4-4给出了中国城市固定互联网使用和移动互联网使用的莫兰散点图。2003年，中国固定互联网使用和移动互联网使用表现为空间正相关，许多城市位于"低—低"和"低—高"象限，由于2003年处于中国互联网发展的初始阶段，只有少数经济发展较快的城市开始推广和普及互联网，许多城市还未全面发展互联网；2003~2006年，观察可知中国

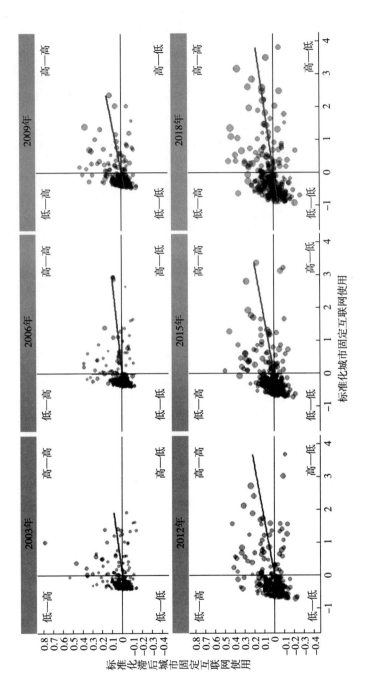

图4-3 中国城市固定互联网使用莫兰散点图

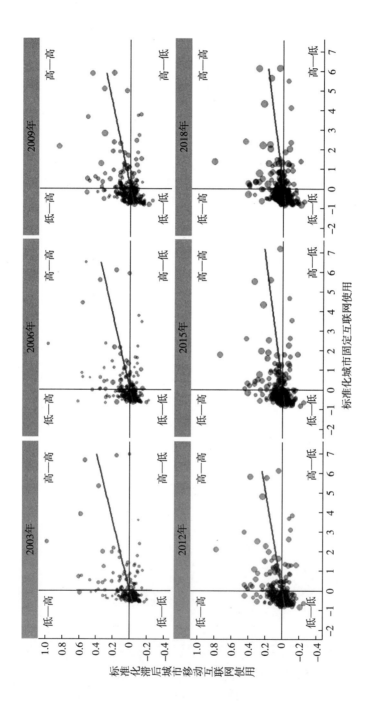

图4-4 中国城市移动互联网使用莫兰散点图

固定互联网使用和移动互联网使用的空间分布基本保持不变；与 2006 年相比，2009 年中国固定互联网使用和移动互联网使用表现出更高的空间正相关，主要体现为"高—高"象限的城市增加，这主要是由于在此期间中国东部发达地区城市开始大力推进互联网基础设施建设，提高了城市居民与企业的互联网可接入性；2009～2012 年，中国固定互联网使用维持上一阶段的进程，更多的城市进入"高—高"象限，而移动互联网使用的空间正相关略有减小，这主要是因为中国城市移动互联网并非完全呈现高高集聚的发展趋势，而是在全国呈现多点布局、多点开花的发展模式，这就致使部分城市由"低—低"象限向"高—低"象限和"低—高"象限移动；2012～2015 年，中国固定互联网使用和移动互联网使用均呈现空间正相关减小的趋势，这主要是由于全国更多城市大力发展互联网经济，电子商务成为许多城市重点布局的领域，许多城市由"低—低"集聚向"高—低"集聚或"低—高"集聚转变；2015～2018 年，中国固定互联网使用和移动互联网使用的空间正向集聚得以延续，但分布更加均衡。

三、中国互联网使用的分布演进

基于本章样本期数据，提取中国城市互联网使用数据的最小值、最大值、均值以及四分位点数据，以最小值、四分之一分位数、均值、四分之三分位数以及最大值为节点，将城市互联网使用数据分为 4 个区间，将其称为低、中低、中高和高水平，具体数据分段如表 4-11～表 4-16 所示。以中国七大地理分区作为基本视角，即华东、华南、华北、华中、西南、西北和东北，对中国城市固定互联网使用的地理可视化结果进行分析。整体观察，中国城市固定互联网使用呈逐年增长趋势。从增长的空间顺序来看，城市固定互联网使用先在中国东部城市增长和发展，然后由东向西、由沿海向内陆逐步推进。2003 年，中国大部分城市固定互联网使用处于中低水平以下，只有华东、华北以及西南少数几个城市的固定互联网使用达到了高水平规模，比如北京、上海、广东、重庆以及成都等地。2003～2006 年，华中与华北地区的部分城市固定互联网使用迅速增长，至 2012 年，中国中部和东部大部分地区城市固定互联网使用达到中高水平规模。并且东部沿海地区、华南地区以及环渤海区域的城市固定互联网使用超过了四分之三分位数的水平，达到较大的规模。2012～2018 年，中国东部和中部地区的大部分城市固定互联网使用都达到了高水平规模，基本实现固定互联网的普及和全覆盖。

表4-11 2003年城市固定互联网使用（万户）地理分布

0.4~12.7

张家口、承德、沧州、衡水、大同、阳泉、长治、晋城、朔州、晋中、运城、忻州、临汾、吕梁、呼和浩特、包头、乌海、赤峰、通辽、鄂尔多斯、呼伦贝尔、巴彦淖尔、乌兰察布、抚顺、本溪、阜新、辽阳、铁岭、朝阳、葫芦岛、长春、吉林、四平、辽源、通化、白山、松原、白城、齐齐哈尔、鸡西、鹤岗、双鸭山、伊春、佳木斯、七台河、牡丹江、黑河、绥化、徐州、连云港、淮安、镇江、泰州、宿迁、湖州、衢州、舟山、丽水、蚌埠、淮南、马鞍山、淮北、铜陵、安庆、黄山、滁州、阜阳、宿州、六安、亳州、池州、宣城、宁德、景德镇、萍乡、九江、新余、鹰潭、吉安、枣庄、东营、威海、日照、莱芜、德州、聊城、滨州、菏泽、开封、平顶山、鹤壁、焦作、濮阳、许昌、漯河、三门峡、南阳、商丘、信阳、周口、驻马店、黄石、十堰、宜昌、襄阳、鄂州、荆门、孝感、荆州、黄冈、咸宁、随州、邵阳、岳阳、常德、张家界、益阳、郴州、永州、怀化、娄底、韶关、汕头、湛江、茂名、梅州、汕尾、河源、阳江、清远、潮州、揭阳、云浮、梧州、北海、防城港、钦州、贵港、玉林、百色、贺州、河池、来宾、崇左、三亚、自贡、攀枝花、泸州、德阳、绵阳、广元、遂宁、内江、乐山、南充、眉山、宜宾、广安、达州、雅安、巴中、资阳、六盘水、安顺、曲靖、玉溪、保山、昭通、丽江、普洱、临沧、铜川、宝鸡、咸阳、延安、汉中、榆林、安康、商洛、嘉峪关、金昌、白银、天水、武威、张掖、平凉、酒泉、庆阳、定西、西宁、石嘴山、吴忠、固原、乌鲁木齐、克拉玛依

12.7~63.2

唐山、秦皇岛、邯郸、邢台、保定、廊坊、太原、鞍山、丹东、锦州、营口、盘锦、大庆、无锡、常州、苏州、南通、盐城、扬州、嘉兴、绍兴、金华、台州、芜湖、福州、厦门、莆田、三明、泉州、漳州、南平、龙岩、南昌、赣州、宜春、抚州、上饶、青岛、淄博、烟台、潍坊、济宁、泰安、临沂、郑州、洛阳、安阳、新乡、株洲、湘潭、衡阳、珠海、江门、肇庆、惠州、东莞、中山、南宁、柳州、桂林、海口、贵阳、昆明、渭南、兰州、银川

63.2~69.1

哈尔滨、杭州、合肥、长沙、佛山

69.1~1535.2

北京、天津、石家庄、沈阳、大连、上海、南京、宁波、温州、济南、武汉、广州、深圳、重庆、成都、西安

表4-12 2006年城市固定互联网使用（万户）地理分布

0.4~12.7

承德、衡水、阳泉、晋城、朔州、晋中、运城、忻州、临汾、吕梁、乌海、赤峰、通辽、鄂尔多斯、呼伦贝尔、巴彦淖尔、乌兰察布、抚顺、丹东、营口、阜新、盘锦、铁岭、朝阳、葫芦岛、四平、辽源、通化、白山、松原、白城、鸡西、鹤岗、双鸭山、伊春、佳木斯、七台河、黑河、绥化、淮安、宿迁、蚌埠、淮南、马鞍山、淮北、铜陵、安庆、黄山、滁州、阜阳、宿州、六安、亳州、池州、宣城、莆田、南平、宁德、景德镇、萍乡、新余、鹰潭、吉安、枣庄、日照、莱芜、德州、聊城、滨州、鹤壁、濮阳、漯河、三门峡、商丘、信阳、周口、黄石、十堰、鄂州、荆门、孝感、荆州、黄冈、咸宁、随州、邵阳、岳阳、张家界、益阳、永州、娄底、韶关、茂名、梅州、汕尾、河源、阳江、清远、潮州、揭阳、梧州、北海、防城港、钦州、贵港、玉林、百色、贺州、河池、来宾、崇左、三亚、自贡、攀枝花、泸州、德阳、广元、遂宁、内江、眉山、宜宾、广安、达州、雅安、巴中、资阳、六盘水、安顺、曲靖、保山、昭通、丽江、普洱、临沧、铜川、宝鸡、咸阳、渭南、延安、汉中、榆林、安康、商洛、嘉峪关、金昌、白银、天水、武威、张掖、平凉、酒泉、庆阳、定西、西宁、银川、石嘴山、吴忠、固原、克拉玛依

12.7~63.2

唐山、秦皇岛、邢台、保定、张家口、沧州、廊坊、太原、大同、长治、呼和浩特、包头、鞍山、本溪、锦州、辽阳、吉林、齐齐哈尔、大庆、牡丹江、无锡、徐州、常州、南通、连云港、盐城、扬州、镇江、泰州、嘉兴、湖州、绍兴、金华、衢州、舟山、台州、丽水、合肥、芜湖、福州、厦门、三明、漳州、龙岩、九江、赣州、宜春、抚州、上饶、淄博、东营、烟台、潍坊、济宁、泰安、威海、临沂、菏泽、开封、洛阳、平顶山、安阳、新乡、焦作、许昌、南阳、驻马店、宜昌、襄阳、株洲、湘潭、衡阳、常德、郴州、怀化、珠海、汕头、佛山、江门、湛江、肇庆、东莞、中山、云浮、柳州、桂林、海口、绵阳、乐山、南充、贵阳、昆明、玉溪、西安、兰州、乌鲁木齐

63.2~69.1

南京

69.1~1535.2

北京、天津、石家庄、邯郸、沈阳、大连、长春、哈尔滨、上海、苏州、杭州、宁波、温州、泉州、南昌、济南、青岛、郑州、武汉、长沙、广州、深圳、惠州、南宁、重庆、成都

表4-13　2009年城市固定互联网使用（万户）地理分布

0.4~12.7

朔州、忻州、乌海、赤峰、通辽、鄂尔多斯、巴彦淖尔、乌兰察布、辽源、通化、白山、松原、白城、鸡西、鹤岗、双鸭山、伊春、七台河、黑河、淮南、淮北、铜陵、黄山、滁州、阜阳、六安、亳州、池州、宣城、景德镇、新余、鹰潭、吉安、莱芜、鄂州、咸宁、随州、张家界、永州、汕尾、河源、防城港、三亚、攀枝花、广元、遂宁、广安、雅安、巴中、资阳、六盘水、安顺、保山、昭通、丽江、普洱、临沧、铜川、延安、安康、商洛、嘉峪关、金昌、白银、天水、武威、张掖、平凉、酒泉、庆阳、定西、石嘴山、吴忠、固原、克拉玛依

12.7~63.2

秦皇岛、邢台、张家口、承德、沧州、廊坊、衡水、大同、阳泉、长治、晋城、晋中、运城、临汾、吕梁、呼和浩特、包头、呼伦贝尔、鞍山、抚顺、本溪、丹东、锦州、营口、阜新、辽阳、盘锦、铁岭、朝阳、葫芦岛、吉林、四平、齐齐哈尔、大庆、佳木斯、牡丹江、绥化、徐州、南通、连云港、淮安、盐城、扬州、镇江、泰州、宿迁、湖州、衢州、舟山、丽水、合肥、芜湖、蚌埠、马鞍山、安庆、宿州、莆田、三明、漳州、南平、龙岩、宁德、萍乡、九江、赣州、宜春、抚州、上饶、淄博、枣庄、东营、济宁、泰安、威海、日照、临沂、德州、聊城、滨州、菏泽、开封、洛阳、平顶山、安阳、鹤壁、新乡、焦作、濮阳、许昌、漯河、三门峡、南阳、商丘、信阳、周口、驻马店、黄石、十堰、宜昌、襄阳、荆门、孝感、荆州、黄冈、株洲、湘潭、衡阳、邵阳、岳阳、常德、益阳、郴州、怀化、娄底、韶关、珠海、汕头、江门、湛江、茂名、肇庆、惠州、梅州、阳江、中山、潮州、揭阳、云浮、柳州、桂林、梧州、北海、钦州、贵港、玉林、百色、贺州、河池、来宾、崇左、海口、自贡、泸州、德阳、绵阳、内江、乐山、南充、眉山、宜宾、达州、贵阳、曲靖、玉溪、宝鸡、咸阳、渭南、汉中、榆林、兰州、西宁、银川、乌鲁木齐

63.2~69.1

嘉兴、厦门、潍坊、南宁

69. 1~1535. 2

北京、天津、石家庄、唐山、邯郸、保定、太原、沈阳、大连、长春、哈尔滨、上海、南京、无锡、常州、苏州、杭州、宁波、温州、绍兴、金华、台州、福州、泉州、南昌、济南、青岛、烟台、郑州、武汉、长沙、广州、深圳、佛山、清远、东莞、重庆、成都、昆明、西安

表 4-14　2012 年城市固定互联网使用（万户）地理分布

0. 4~12. 7

乌海、乌兰察布、七台河、防城港、三亚、丽江、临沧、铜川、嘉峪关、金昌、白银、武威、张掖、平凉、酒泉、庆阳、定西、吴忠、固原、克拉玛依

12. 7~63. 2

秦皇岛、张家口、承德、衡水、大同、阳泉、长治、晋城、朔州、晋中、运城、忻州、临汾、吕梁、呼和浩特、包头、赤峰、通辽、鄂尔多斯、呼伦贝尔、巴彦淖尔、鞍山、抚顺、本溪、丹东、锦州、营口、阜新、辽阳、盘锦、铁岭、朝阳、葫芦岛、吉林、四平、辽源、通化、白山、松原、白城、齐齐哈尔、鸡西、鹤岗、双鸭山、大庆、伊春、佳木斯、牡丹江、黑河、绥化、连云港、淮安、镇江、宿迁、湖州、衢州、舟山、丽水、芜湖、蚌埠、淮南、马鞍山、淮北、铜陵、安庆、黄山、滁州、阜阳、宿州、六安、亳州、池州、宣城、三明、南平、龙岩、宁德、景德镇、萍乡、九江、新余、鹰潭、吉安、宜春、抚州、上饶、枣庄、东营、泰安、威海、日照、莱芜、德州、聊城、滨州、开封、平顶山、安阳、鹤壁、焦作、濮阳、许昌、漯河、三门峡、南阳、商丘、信阳、周口、驻马店、黄石、十堰、宜昌、襄阳、鄂州、荆门、孝感、黄冈、咸宁、随州、株洲、湘潭、衡阳、邵阳、岳阳、常德、张家界、益阳、郴州、永州、怀化、娄底、韶关、珠海、湛江、茂名、梅州、汕尾、河源、阳江、清远、潮州、揭阳、柳州、桂林、梧州、北海、钦州、贵港、玉林、百色、贺州、河池、来宾、崇左、海口、自贡、攀枝花、泸州、绵阳、广元、遂宁、内江、乐山、南充、眉山、宜宾、广安、达州、雅安、巴中、资阳、六盘水、安顺、曲靖、玉溪、保山、昭通、普洱、宝鸡、咸阳、渭南、延安、汉中、榆林、安康、商洛、兰州、天水、西宁、银川、石嘴山

63. 2~69. 1

漳州、赣州、菏泽、新乡、荆州

69. 1~1535. 2

北京、天津、石家庄、唐山、邯郸、邢台、保定、沧州、廊坊、太原、沈阳、大连、长春、哈尔滨、上海、南京、无锡、徐州、常州、苏州、南通、盐城、扬州、泰州、杭州、宁波、温州、嘉兴、绍兴、金华、台州、合肥、福州、厦门、莆田、泉州、南昌、济南、青岛、淄博、烟台、潍坊、济宁、临沂、郑州、洛阳、武汉、长沙、广州、深圳、汕头、佛山、江门、肇庆、惠州、东莞、中山、云浮、南宁、重庆、成都、德阳、贵阳、昆明、西安、乌鲁木齐

表 4-15　2015 年城市固定互联网使用（万户）地理分布

0. 4~12. 7

七台河、嘉峪关、金昌、石嘴山、吴忠

12.7~63.2

张家口、承德、大同、阳泉、长治、晋城、朔州、晋中、忻州、吕梁、呼和浩特、包头、乌海、赤峰、通辽、鄂尔多斯、呼伦贝尔、巴彦淖尔、乌兰察布、抚顺、本溪、丹东、锦州、营口、阜新、辽阳、盘锦、铁岭、朝阳、葫芦岛、四平、辽源、通化、白山、松原、白城、齐齐哈尔、鸡西、鹤岗、双鸭山、大庆、伊春、佳木斯、牡丹江、黑河、绥化、宿迁、衢州、丽水、蚌埠、淮南、马鞍山、淮北、铜陵、安庆、黄山、六安、亳州、池州、宣城、三明、南平、宁德、景德镇、萍乡、新余、鹰潭、吉安、宜春、抚州、枣庄、东营、日照、莱芜、滨州、开封、平顶山、鹤壁、许昌、漯河、信阳、驻马店、黄石、十堰、鄂州、荆门、孝感、咸宁、随州、株洲、湘潭、邵阳、张家界、益阳、郴州、永州、怀化、娄底、梅州、汕尾、河源、阳江、清远、潮州、揭阳、梧州、北海、防城港、钦州、贵港、玉林、百色、贺州、河池、来宾、崇左、海口、三亚、自贡、攀枝花、广元、遂宁、内江、乐山、南充、眉山、广安、达州、雅安、巴中、资阳、六盘水、安顺、曲靖、玉溪、保山、昭通、丽江、普洱、临沧、铜川、延安、汉中、榆林、安康、商洛、白银、天水、武威、张掖、平凉、酒泉、庆阳、定西、西宁、银川、固原、克拉玛依

63.2~69.1

秦皇岛、临汾、淮安、镇江、滁州、阜阳、龙岩、濮阳、泸州、宜宾、宝鸡、咸阳

69.1~1535.2

北京、天津、石家庄、唐山、邯郸、邢台、保定、沧州、廊坊、衡水、太原、运城、沈阳、大连、鞍山、长春、吉林、哈尔滨、上海、南京、无锡、徐州、常州、苏州、南通、连云港、盐城、扬州、泰州、杭州、宁波、温州、嘉兴、湖州、绍兴、金华、舟山、台州、合肥、芜湖、宿州、福州、厦门、莆田、泉州、漳州、南昌、九江、赣州、上饶、济南、青岛、淄博、烟台、潍坊、济宁、泰安、威海、临沂、德州、聊城、菏泽、郑州、洛阳、安阳、新乡、焦作、三门峡、南阳、商丘、周口、武汉、宜昌、襄阳、荆州、黄冈、长沙、衡阳、岳阳、常德、广州、韶关、深圳、珠海、汕头、佛山、江门、湛江、茂名、肇庆、惠州、东莞、中山、云浮、南宁、柳州、桂林、重庆、成都、德阳、绵阳、贵阳、昆明、西安、渭南、兰州、乌鲁木齐

表4-16 2018年城市固定互联网使用（万户）地理分布

0.4~12.7

无

12.7~63.2

阳泉、晋城、朔州、运城、乌海、通辽、鄂尔多斯、呼伦贝尔、巴彦淖尔、乌兰察布、抚顺、本溪、阜新、辽阳、盘锦、铁岭、四平、辽源、通化、白山、松原、白城、鹤岗、双鸭山、伊春、佳木斯、七台河、黑河、舟山、淮北、铜陵、黄山、池州、景德镇、萍乡、新余、鹰潭、平顶山、鹤壁、漯河、三门峡、鄂州、随州、张家界、汕尾、云浮、北海、防城港、贺州、来宾、崇左、三亚、自贡、攀枝花、雅安、资阳、六盘水、安顺、玉溪、保山、昭通、丽江、普洱、临沧、铜川、安康、商洛、嘉峪关、金昌、白银、武威、张掖、酒泉、庆阳、定西、石嘴山、吴忠、固原、克拉玛依

63.2~69.1

忻州、包头、丹东、营口、朝阳、葫芦岛、牡丹江、黄石、咸宁、梧州、钦州、遂宁、广安

69.1~1535.2

北京、天津、石家庄、唐山、秦皇岛、邯郸、邢台、保定、张家口、承德、沧州、廊坊、衡水、太原、大同、长治、晋中、临汾、吕梁、呼和浩特、赤峰、沈阳、大连、鞍山、锦州、长春、吉林、哈尔滨、齐齐哈尔、鸡西、大庆、绥化、上海、南京、无锡、徐州、常州、苏州、南通、连云港、淮安、盐城、扬州、镇江、泰州、宿迁、杭州、宁波、温州、嘉兴、湖州、绍兴、金华、衢州、台州、丽水、合肥、芜湖、蚌埠、淮南、马鞍山、安庆、滁州、阜阳、宿州、六安、亳州、宣城、福州、厦门、莆田、三明、泉州、漳州、南平、龙岩、宁德、南昌、九江、赣州、吉安、宜春、抚州、上饶、济南、青岛、淄博、枣庄、东营、烟台、潍坊、济宁、泰安、威海、日照、莱芜、临沂、德州、聊城、滨州、菏泽、郑州、开封、洛阳、安阳、新乡、焦作、濮阳、许昌、南阳、商丘、信阳、周口、驻马店、武汉、十堰、宜昌、襄阳、荆门、孝感、荆州、黄冈、长沙、株洲、湘潭、衡阳、邵阳、岳阳、常德、益阳、郴州、永州、怀化、娄底、广州、韶关、深圳、珠海、汕头、佛山、江门、湛江、茂名、肇庆、惠州、梅州、河源、阳江、清远、东莞、中山、潮州、揭阳、南宁、柳州、桂林、贵港、玉林、百色、河池、海口、重庆、成都、泸州、德阳、绵阳、广元、内江、乐山、南充、眉山、宜宾、达州、巴中、贵阳、昆明、曲靖、西安、宝鸡、咸阳、渭南、延安、汉中、榆林、兰州、天水、平凉、西宁、银川、乌鲁木齐

　　表4-17~表4-22为中国城市移动互联网使用2003年、2006年、2009年、2012年、2015年和2018年的地理分布情况。总体观察，中国城市移动互联网使用的发展趋势与固定互联网呈现相同的模式，先东部城市发展，后向中西部推进，先沿海城市布局，后向内陆城市蔓延。2003年，中国大部分城市的移动互联网使用处于平均水平之下，只有部分省会城市和直辖市处于移动互联网使用的高水平规模，比如北京、上海、广州、重庆、成都等地。对比2003~2009年的移动互联网使用的地理分布可知，这6年中国在全国范围内持续推进互联网的使用，截至2009年底，中国大部分城市的移动互联网使用超过了四分之三分位数，达到中高水平的规模。中国环渤海区域和长三角区域的许多城市移动互联网使用都达到了高水平规模。从2009年开始，中国城市移动互联网使用逐渐由华东和华北向华南、华中以及东北地区推进，至2018年中国多数地区的移动互联网使用达到了高水平规模，为中国的移动互联网经济发展提供了坚实的基础。

表4-17　2003年城市移动互联网使用（万户）地理分布

4. 7~101. 9

秦皇岛、邯郸、邢台、张家口、承德、廊坊、衡水、大同、阳泉、长治、晋城、朔州、晋中、运城、忻州、临汾、吕梁、呼和浩特、包头、乌海、赤峰、通辽、鄂尔多斯、呼伦贝尔、巴彦淖尔、乌兰察布、鞍山、抚顺、本溪、丹东、锦州、营口、阜新、辽阳、盘锦、铁岭、朝阳、葫芦岛、吉林、四平、辽源、通化、白山、松原、白城、齐齐哈尔、鸡西、鹤岗、双鸭山、大庆、伊春、佳木斯、七台河、牡丹江、黑河、绥化、连云港、淮安、扬州、镇江、泰州、宿迁、湖州、衢州、舟山、丽水、芜湖、蚌埠、淮南、马鞍山、淮北、铜陵、安庆、黄山、滁州、阜阳、宿州、六安、亳州、池州、宣城、莆田、三明、漳州、南平、龙岩、宁德、景德镇、萍乡、九江、新余、鹰潭、赣州、吉安、宜春、抚州、上饶、枣庄、东营、济宁、泰安、威海、日照、莱芜、临沂、德州、聊城、滨州、菏泽、开封、洛阳、平顶山、安阳、鹤壁、新乡、焦作、濮阳、许昌、漯河、三门峡、南阳、商丘、信阳、周口、驻马店、黄石、十堰、宜昌、襄阳、鄂州、荆门、孝感、荆州、黄冈、咸宁、随州、株洲、湘潭、衡阳、邵阳、岳阳、常德、张家界、益阳、郴州、永州、怀化、娄底、韶关、珠海、茂名、梅州、汕尾、河源、阳江、清远、潮州、云浮、柳州、桂林、梧州、北海、防城港、钦州、贵港、玉林、百色、贺州、河池、来宾、崇左、海口、三亚、自贡、攀枝花、泸州、德阳、绵阳、广元、遂宁、内江、乐山、南充、眉山、宜宾、广安、达州、雅安、巴中、资阳、六盘水、安顺、曲靖、玉溪、保山、昭通、丽江、普洱、临沧、铜川、宝鸡、咸阳、渭南、延安、汉中、榆林、安康、商洛、嘉峪关、金昌、白银、天水、武威、张掖、平凉、酒泉、庆阳、定西、西宁、银川、石嘴山、吴忠、固原、克拉玛依

101. 9~330. 1

石家庄、唐山、保定、沧州、太原、沈阳、大连、长春、哈尔滨、南京、无锡、徐州、常州、南通、盐城、嘉兴、绍兴、金华、台州、合肥、福州、厦门、泉州、南昌、济南、青岛、淄博、烟台、潍坊、郑州、长沙、汕头、江门、湛江、肇庆、惠州、中山、揭阳、南宁、贵阳、昆明、西安、兰州、乌鲁木齐

330. 1~377. 2

温州、武汉

377. 2~4076

北京、天津、上海、苏州、杭州、宁波、广州、深圳、佛山、东莞、重庆、成都

表4-18　2006年城市移动互联网使用（万户）地理分布

4. 7~101. 9

承德、大同、阳泉、长治、晋城、朔州、晋中、运城、忻州、吕梁、乌海、通辽、巴彦淖尔、乌兰察布、抚顺、本溪、丹东、营口、阜新、辽阳、盘锦、铁岭、朝阳、葫芦岛、辽源、通化、白山、白城、鸡西、鹤岗、双鸭山、伊春、七台河、黑河、绥化、淮安、宿迁、衢州、舟山、芜湖、蚌埠、淮南、马鞍山、淮北、铜陵、黄山、滁州、宿州、亳州、池州、宣城、莆田、三明、南平、宁德、景德镇、萍乡、新余、鹰潭、抚州、日照、莱芜、开封、鹤壁、濮阳、漯河、三门峡、黄石、十堰、鄂州、荆门、咸宁、随州、株洲、湘潭、常德、张家界、益阳、永州、怀化、娄底、韶关、珠海、汕尾、河源、阳江、云浮、梧州、北海、防城港、钦州、贵港、百色、贺州、河池、来宾、崇左、三亚、自贡、攀枝花、泸州、广元、遂宁、内江、眉山、广安、达州、雅安、巴中、资阳、六盘水、安顺、曲靖、玉溪、保山、昭通、丽江、普洱、临沧、汉中、安康、商洛、嘉峪关、金昌、白银、天水、武威、张掖、平凉、酒泉、庆阳、定西、西宁、石嘴山、吴忠、固原、克拉玛依

101.9~330.1

唐山、秦皇岛、邯郸、邢台、张家口、沧州、廊坊、衡水、太原、临汾、呼和浩特、包头、赤峰、鄂尔多斯、呼伦贝尔、鞍山、锦州、吉林、四平、松原、齐齐哈尔、大庆、佳木斯、牡丹江、徐州、常州、南通、连云港、盐城、扬州、镇江、泰州、嘉兴、湖州、绍兴、丽水、合肥、安庆、阜阳、六安、厦门、漳州、龙岩、南昌、九江、赣州、吉安、宜春、上饶、淄博、枣庄、东营、烟台、济宁、泰安、威海、临沂、德州、聊城、滨州、菏泽、洛阳、平顶山、安阳、新乡、焦作、许昌、南阳、商丘、信阳、周口、驻马店、宜昌、襄阳、孝感、荆州、黄冈、衡阳、邵阳、岳阳、郴州、汕头、江门、湛江、茂名、肇庆、惠州、梅州、清远、潮州、揭阳、南宁、柳州、桂林、玉林、海口、德阳、绵阳、乐山、南充、宜宾、贵阳、铜川、宝鸡、咸阳、渭南、延安、榆林、兰州、银川、乌鲁木齐

330.1~377.2

石家庄、保定、大连、金华、济南、潍坊、中山、昆明

377.2~4076

北京、天津、沈阳、长春、哈尔滨、上海、南京、无锡、苏州、杭州、宁波、温州、台州、福州、泉州、青岛、郑州、武汉、长沙、广州、深圳、佛山、东莞、重庆、成都、西安

表4-19 2009年城市移动互联网使用（万户）地理分布

4.7~101.9

阳泉、朔州、忻州、乌海、乌兰察布、盘锦、辽源、白山、鹤岗、伊春、七台河、黑河、绥化、马鞍山、淮北、铜陵、黄山、池州、景德镇、新余、鹰潭、莱芜、鹤壁、鄂州、咸宁、张家界、梧州、北海、防城港、钦州、贺州、来宾、崇左、三亚、攀枝花、雅安、六盘水、丽江、临沧、铜川、商洛、兰州、嘉峪关、金昌、白银、武威、张掖、平凉、酒泉、定西、银川、石嘴山、吴忠、固原、克拉玛依

101.9~330.1

秦皇岛、邢台、张家口、承德、廊坊、衡水、大同、长治、晋城、晋中、运城、临汾、吕梁、呼和浩特、包头、赤峰、通辽、鄂尔多斯、呼伦贝尔、巴彦淖尔、鞍山、抚顺、本溪、丹东、锦州、营口、阜新、辽阳、铁岭、朝阳、葫芦岛、四平、通化、松原、白城、齐齐哈尔、鸡西、双鸭山、大庆、佳木斯、牡丹江、连云港、淮安、盐城、镇江、泰州、宿迁、湖州、衢州、舟山、丽水、合肥、芜湖、蚌埠、淮南、安庆、滁州、阜阳、宿州、六安、亳州、宣城、莆田、三明、漳州、南平、龙岩、宁德、萍乡、九江、吉安、宜春、抚州、上饶、淄博、枣庄、东营、泰安、威海、日照、德州、聊城、滨州、开封、洛阳、平顶山、安阳、新乡、焦作、濮阳、许昌、漯河、三门峡、南阳、商丘、信阳、周口、驻马店、黄石、十堰、宜昌、襄阳、荆门、孝感、荆州、随州、株洲、湘潭、衡阳、邵阳、岳阳、常德、益阳、郴州、永州、怀化、娄底、韶关、珠海、茂名、肇庆、梅州、汕尾、河源、阳江、清远、潮州、云浮、柳州、桂林、贵港、玉林、百色、河池、海口、自贡、泸州、德阳、广元、遂宁、内江、乐山、南充、眉山、宜宾、广安、达州、巴中、资阳、安顺、曲靖、玉溪、保山、昭通、普洱、宝鸡、咸阳、渭南、延安、汉中、榆林、安康、天水、庆阳、西宁、乌鲁木齐

330.1~377.2

吉林、扬州、厦门、赣州、济宁、菏泽、黄冈、湛江、揭阳、绵阳、贵阳

377.2~4076

北京、天津、石家庄、唐山、邯郸、保定、沧州、太原、沈阳、大连、长春、哈尔滨、上海、南京、无锡、徐州、常州、苏州、南通、杭州、宁波、温州、嘉兴、绍兴、金华、台州、福州、泉州、南昌、济南、青岛、烟台、潍坊、临沂、郑州、武汉、长沙、广州、深圳、汕头、佛山、江门、惠州、东莞、中山、南宁、重庆、成都、昆明、西安

表4-20　2012年城市移动互联网使用（万户）地理分布

4.7~101.9

辽源、白山、鹤岗、伊春、七台河、铜陵、黄山、池州、景德镇、新余、鹰潭、鄂州、张家界、防城港、贺州、丽江、铜川、嘉峪关、金昌、石嘴山、固原、克拉玛依

101.9~330.1

秦皇岛、张家口、承德、衡水、大同、阳泉、长治、晋城、朔州、晋中、忻州、吕梁、乌海、通辽、鄂尔多斯、呼伦贝尔、巴彦淖尔、乌兰察布、抚顺、本溪、丹东、锦州、营口、阜新、辽阳、盘锦、铁岭、朝阳、葫芦岛、四平、通化、松原、白城、鸡西、双鸭山、佳木斯、牡丹江、黑河、绥化、淮安、湖州、衢州、舟山、丽水、芜湖、蚌埠、淮南、马鞍山、淮北、滁州、宿州、亳州、宣城、莆田、三明、南平、龙岩、宁德、萍乡、吉安、宜春、抚州、枣庄、日照、莱芜、开封、平顶山、鹤壁、焦作、濮阳、许昌、漯河、三门峡、黄石、十堰、荆门、孝感、咸宁、随州、株洲、湘潭、邵阳、常德、益阳、郴州、永州、怀化、娄底、韶关、珠海、茂名、肇庆、梅州、汕尾、河源、阳江、清远、潮州、云浮、柳州、桂林、梧州、北海、钦州、贵港、玉林、百色、河池、来宾、崇左、三亚、自贡、攀枝花、泸州、广元、遂宁、内江、乐山、眉山、广安、达州、雅安、巴中、资阳、六盘水、安顺、玉溪、保山、昭通、普洱、临沧、宝鸡、延安、汉中、安康、商洛、白银、天水、武威、张掖、平凉、酒泉、庆阳、定西、西宁、银川、吴忠

330.1~377.2

临汾、呼和浩特、包头、赤峰、鞍山、吉林、齐齐哈尔、大庆、镇江、安庆、阜阳、六安、九江、东营、威海、滨州、驻马店、宜昌、襄阳、荆州、黄冈、衡阳、岳阳、海口、德阳、南充、宜宾、兰州

377.2~4076

北京、天津、石家庄、唐山、邯郸、邢台、保定、沧州、廊坊、太原、运城、沈阳、大连、长春、哈尔滨、上海、南京、无锡、徐州、常州、苏州、南通、连云港、盐城、扬州、泰州、宿迁、杭州、宁波、温州、嘉兴、绍兴、金华、台州、合肥、福州、厦门、泉州、漳州、南昌、赣州、上饶、济南、青岛、淄博、烟台、潍坊、济宁、泰安、临沂、德州、聊城、菏泽、郑州、洛阳、安阳、新乡、南阳、商丘、信阳、周口、武汉、长沙、广州、深圳、汕头、佛山、江门、湛江、惠州、东莞、中山、揭阳、南宁、重庆、成都、绵阳、贵阳、昆明、曲靖、西安、咸阳、渭南、榆林、乌鲁木齐

表4-21　2015年城市移动互联网使用（万户）地理分布

4.7~101.9

乌海、七台河、铜陵、鹰潭、漯河、鄂州、防城港、丽江、铜川、嘉峪关、金昌、石嘴山、固原、克拉玛依

101.9~330.1

承德、大同、阳泉、长治、晋城、朔州、晋中、忻州、吕梁、包头、鄂尔多斯、巴彦淖尔、乌兰察布、抚顺、本溪、丹东、锦州、营口、阜新、辽阳、盘锦、铁岭、朝阳、葫芦岛、四平、辽源、通化、白山、松原、白城、鸡西、鹤岗、双鸭山、伊春、佳木斯、牡丹江、黑河、绥化、镇江、衢州、舟山、丽水、芜湖、蚌埠、淮南、马鞍山、淮北、黄山、滁州、亳州、池州、宣城、莆田、三明、南平、龙岩、宁德、景德镇、萍乡、新余、吉安、抚州、枣庄、东营、日照、莱芜、鹤壁、濮阳、三门峡、黄石、十堰、荆门、孝感、咸宁、随州、湘潭、张家界、益阳、永州、娄底、韶关、肇庆、汕尾、河源、阳江、清远、潮州、云浮、梧州、北海、钦州、贵港、百色、贺州、河池、来宾、崇左、海口、三亚、自贡、攀枝花、广元、遂宁、内江、乐山、眉山、广安、雅安、巴中、资阳、六盘水、安顺、玉溪、保山、昭通、普洱、临沧、延安、汉中、安康、商洛、白银、天水、武威、张掖、平凉、酒泉、庆阳、定西、西宁、吴忠

330.1~377.2

秦皇岛、张家口、衡水、呼和浩特、通辽、呼伦贝尔、鞍山、大庆、连云港、安庆、六安、九江、宜春、威海、滨州、平顶山、焦作、许昌、宜昌、株洲、郴州、怀化、珠海、茂名、梅州、柳州、玉林、泸州、德阳、宜宾、达州、宝鸡、榆林、伊春、佳木斯、牡丹江、黑河、绥化、镇江、衢州、舟山、丽水、芜湖、蚌埠、淮南、马鞍山、淮北、黄山、滁州、亳州、池州、宣城、莆田、三明、南平、龙岩、宁德、景德镇、萍乡、新余、吉安、抚州、枣庄、东营、日照、莱芜、鹤壁、濮阳、三门峡、黄石、十堰、荆门、孝感、咸宁、随州、湘潭、张家界、益阳、永州、娄底、韶关、肇庆、汕尾、河源、阳江、清远、潮州、云浮、梧州、北海、钦州、贵港、百色、贺州、河池、来宾、崇左、海口、三亚、自贡、攀枝花、广元、遂宁、内江、乐山、眉山、广安、雅安、巴中、资阳、六盘水、安顺、玉溪、保山、昭通、普洱、临沧、延安、汉中、安康、商洛、白银、天水、武威、张掖、平凉、酒泉、庆阳、定西、西宁、吴忠

377.2~4076

北京、天津、石家庄、唐山、邯郸、邢台、保定、沧州、廊坊、太原、运城、临汾、赤峰、沈阳、大连、长春、吉林、哈尔滨、齐齐哈尔、上海、南京、无锡、徐州、常州、苏州、南通、淮安、盐城、扬州、泰州、宿迁、杭州、宁波、温州、嘉兴、湖州、绍兴、金华、台州、合肥、阜阳、宿州、福州、厦门、泉州、漳州、南昌、赣州、上饶、济南、青岛、淄博、烟台、潍坊、济宁、泰安、临沂、德州、聊城、菏泽、郑州、开封、洛阳、安阳、新乡、南阳、商丘、信阳、周口、驻马店、武汉、襄阳、荆州、黄冈、长沙、衡阳、邵阳、岳阳、常德、广州、深圳、汕头、佛山、江门、湛江、惠州、东莞、中山、揭阳、南宁、桂林、重庆、成都、绵阳、南充、贵阳、昆明、曲靖、西安、咸阳、渭南、兰州、银川、乌鲁木齐

表4-22　2018年城市移动互联网使用（万户）地理分布

4.7~101.9

乌海、佳木斯、七台河、鹰潭、漯河、鄂州、铜川、嘉峪关、金昌、石嘴山、克拉玛依

101. 9 ~ 330. 1	阳泉、晋城、朔州、忻州、鄂尔多斯、呼伦贝尔、巴彦淖尔、乌兰察布、抚顺、本溪、丹东、锦州、营口、阜新、辽阳、盘锦、铁岭、朝阳、葫芦岛、四平、辽源、通化、白山、松原、白城、鸡西、鹤岗、双鸭山、伊春、牡丹江、黑河、衢州、舟山、丽水、蚌埠、淮南、马鞍山、淮北、铜陵、黄山、池州、宣城、莆田、三明、南平、龙岩、宁德、景德镇、萍乡、新余、抚州、东营、日照、莱芜、鹤壁、三门峡、黄石、十堰、荆门、咸宁、随州、湘潭、张家界、韶关、汕尾、河源、阳江、潮州、云浮、梧州、北海、防城港、钦州、贺州、来宾、崇左、三亚、自贡、攀枝花、广元、遂宁、内江、眉山、广安、雅安、巴中、资阳、安顺、玉溪、保山、丽江、普洱、临沧、延安、安康、商洛、白银、武威、张掖、平凉、酒泉、庆阳、定西、西宁、吴忠、固原
330. 1 ~ 377. 2	长治、吕梁、鞍山、镇江、芜湖、安庆、滁州、六安、枣庄、威海、濮阳、孝感、益阳、娄底、珠海、清远、贵港、百色、河池、海口、六盘水、宝鸡、汉中、天水
377. 2 ~ 4076	北京、天津、石家庄、唐山、秦皇岛、邯郸、邢台、保定、张家口、沧州、廊坊、衡水、太原、大同、晋中、运城、临汾、呼和浩特、包头、赤峰、通辽、沈阳、大连、长春、吉林、哈尔滨、齐齐哈尔、大庆、绥化、上海、南京、无锡、徐州、常州、苏州、南通、连云港、淮安、盐城、扬州、泰州、宿迁、杭州、宁波、温州、嘉兴、湖州、绍兴、金华、台州、合肥、阜阳、宿州、亳州、福州、厦门、泉州、漳州、南昌、九江、赣州、吉安、宜春、上饶、济南、青岛、淄博、烟台、潍坊、济宁、泰安、临沂、德州、聊城、滨州、菏泽、郑州、开封、洛阳、平顶山、安阳、新乡、焦作、许昌、南阳、商丘、信阳、周口、驻马店、武汉、宜昌、襄阳、荆州、黄冈、长沙、株洲、衡阳、邵阳、岳阳、常德、郴州、永州、怀化、广州、深圳、汕头、佛山、江门、湛江、茂名、肇庆、惠州、梅州、东莞、中山、揭阳、南宁、柳州、桂林、玉林、重庆、成都、泸州、德阳、绵阳、乐山、南充、宜宾、达州、贵阳、昆明、曲靖、昭通、西安、咸阳、渭南、榆林、兰州、银川、乌鲁木齐

图 4-5 为中国城市固定互联网使用 2003 年、2006 年、2009 年、2012 年、2015 年和 2018 年的核密度分布。其分布的演进特征如下：第一，城市固定互联网分布存在右侧拖尾现象，且较为严重，这表明中国城市固定互联网使用存在典型的"长尾效应"，这主要与中国城市人口规模相关，中国城市人口规模分布就存在严重的右侧拖尾现象（邓智团、樊豪斌，2016）。由于右侧拖尾严重，本节将分布图的一部分截取进行放大，便于后续观察分析。第二，城市固定互联网使用分布的中心线持续向右移动，表明其整体互联网使用不断增大，与上述所得结论一致。第三，城市固定互联网使用分布的主峰峰值不断减小，而主峰宽度则呈增加的趋势。这主要是由于中国长期以来持续推进互联网基础设施的建设，越来越多的城市跨越互联网的"接入鸿沟"，促使固定互联网的分布差距缩小，但由于中国人口分布的问题，右侧拖尾依然存在。

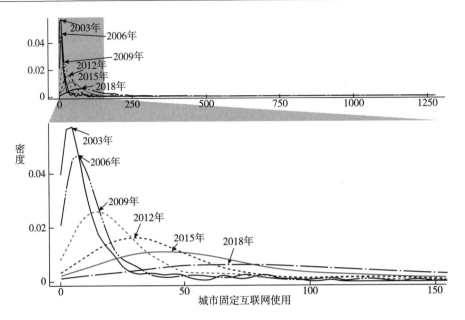

图 4-5　中国城市固定互联网使用的分布演进

图 4-6 为中国城市移动互联网使用 2003 年、2006 年、2009 年、2012 年、

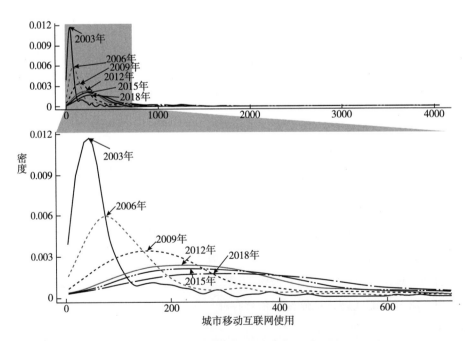

图 4-6　中国城市移动互联网使用的分布演进

2015 年和 2018 年的核密度分布。其分布的演进特征如下：第一，与固定互联网使用类似，城市移动互联网分布也存在右侧拖尾现象。同时，本节将分布图的一部分截取进行放大，便于后续观察分析。第二，城市移动互联网使用分布的中心线持续向右移动，表明移动互联网使用不断增大。第三，城市移动互联网使用分布的主峰峰值不断减小，主峰宽度则呈增加的趋势。其背后的原因是中国长期推进移动互联网的普及和建设。

第五节 中国城市创新产出的时空态势

本章使用北京大学企业大数据研究中心编制的创新指数来表征城市创新产出水平，北京大学企业大数据研究中心编制的城市创新指数聚焦地区内部企业创新创业的实际产出，而非投入，在分析过程中采用客观指标，而非主观评价，这不仅是对各地区创新创业绩效更加真实的度量，也能够对各地区营商环境形成更为客观的评价。运用以上时空分析方法以及数据可视化，本节对中国城市创新产出的时空态势进行探究，具体分析内容如下：

一、中国城市创新产出的总体描述

图 4-7 为 2003~2018 年中国城市创新指数的平均变化趋势，分析可知中国城市创新产出具有以下特征事实：首先，北京大学企业大数据研究中心编制的城市创新创业指数范围为 0~100，观察中国城市平均创新指数的区间，总量创新指数、人均创新指数和单位面积创新指数的平均值基本处于 51~52.5，位于平均水平左右。总量指数的平均水平高于人均创新指数和单位面积创新指数的平均水平，但三者在样本期内均呈现下降的趋势，这可能是因为随着创新的积累，其增长速度逐渐下降。并且人均创新指数的下降幅度要大于总量创新指数和单位面积创新指数的下降幅度。这主要是由于现代创新越来越复杂，在许多情况下单人无法完成创新整个过程，因此现代创新需要更多的团队合作。

二、中国城市创新产出的时空格局

表 4-23、表 4-24 和表 4-25 分别给出了 2003~2018 年中国城市总量创新指

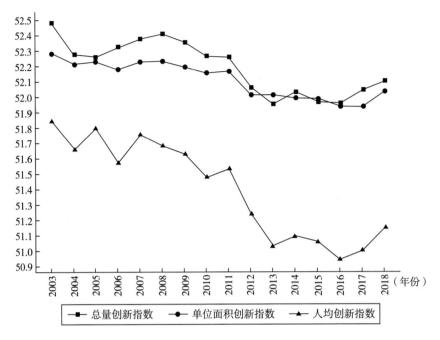

图 4-7　2003~2018 年中国城市创新指数平均变化趋势

数、人均创新指数和单位面积创新指数的基尼系数及其空间分解的结果，分析可知中国城市创新产出具有以下特征事实：第一，2003~2018 年，中国城市总量创新指数、人均创新指数和单位面积创新指数的基尼系数均在 0.3 左右，基尼系数在各年之间的变化较小，结果表明样本区间内中国城市创新产出的差距较小，这主要得益于 21 世纪以来中国高度重视科学技术的创新，强调产学研一体化的创新机制，制定了一系列激励政策将中国打造成为创新型国家；第二，从发展趋势看，基尼系数有逐渐增大的趋向，但增长幅度有限，表明中国城市创新产出差距有轻微扩大的趋势，需要重点关注，避免其进一步扩大；第三，观察对于城市总量创新指数、人均创新指数和单位面积创新指数基尼系数的空间分解结果可得，中国城市创新的产出差距主要来源于非邻城市之间的差距，相邻城市之间差距非常小，表明中国城市创新产出具有显著的正向溢出效应，促使相邻城市创新产出收敛。

表 4-23　2003~2018 年中国城市总量创新指数基尼系数与空间分解

年份	总体城市差距	相邻城市差距	非邻城市差距	相邻城市差距占总体城市差距份额（%）	非邻城市差距占总体城市差距份额（%）
2003	0.306	0.001	0.305	0.288	99.712
2004	0.309	0.001	0.308	0.285	99.715
2005	0.309	0.001	0.309	0.281	99.719
2006	0.307	0.001	0.306	0.279	99.721
2007	0.306	0.001	0.305	0.282	99.718
2008	0.306	0.001	0.306	0.282	99.718
2009	0.309	0.001	0.308	0.275	99.725
2010	0.309	0.001	0.309	0.273	99.727
2011	0.309	0.001	0.309	0.260	99.740
2012	0.311	0.001	0.310	0.264	99.736
2013	0.312	0.001	0.311	0.264	99.736
2014	0.311	0.001	0.310	0.270	99.730
2015	0.312	0.001	0.311	0.268	99.732
2016	0.313	0.001	0.312	0.263	99.737
2017	0.312	0.001	0.311	0.262	99.738
2018	0.311	0.001	0.310	0.256	99.744

表 4-24　2003~2018 年中国城市人均创新指数基尼系数与空间分解

年份	总体城市差距	相邻城市差距	非邻城市差距	相邻城市差距占总体城市差距份额（%）	非邻城市差距占总体城市差距份额（%）
2003	0.312	0.001	0.312	0.279	99.721
2004	0.315	0.001	0.314	0.285	99.715
2005	0.313	0.001	0.312	0.279	99.721
2006	0.317	0.001	0.316	0.276	99.724
2007	0.314	0.001	0.314	0.275	99.725
2008	0.314	0.001	0.313	0.272	99.728
2009	0.315	0.001	0.314	0.277	99.723
2010	0.318	0.001	0.317	0.268	99.732
2011	0.317	0.001	0.316	0.259	99.741
2012	0.319	0.001	0.319	0.262	99.738

年份	总体城市差距	相邻城市差距	非邻城市差距	相邻城市差距占总体城市差距份额（％）	非邻城市差距占总体城市差距份额（％）
2013	0.322	0.001	0.322	0.261	99.739
2014	0.320	0.001	0.319	0.267	99.733
2015	0.322	0.001	0.321	0.265	99.735
2016	0.323	0.001	0.323	0.259	99.741
2017	0.324	0.001	0.323	0.258	99.742
2018	0.322	0.001	0.321	0.257	99.743

表4-25　2003～2018年中国城市单位面积创新指数基尼系数与空间分解

年份	总体城市差距	相邻城市差距	非邻城市差距	相邻城市差距占总体城市差距份额（％）	非邻城市差距占总体城市差距份额（％）
2003	0.306	0.001	0.305	0.245	99.755
2004	0.307	0.001	0.307	0.245	99.755
2005	0.307	0.001	0.306	0.241	99.759
2006	0.308	0.001	0.307	0.241	99.759
2007	0.307	0.001	0.306	0.241	99.759
2008	0.307	0.001	0.306	0.241	99.759
2009	0.308	0.001	0.307	0.238	99.762
2010	0.308	0.001	0.308	0.235	99.765
2011	0.308	0.001	0.308	0.230	99.770
2012	0.311	0.001	0.310	0.232	99.768
2013	0.311	0.001	0.310	0.230	99.770
2014	0.311	0.001	0.311	0.231	99.769
2015	0.311	0.001	0.311	0.231	99.769
2016	0.312	0.001	0.311	0.228	99.772
2017	0.312	0.001	0.311	0.224	99.776
2018	0.311	0.001	0.310	0.220	99.780

　　为进一步分析中国城市创新产出的时空格局，表4-26、表4-27和表4-28分别给出了中国城市总量创新指数、人均创新指数和单位面积创新指数的空间自

相关检验结果。基于空间自相关检验的结果，研究发现：第一，样本期内，中国城市总量创新指数、人均创新指数和单位面积创新指数的莫兰指数均为正且显著，表明中国城市创新产出呈现正向的空间集聚特征；第二，中国城市总量创新指数、人均创新指数和单位面积创新指数的莫兰指数均较小，表明中国城市创新产出的空间溢出效应不显著。但值得注意的是，总量创新指数、人均创新指数和单位面积创新指数的莫兰指数在逐年增加，表明中国城市创新产出的溢出效应在增强，这有助于中国提升创新效率。

表 4-26 2003~2018 年中国城市总量创新指数的空间自相关检验

年份	莫兰指数	Z 值	P 值	年份	莫兰指数	Z 值	P 值
2003	0.080	12.556	0.000	2011	0.118	18.183	0.000
2004	0.079	12.327	0.000	2012	0.115	17.770	0.000
2005	0.084	13.072	0.000	2013	0.116	17.939	0.000
2006	0.084	13.207	0.000	2014	0.107	16.634	0.000
2007	0.090	14.090	0.000	2015	0.115	17.803	0.000
2008	0.084	13.110	0.000	2016	0.125	19.355	0.000
2009	0.098	15.307	0.000	2017	0.124	19.193	0.000
2010	0.105	16.264	0.000	2018	0.133	20.479	0.000

表 4-27 2003~2018 年中国城市人均创新指数的空间自相关检验

年份	莫兰指数	Z 值	P 值	年份	莫兰指数	Z 值	P 值
2003	0.089	13.882	0.000	2011	0.112	17.356	0.000
2004	0.083	12.950	0.000	2012	0.102	15.911	0.000
2005	0.083	13.060	0.000	2013	0.105	16.345	0.000
2006	0.088	13.718	0.000	2014	0.098	15.311	0.000
2007	0.091	14.251	0.000	2015	0.102	15.770	0.000
2008	0.094	14.663	0.000	2016	0.113	17.462	0.000
2009	0.091	14.146	0.000	2017	0.113	17.462	0.000
2010	0.106	16.409	0.000	2018	0.117	18.020	0.000

互联网对中国城市创新产出的影响研究

表 4-28 2003～2018 年中国城市单位面积创新指数的空间自相关检验

年份	莫兰指数	Z 值	P 值	年份	莫兰指数	Z 值	P 值
2003	0.123	19.020	0.000	2011	0.151	23.149	0.000
2004	0.123	19.022	0.000	2012	0.147	22.519	0.000
2005	0.126	19.371	0.000	2013	0.150	22.977	0.000
2006	0.126	19.427	0.000	2014	0.147	22.528	0.000
2007	0.131	20.184	0.000	2015	0.151	23.250	0.000
2008	0.128	19.716	0.000	2016	0.156	23.925	0.000
2009	0.136	20.878	0.000	2017	0.161	24.766	0.000
2010	0.143	21.992	0.000	2018	0.168	25.676	0.000

　　图4-8、图4-9与图4-10分别给出了中国城市总量创新指数、人均创新指数和单位面积创新指数的莫兰散点图。2003年，中国三类城市创新指数均表现为空间正相关，许多城市位于"低—低"和"高—高"象限；2003～2006年，观察可知中国总量创新指数、人均创新指数和单位面积创新指数的空间分布基本保持不变；与2006年相比，2009年中国总量创新指数、人均创新指数和单位面积创新指数主要体现为"高—高"象限的城市增加，这主要是由于在此期间中国提出建设创新型国家，各地政府大力推进创新发展（黄萃等，2015）；2009～2018年，中国总量创新指数、人均创新指数和单位面积创新指数的空间正相关略有上升。通过观察2009～2018年中国总量创新指数、人均创新指数和单位面积创新指数的空间分布发现，各象限的城市数量基本保持不变，这表明在此期间中国城市创新产出的空间格局基本处于稳定状态。究其原因，笔者认为这主要是由于城市创新存在一定的锁定效应（杨明海等，2017），一旦城市创新陷入较低水平，经济发展就会减慢，这会减少城市中的创新投资，进而继续降低经济增长，这样循环下去；而当城市处于较高的创新产出水平时，会形成创新和经济增长之间的正向反馈机制。

三、中国城市创新产出的分布演进

　　本节以各创新指数的最小值、四分之一分位数、均值、四分之三分位数以及最大值为分段节点，将城市创新指数分为4个区间。表4-29～表4-46为中国总量创新指数、人均创新指数和单位面积创新指数的地理分布情况。2003～2018年，中国创新产出格局基本没有大的变化，无论是总量创新，还是人均创新和单

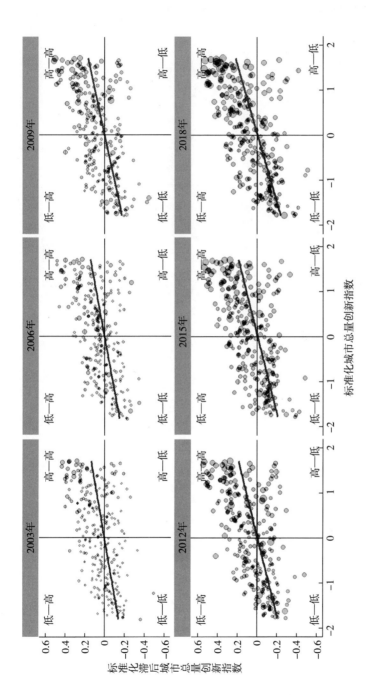

图 4-8　中国城市总量创新指数莫兰散点图

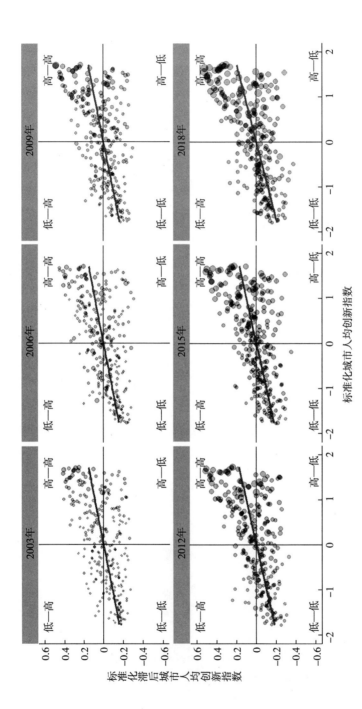

图 4-9 中国城市人均创新指数莫兰散点图

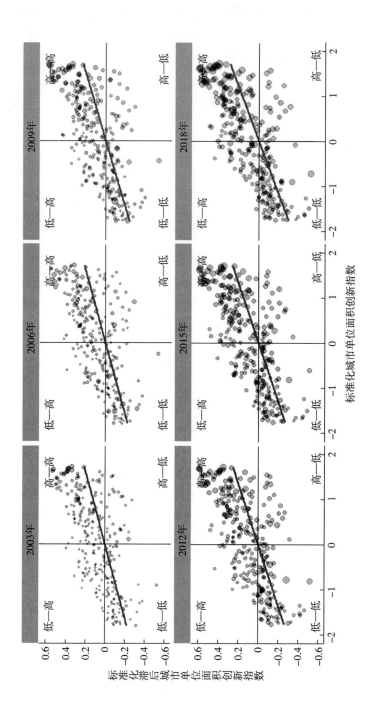

图 4-10 中国城市单位面积创新指数莫兰散点图

位面积创新，东部沿海城市位于中国创新产出的第一梯队，然后由东向西依次递减。尤其是长三角区域，是中国主要的创新城市群。此外，2015 年以来珠三角城市群也成为中国的一个重要创新引擎。

表 4-29　2003 年城市总量创新指数地理分布

1.02~28.2

阳泉、晋城、朔州、乌海、呼伦贝尔、巴彦淖尔、朝阳、辽源、通化、白山、松原、白城、鹤岗、双鸭山、伊春、七台河、黑河、绥化、淮南、淮北、黄山、池州、莆田、萍乡、新余、鹤壁、濮阳、三门峡、信阳、周口、鄂州、咸宁、随州、张家界、防城港、钦州、贵港、百色、贺州、河池、来宾、崇左、广元、遂宁、广安、达州、巴中、资阳、六盘水、保山、昭通、丽江、普洱、临沧、铜川、延安、安康、商洛、嘉峪关、金昌、天水、武威、平凉、酒泉、定西、吴忠、固原、克拉玛依

28.2~52.2

长治、运城、忻州、临汾、通辽、乌兰察布、本溪、阜新、辽阳、铁岭、葫芦岛、四平、鸡西、佳木斯、牡丹江、宿迁、舟山、铜陵、阜阳、宿州、六安、亳州、宣城、宁德、九江、鹰潭、赣州、吉安、宜春、抚州、上饶、日照、开封、平顶山、安阳、许昌、漯河、驻马店、孝感、黄冈、常德、益阳、永州、怀化、娄底、肇庆、汕尾、河源、潮州、揭阳、梧州、玉林、三亚、自贡、内江、乐山、眉山、雅安、安顺、曲靖、玉溪、汉中、榆林、白银、张掖、庆阳、西宁、石嘴山

52.2~76.5

秦皇岛、邢台、保定、张家口、承德、沧州、廊坊、衡水、大同、晋中、吕梁、呼和浩特、赤峰、鄂尔多斯、丹东、锦州、盘锦、吉林、齐齐哈尔、徐州、连云港、盐城、镇江、泰州、衢州、丽水、蚌埠、马鞍山、安庆、滁州、三明、漳州、龙岩、景德镇、枣庄、东营、临沂、聊城、滨州、菏泽、焦作、南阳、商丘、黄石、十堰、襄阳、荆门、荆州、湘潭、衡阳、邵阳、郴州、韶关、汕头、江门、湛江、茂名、惠州、梅州、阳江、清远、云浮、柳州、桂林、北海、攀枝花、泸州、南充、宜宾、宝鸡、咸阳、渭南

76.5~100

石家庄、唐山、邯郸、太原、包头、沈阳、大连、鞍山、抚顺、营口、长春、哈尔滨、大庆、南京、无锡、常州、苏州、南通、淮安、扬州、杭州、宁波、温州、嘉兴、湖州、绍兴、金华、台州、合肥、芜湖、福州、厦门、泉州、南平、南昌、济南、青岛、淄博、烟台、潍坊、济宁、泰安、威海、德州、郑州、洛阳、新乡、武汉、宜昌、长沙、株洲、岳阳、广州、深圳、珠海、佛山、东莞、中山、南宁、海口、成都、德阳、绵阳、贵阳、昆明、西安、兰州、银川、乌鲁木齐

表 4-30　2006 年城市总量创新指数地理分布

1.02~28.2

朔州、忻州、乌海、呼伦贝尔、本溪、朝阳、松原、白城、鸡西、鹤岗、双鸭山、伊春、佳木斯、七台河、黑河、淮北、亳州、池州、景德镇、萍乡、新余、濮阳、咸宁、随州、邵阳、张家界、娄底、阳江、潮州、云浮、防城港、贵港、百色、贺州、河池、来宾、崇左、广元、内江、南充、广安、达州、雅安、巴中、六盘水、安顺、保山、昭通、丽江、临沧、铜川、渭南、延安、榆林、安康、商洛、嘉峪关、金昌、白银、武威、张掖、平凉、酒泉、庆阳、定西、石嘴山、固原、克拉玛依

28. 2~52. 2

张家口、衡水、大同、阳泉、长治、晋城、临汾、吕梁、巴彦淖尔、乌兰察布、锦州、阜新、辽阳、盘锦、葫芦岛、四平、辽源、通化、白山、齐齐哈尔、牡丹江、绥化、宿迁、淮南、黄山、阜阳、六安、莆田、三明、龙岩、宁德、鹰潭、吉安、宜春、抚州、上饶、菏泽、开封、平顶山、鹤壁、商丘、信阳、黄石、十堰、鄂州、荆门、孝感、黄冈、衡阳、郴州、永州、茂名、河源、清远、北海、钦州、玉林、三亚、自贡、遂宁、乐山、眉山、宜宾、玉溪、普洱、宝鸡、汉中、天水、吴忠

52. 2~76. 5

唐山、邯郸、承德、沧州、晋中、运城、呼和浩特、赤峰、通辽、抚顺、丹东、营口、铁岭、吉林、大庆、徐州、淮安、镇江、衢州、舟山、丽水、蚌埠、马鞍山、铜陵、安庆、滁州、宿州、宣城、漳州、南平、九江、赣州、枣庄、济宁、泰安、日照、德州、滨州、安阳、新乡、焦作、许昌、漯河、三门峡、南阳、周口、驻马店、宜昌、襄阳、荆州、湘潭、岳阳、常德、益阳、怀化、韶关、汕头、江门、湛江、肇庆、梅州、汕尾、中山、揭阳、梧州、攀枝花、泸州、德阳、资阳、曲靖、咸阳、西宁

76. 5~100

石家庄、秦皇岛、邢台、保定、廊坊、太原、包头、鄂尔多斯、沈阳、大连、鞍山、长春、哈尔滨、南京、无锡、常州、苏州、南通、连云港、盐城、扬州、泰州、杭州、宁波、温州、嘉兴、湖州、绍兴、金华、台州、合肥、芜湖、福州、厦门、泉州、南昌、济南、青岛、淄博、东营、烟台、潍坊、威海、临沂、聊城、郑州、洛阳、武汉、长沙、株洲、广州、深圳、珠海、佛山、惠州、东莞、南宁、柳州、桂林、海口、成都、绵阳、贵阳、昆明、西安、兰州、银川、乌鲁木齐

表4-31 2009年城市总量创新指数地理分布

1. 02~28. 2

大同、朔州、忻州、乌海、乌兰察布、本溪、四平、辽源、白山、鹤岗、双鸭山、伊春、佳木斯、七台河、牡丹江、黑河、绥化、淮南、宿州、景德镇、驻马店、鄂州、随州、邵阳、张家界、娄底、河源、阳江、云浮、梧州、防城港、钦州、贵港、百色、贺州、河池、来宾、崇左、南充、广安、达州、巴中、资阳、六盘水、安顺、保山、昭通、丽江、普洱、临沧、铜川、延安、汉中、榆林、安康、商洛、嘉峪关、金昌、白银、武威、张掖、平凉、酒泉、庆阳、定西、石嘴山、固原、克拉玛依

28. 2~52. 2

邢台、承德、沧州、衡水、阳泉、长治、吕梁、通辽、呼伦贝尔、巴彦淖尔、抚顺、阜新、辽阳、盘锦、铁岭、朝阳、葫芦岛、通化、松原、白城、鸡西、大庆、舟山、淮北、阜阳、亳州、池州、宣城、莆田、三明、萍乡、九江、新余、鹰潭、赣州、吉安、上饶、开封、鹤壁、濮阳、三门峡、商丘、荆门、黄冈、咸宁、永州、怀化、韶关、湛江、茂名、梅州、汕尾、清远、柳州、北海、玉林、泸州、广元、遂宁、内江、眉山、雅安、曲靖、玉溪、渭南、天水、西宁、吴忠

52. 2~76. 5

唐山、秦皇岛、邯郸、张家口、廊坊、晋城、晋中、运城、临汾、赤峰、鄂尔多斯、丹东、锦州、营口、吉林、齐齐哈尔、宿迁、衢州、丽水、蚌埠、马鞍山、铜陵、安庆、黄山、滁州、六安、南平、龙岩、宁德、宜春、抚州、枣庄、东营、泰安、日照、德州、聊城、滨州、菏泽、平顶山、安阳、新乡、焦作、许昌、漯河、南阳、信阳、周口、黄石、十堰、襄阳、孝感、荆州、湘潭、衡阳、岳阳、常德、益阳、郴州、肇庆、潮州、揭阳、桂林、三亚、自贡、攀枝花、德阳、乐山、宜宾、宝鸡、咸阳、银川

续表

76.5~100

石家庄、保定、太原、呼和浩特、包头、沈阳、大连、鞍山、长春、哈尔滨、南京、无锡、徐州、常州、苏州、南通、连云港、淮安、盐城、扬州、镇江、泰州、杭州、宁波、温州、嘉兴、湖州、绍兴、金华、台州、合肥、芜湖、福州、厦门、泉州、漳州、南昌、济南、青岛、淄博、烟台、潍坊、济宁、威海、临沂、郑州、洛阳、武汉、宜昌、长沙、株洲、广州、深圳、珠海、汕头、佛山、江门、惠州、东莞、中山、南宁、海口、成都、绵阳、贵阳、昆明、西安、兰州、乌鲁木齐

表4-32　2012年城市总量创新指数地理分布

1.02~28.2

张家口、大同、长治、朔州、乌海、呼伦贝尔、巴彦淖尔、乌兰察布、本溪、盘锦、辽源、白山、松原、白城、鸡西、鹤岗、双鸭山、伊春、佳木斯、七台河、牡丹江、黑河、景德镇、鹰潭、菏泽、濮阳、张家界、韶关、湛江、云浮、北海、防城港、钦州、贵港、百色、贺州、河池、来宾、崇左、三亚、遂宁、内江、南充、广安、雅安、巴中、资阳、安顺、保山、昭通、丽江、普洱、临沧、铜川、渭南、延安、安康、商洛、嘉峪关、金昌、天水、武威、张掖、平凉、庆阳、定西、石嘴山、吴忠、固原、克拉玛依

28.2~52.2

邯郸、承德、阳泉、晋城、忻州、吕梁、赤峰、通辽、抚顺、丹东、锦州、营口、阜新、辽阳、铁岭、朝阳、葫芦岛、四平、通化、齐齐哈尔、大庆、绥化、舟山、淮南、淮北、黄山、阜阳、宿州、萍乡、新余、抚州、开封、鹤壁、漯河、三门峡、信阳、周口、驻马店、黄石、鄂州、荆门、咸宁、随州、湘潭、邵阳、永州、怀化、娄底、茂名、肇庆、梅州、河源、阳江、潮州、揭阳、梧州、自贡、广元、乐山、宜宾、达州、六盘水、玉溪、汉中、榆林、白银、酒泉

52.2~76.5

秦皇岛、邢台、沧州、廊坊、衡水、晋中、运城、临汾、包头、鞍山、吉林、连云港、衢州、丽水、蚌埠、马鞍山、铜陵、安庆、滁州、六安、亳州、池州、宣城、莆田、三明、南平、龙岩、宁德、九江、赣州、吉安、宜春、上饶、枣庄、东营、泰安、日照、聊城、滨州、平顶山、安阳、新乡、焦作、许昌、南阳、商丘、十堰、襄阳、孝感、荆州、黄冈、株洲、衡阳、岳阳、常德、益阳、郴州、汕头、汕尾、清远、柳州、桂林、玉林、攀枝花、泸州、德阳、眉山、曲靖、宝鸡、咸阳、西宁、银川

76.5~100

石家庄、唐山、保定、太原、呼和浩特、鄂尔多斯、沈阳、大连、长春、哈尔滨、南京、无锡、徐州、常州、苏州、南通、淮安、盐城、扬州、镇江、泰州、宿迁、杭州、宁波、温州、嘉兴、湖州、绍兴、金华、台州、合肥、芜湖、福州、厦门、泉州、漳州、南昌、济南、青岛、淄博、烟台、潍坊、济宁、威海、临沂、德州、郑州、洛阳、武汉、宜昌、长沙、广州、深圳、珠海、佛山、江门、惠州、东莞、中山、南宁、海口、成都、绵阳、贵阳、昆明、西安、兰州、乌鲁木齐

表4-33　2015年城市总量创新指数地理分布

1.02~28.2

阳泉、晋城、朔州、忻州、乌海、呼伦贝尔、本溪、丹东、阜新、辽阳、盘锦、朝阳、葫芦岛、辽源、白山、松原、白城、鸡西、鹤岗、双鸭山、伊春、佳木斯、七台河、黑河、景德镇、鹤壁、鄂州、随州、张家界、永州、阳江、潮州、云浮、防城港、贵港、百色、贺州、河池、来宾、崇左、三亚、广元、遂宁、内江、南充、广安、达州、雅安、巴中、资阳、保山、昭通、丽江、普洱、临沧、铜川、安康、商洛、嘉峪关、金昌、白银、天水、武威、张掖、平凉、酒泉、庆阳、定西、石嘴山、固原、克拉玛依

续表

28.2~52.2

承德、大同、长治、晋中、临汾、吕梁、通辽、巴彦淖尔、乌兰察布、抚顺、锦州、营口、铁岭、四平、通化、齐齐哈尔、大庆、牡丹江、绥化、淮南、淮北、铜陵、黄山、宿州、池州、三明、龙岩、宁德、萍乡、鹰潭、抚州、濮阳、漯河、三门峡、信阳、周口、驻马店、黄石、十堰、荆门、咸宁、邵阳、益阳、怀化、娄底、韶关、湛江、茂名、梅州、河源、揭阳、梧州、北海、钦州、玉林、自贡、攀枝花、泸州、乐山、眉山、宜宾、六盘水、安顺、宝鸡、延安、汉中、吴忠

52.2~76.5

秦皇岛、邯郸、邢台、张家口、沧州、衡水、运城、赤峰、鄂尔多斯、鞍山、吉林、宿迁、衢州、舟山、丽水、蚌埠、马鞍山、安庆、滁州、阜阳、六安、亳州、宣城、莆田、漳州、南平、九江、新余、赣州、吉安、宜春、上饶、枣庄、东营、泰安、日照、德州、聊城、滨州、菏泽、开封、平顶山、安阳、新乡、焦作、许昌、南阳、商丘、孝感、荆州、黄冈、株洲、湘潭、衡阳、岳阳、常德、郴州、汕头、肇庆、汕尾、清远、柳州、桂林、德阳、曲靖、玉溪、咸阳、渭南、榆林、西宁

76.5~100

石家庄、唐山、保定、廊坊、太原、呼和浩特、包头、沈阳、大连、长春、哈尔滨、南京、无锡、徐州、常州、苏州、南通、连云港、淮安、盐城、扬州、镇江、泰州、杭州、宁波、温州、嘉兴、湖州、绍兴、金华、台州、合肥、芜湖、福州、厦门、泉州、南昌、济南、青岛、淄博、烟台、潍坊、济宁、威海、临沂、郑州、洛阳、武汉、宜昌、襄阳、长沙、广州、深圳、珠海、佛山、江门、惠州、东莞、中山、南宁、海口、成都、绵阳、贵阳、昆明、西安、兰州、银川、乌鲁木齐

表4-34　2018年城市总量创新指数地理分布

1.02~28.2

阳泉、长治、晋城、朔州、忻州、乌海、呼伦贝尔、乌兰察布、抚顺、本溪、阜新、辽阳、盘锦、铁岭、朝阳、葫芦岛、四平、辽源、白山、松原、白城、鸡西、鹤岗、双鸭山、伊春、佳木斯、七台河、牡丹江、黑河、绥化、新余、鹰潭、鹤壁、鄂州、随州、张家界、云浮、防城港、钦州、贵港、贺州、河池、来宾、崇左、广元、遂宁、广安、达州、雅安、巴中、资阳、六盘水、保山、昭通、丽江、普洱、临沧、铜川、商洛、嘉峪关、金昌、天水、武威、张掖、平凉、庆阳、定西、石嘴山、固原、克拉玛依

28.2~52.2

承德、大同、晋中、运城、临汾、吕梁、赤峰、通辽、巴彦淖尔、丹东、锦州、营口、通化、齐齐哈尔、大庆、淮南、淮北、铜陵、黄山、宿州、池州、景德镇、萍乡、抚州、濮阳、漯河、三门峡、信阳、黄石、咸宁、湘潭、衡阳、邵阳、常德、益阳、郴州、永州、怀化、娄底、韶关、茂名、汕尾、河源、阳江、清远、潮州、揭阳、梧州、北海、玉林、百色、三亚、自贡、攀枝花、内江、乐山、南充、眉山、安顺、曲靖、玉溪、延安、汉中、榆林、安康、白银、酒泉、吴忠

52.2~76.5

秦皇岛、邯郸、邢台、张家口、沧州、廊坊、衡水、包头、鄂尔多斯、鞍山、吉林、宿迁、衢州、舟山、丽水、蚌埠、马鞍山、安庆、滁州、六安、亳州、宣城、三明、南平、龙岩、宁德、九江、吉安、宜春、上饶、枣庄、东营、泰安、日照、聊城、滨州、菏泽、开封、平顶山、安阳、新乡、焦作、许昌、南阳、商丘、周口、驻马店、十堰、宜昌、襄阳、荆门、孝感、荆州、黄冈、株洲、岳阳、湛江、肇庆、梅州、柳州、桂林、泸州、德阳、绵阳、宜宾、宝鸡、咸阳、渭南、西宁、银川

续表

76.5~100

石家庄、唐山、保定、太原、呼和浩特、沈阳、大连、长春、哈尔滨、南京、无锡、徐州、常州、苏州、南通、连云港、淮安、盐城、扬州、镇江、泰州、杭州、宁波、温州、嘉兴、湖州、绍兴、金华、台州、合肥、芜湖、阜阳、福州、厦门、莆田、泉州、漳州、南昌、赣州、济南、青岛、淄博、烟台、潍坊、济宁、威海、临沂、德州、郑州、洛阳、武汉、长沙、广州、深圳、珠海、汕头、佛山、江门、惠州、东莞、中山、南宁、海口、成都、贵阳、昆明、西安、兰州、乌鲁木齐

表4-35　2003年城市人均创新指数地理分布

0.342~27.1

松原、白城、绥化、淮南、淮北、阜阳、宿州、六安、亳州、赣州、宜春、上饶、菏泽、开封、平顶山、安阳、濮阳、许昌、南阳、商丘、信阳、周口、驻马店、孝感、荆州、黄冈、咸宁、随州、衡阳、邵阳、益阳、永州、怀化、娄底、湛江、茂名、揭阳、钦州、贵港、玉林、百色、贺州、河池、来宾、崇左、广元、遂宁、南充、广安、达州、巴中、资阳、六盘水、安顺、曲靖、保山、昭通、丽江、普洱、临沧、安康、商洛、天水、武威、平凉、定西、固原

27.1~51.4

邯郸、邢台、保定、张家口、沧州、衡水、长治、晋城、朔州、运城、忻州、临汾、吕梁、通辽、呼伦贝尔、巴彦淖尔、乌兰察布、铁岭、朝阳、四平、辽源、通化、白山、齐齐哈尔、鸡西、鹤岗、双鸭山、伊春、七台河、黑河、徐州、宿迁、安庆、滁州、池州、莆田、宁德、萍乡、九江、新余、吉安、抚州、临沂、鹤壁、焦作、漯河、三门峡、常德、张家界、郴州、肇庆、梅州、河源、清远、云浮、梧州、防城港、自贡、泸州、内江、乐山、眉山、宜宾、渭南、延安、汉中、榆林、嘉峪关、金昌、庆阳

51.4~76

唐山、秦皇岛、承德、廊坊、大同、阳泉、晋中、乌海、赤峰、本溪、锦州、阜新、辽阳、葫芦岛、吉林、佳木斯、牡丹江、连云港、淮安、盐城、衢州、蚌埠、马鞍山、铜陵、黄山、宣城、三明、漳州、龙岩、景德镇、鹰潭、枣庄、潍坊、济宁、泰安、日照、德州、聊城、滨州、洛阳、新乡、黄石、十堰、宜昌、襄阳、鄂州、荆门、湘潭、岳阳、韶关、汕头、汕尾、阳江、潮州、南宁、柳州、桂林、北海、德阳、绵阳、雅安、玉溪、铜川、宝鸡、咸阳、白银、张掖、酒泉、西宁、石嘴山、吴忠

76~100

石家庄、太原、呼和浩特、包头、鄂尔多斯、沈阳、大连、鞍山、抚顺、丹东、营口、盘锦、长春、哈尔滨、大庆、南京、无锡、常州、苏州、南通、扬州、镇江、泰州、杭州、宁波、温州、嘉兴、湖州、绍兴、金华、舟山、台州、丽水、合肥、芜湖、福州、厦门、泉州、南平、南昌、济南、青岛、淄博、东营、烟台、威海、郑州、武汉、长沙、株洲、广州、深圳、珠海、佛山、江门、惠州、东莞、中山、海口、三亚、成都、攀枝花、贵阳、昆明、西安、兰州、银川、乌鲁木齐、克拉玛依

表4-36　2006年城市人均创新指数地理分布

0.342~27.1

忻州、朝阳、松原、双鸭山、伊春、绥化、阜阳、宿州、六安、亳州、赣州、吉安、抚州、上饶、菏泽、开封、平顶山、濮阳、南阳、商丘、信阳、周口、驻马店、孝感、黄冈、咸宁、随州、衡阳、邵阳、郴州、永州、怀化、娄底、湛江、茂名、揭阳、云浮、钦州、贵港、玉林、百色、贺州、河池、来宾、崇左、广元、内江、南充、广安、达州、巴中、六盘水、安顺、曲靖、保山、昭通、临沧、渭南、延安、汉中、榆林、安康、商洛、白银、天水、武威、平凉、庆阳、定西、固原

续表

27.1~51.4

邯郸、邢台、张家口、沧州、衡水、大同、长治、朔州、运城、临汾、吕梁、赤峰、通辽、呼伦贝尔、乌兰察布、葫芦岛、四平、白城、齐齐哈尔、鸡西、鹤岗、佳木斯、黑河、宿迁、蚌埠、淮南、淮北、安庆、滁州、池州、莆田、龙岩、宁德、萍乡、九江、新余、宜春、济宁、聊城、安阳、许昌、襄阳、荆门、荆州、岳阳、常德、张家界、益阳、梅州、河源、阳江、清远、潮州、梧州、防城港、自贡、遂宁、乐山、眉山、宜宾、雅安、资阳、丽江、普洱、铜川、宝鸡、张掖

51.4~76

唐山、保定、承德、廊坊、阳泉、晋城、晋中、乌海、巴彦淖尔、本溪、丹东、锦州、营口、阜新、辽阳、盘锦、铁岭、吉林、辽源、通化、白山、七台河、牡丹江、徐州、淮安、盐城、衢州、丽水、芜湖、铜陵、黄山、宣城、三明、泉州、漳州、南平、景德镇、鹰潭、枣庄、潍坊、泰安、日照、临沂、德州、滨州、洛阳、鹤壁、新乡、焦作、漯河、三门峡、黄石、十堰、宜昌、韶关、汕头、肇庆、汕尾、柳州、桂林、北海、泸州、德阳、绵阳、玉溪、咸阳、金昌、酒泉、西宁、石嘴山、吴忠

76~100

石家庄、秦皇岛、太原、呼和浩特、包头、鄂尔多斯、沈阳、大连、鞍山、抚顺、长春、哈尔滨、大庆、南京、无锡、常州、苏州、南通、连云港、扬州、镇江、泰州、杭州、宁波、温州、嘉兴、湖州、绍兴、金华、舟山、台州、合肥、马鞍山、福州、厦门、南昌、济南、青岛、淄博、东营、烟台、威海、郑州、武汉、鄂州、长沙、株洲、湘潭、广州、深圳、珠海、佛山、江门、惠州、东莞、中山、南宁、海口、三亚、成都、攀枝花、贵阳、昆明、西安、兰州、嘉峪关、银川、乌鲁木齐、克拉玛依

表4-37 2009年城市人均创新指数地理分布

0.342~27.1

朔州、乌兰察布、辽源、七台河、黑河、绥化、淮南、阜阳、宿州、亳州、赣州、吉安、上饶、菏泽、开封、濮阳、南阳、商丘、信阳、周口、驻马店、黄冈、衡阳、邵阳、张家界、永州、怀化、娄底、湛江、茂名、梅州、河源、揭阳、云浮、钦州、贵港、玉林、百色、贺州、河池、来宾、崇左、广元、内江、南充、广安、达州、巴中、资阳、六盘水、安顺、曲靖、保山、昭通、普洱、临沧、铜川、渭南、延安、汉中、榆林、安康、商洛、武威、平凉、庆阳、定西、固原

27.1~51.4

邯郸、邢台、保定、张家口、承德、沧州、衡水、大同、长治、运城、忻州、临汾、吕梁、乌海、赤峰、通辽、呼伦贝尔、本溪、铁岭、朝阳、葫芦岛、四平、松原、白城、齐齐哈尔、鹤岗、双鸭山、伊春、佳木斯、牡丹江、安庆、六安、莆田、三明、萍乡、九江、宜春、抚州、济宁、临沂、德州、聊城、平顶山、安阳、荆门、孝感、荆州、咸宁、随州、岳阳、常德、益阳、郴州、韶关、阳江、清远、梧州、防城港、自贡、泸州、遂宁、乐山、眉山、宜宾、宝鸡、咸阳、白银、天水、张掖、酒泉

51.4~76

唐山、秦皇岛、廊坊、阳泉、晋城、晋中、巴彦淖尔、抚顺、丹东、锦州、阜新、辽阳、吉林、通化、白山、鸡西、大庆、徐州、连云港、淮安、宿迁、衢州、丽水、蚌埠、淮北、滁州、池州、宣城、漳州、南平、龙岩、宁德、景德镇、新余、鹰潭、枣庄、潍坊、泰安、日照、滨州、洛阳、鹤壁、新乡、焦作、许昌、漯河、三门峡、黄石、十堰、襄阳、鄂州、湘潭、汕头、肇庆、汕尾、潮州、南宁、柳州、桂林、北海、德阳、雅安、玉溪、丽江、金昌、西宁、石嘴山、吴忠、克拉玛依

续表

76~100

石家庄、太原、呼和浩特、包头、鄂尔多斯、沈阳、大连、鞍山、营口、盘锦、长春、哈尔滨、南京、无锡、常州、苏州、南通、盐城、扬州、镇江、泰州、杭州、宁波、温州、嘉兴、湖州、绍兴、金华、舟山、台州、合肥、芜湖、马鞍山、铜陵、黄山、福州、厦门、泉州、南昌、济南、青岛、淄博、东营、烟台、威海、郑州、武汉、宜昌、长沙、株洲、广州、深圳、珠海、佛山、江门、惠州、东莞、中山、海口、三亚、成都、攀枝花、绵阳、贵阳、昆明、西安、兰州、嘉峪关、银川、乌鲁木齐

表 4-38　2012 年城市人均创新指数地理分布

0.342~27.1

邯郸、张家口、呼伦贝尔、松原、白城、齐齐哈尔、鹤岗、伊春、七台河、黑河、绥化、阜阳、宿州、亳州、上饶、菏泽、开封、濮阳、南阳、商丘、信阳、周口、驻马店、黄冈、衡阳、邵阳、常德、张家界、永州、怀化、娄底、湛江、茂名、梅州、揭阳、云浮、梧州、钦州、贵港、玉林、百色、贺州、河池、来宾、崇左、遂宁、内江、南充、宜宾、广安、达州、巴中、资阳、六盘水、曲靖、保山、昭通、普洱、临沧、渭南、延安、汉中、安康、商洛、天水、平凉、庆阳、定西、固原

27.1~51.4

邢台、保定、承德、沧州、衡水、大同、长治、朔州、运城、忻州、临汾、吕梁、赤峰、通辽、乌兰察布、本溪、铁岭、朝阳、葫芦岛、四平、白山、鸡西、双鸭山、佳木斯、牡丹江、淮南、淮北、安庆、六安、九江、赣州、吉安、宜春、抚州、临沂、聊城、平顶山、安阳、新乡、漯河、三门峡、荆门、孝感、荆州、咸宁、随州、岳阳、益阳、郴州、韶关、肇庆、河源、阳江、清远、潮州、桂林、北海、自贡、泸州、广元、乐山、安顺、铜川、宝鸡、咸阳、榆林、金昌、武威、张掖、吴忠

51.4~76

石家庄、唐山、秦皇岛、廊坊、阳泉、晋城、晋中、乌海、巴彦淖尔、鞍山、抚顺、丹东、锦州、营口、阜新、辽阳、盘锦、吉林、辽源、通化、大庆、徐州、连云港、淮安、盐城、宿迁、丽水、蚌埠、黄山、滁州、莆田、三明、漳州、南平、龙岩、宁德、景德镇、萍乡、鹰潭、枣庄、潍坊、济宁、泰安、日照、德州、滨州、洛阳、鹤壁、焦作、许昌、黄石、十堰、襄阳、株洲、湘潭、汕头、汕尾、南宁、柳州、防城港、德阳、绵阳、眉山、雅安、玉溪、丽江、白银、酒泉、石嘴山

76~100

太原、呼和浩特、包头、鄂尔多斯、沈阳、大连、长春、哈尔滨、南京、无锡、常州、苏州、南通、扬州、镇江、泰州、杭州、宁波、温州、嘉兴、湖州、绍兴、金华、衢州、舟山、台州、合肥、芜湖、马鞍山、铜陵、池州、宣城、福州、厦门、泉州、南昌、新余、济南、青岛、淄博、东营、烟台、威海、郑州、武汉、宜昌、鄂州、长沙、广州、深圳、珠海、佛山、江门、惠州、东莞、中山、海口、三亚、成都、攀枝花、贵阳、昆明、西安、兰州、嘉峪关、西宁、银川、乌鲁木齐、克拉玛依

表 4-39　2015 年城市人均创新指数地理分布

0.342~27.1

朔州、忻州、临汾、吕梁、阜新、朝阳、葫芦岛、松原、齐齐哈尔、鸡西、鹤岗、双鸭山、伊春、佳木斯、绥化、阜阳、宿州、上饶、安阳、南阳、商丘、信阳、周口、驻马店、黄冈、随州、衡阳、邵阳、张家界、郴州、永州、怀化、娄底、韶关、湛江、茂名、梅州、阳江、潮州、揭阳、云浮、梧州、钦州、贵港、玉林、百色、贺州、河池、来宾、崇左、泸州、广元、遂宁、内江、南充、宜宾、广安、达州、巴中、资阳、曲靖、保山、昭通、临沧、安康、商洛、天水、平凉、庆阳、定西、固原

27.1~51.4

邯郸、邢台、张家口、承德、沧州、衡水、大同、长治、晋城、运城、赤峰、呼伦贝尔、乌兰察布、抚顺、本溪、丹东、锦州、辽阳、铁岭、四平、辽源、白城、大庆、七台河、牡丹江、黑河、淮南、六安、亳州、三明、龙岩、宁德、景德镇、赣州、吉安、抚州、聊城、菏泽、开封、平顶山、濮阳、许昌、漯河、三门峡、十堰、荆门、孝感、荆州、咸宁、岳阳、常德、益阳、肇庆、河源、清远、桂林、自贡、乐山、眉山、雅安、六盘水、安顺、普洱、铜川、宝鸡、渭南、汉中、榆林、武威

51.4~76

唐山、秦皇岛、保定、廊坊、阳泉、晋中、乌海、通辽、巴彦淖尔、鞍山、营口、盘锦、吉林、通化、白山、徐州、连云港、盐城、宿迁、蚌埠、淮北、铜陵、安庆、滁州、池州、宣城、莆田、漳州、南平、萍乡、九江、鹰潭、宜春、枣庄、济宁、泰安、日照、临沂、德州、滨州、洛阳、鹤壁、新乡、焦作、黄石、襄阳、鄂州、株洲、湘潭、汕头、江门、汕尾、柳州、北海、防城港、德阳、绵阳、玉溪、丽江、咸阳、延安、金昌、白银、张掖、酒泉、石嘴山、吴忠

76~100

石家庄、太原、呼和浩特、包头、鄂尔多斯、沈阳、大连、长春、哈尔滨、南京、无锡、常州、苏州、南通、淮安、扬州、镇江、泰州、杭州、宁波、温州、嘉兴、湖州、绍兴、金华、衢州、舟山、台州、丽水、合肥、芜湖、马鞍山、黄山、福州、厦门、泉州、南昌、新余、济南、青岛、淄博、东营、烟台、潍坊、威海、郑州、武汉、宜昌、长沙、广州、深圳、珠海、佛山、惠州、东莞、中山、南宁、海口、三亚、成都、攀枝花、贵阳、昆明、西安、兰州、嘉峪关、西宁、银川、乌鲁木齐、克拉玛依

表 4-40　2018 年城市人均创新指数地理分布

0.342~27.1

长治、朔州、忻州、临汾、呼伦贝尔、乌兰察布、阜新、铁岭、朝阳、葫芦岛、四平、松原、白城、齐齐哈尔、鸡西、鹤岗、双鸭山、伊春、黑河、绥化、淮南、宿州、南阳、商丘、信阳、周口、驻马店、黄冈、随州、衡阳、邵阳、常德、郴州、永州、怀化、娄底、湛江、茂名、揭阳、云浮、钦州、贵港、玉林、百色、贺州、河池、来宾、崇左、自贡、广元、遂宁、内江、南充、广安、达州、巴中、资阳、六盘水、曲靖、保山、昭通、普洱、临沧、汉中、商洛、天水、武威、平凉、庆阳、定西、固原

27.1~51.4

邯郸、邢台、张家口、承德、沧州、衡水、大同、晋城、晋中、运城、吕梁、赤峰、抚顺、本溪、丹东、锦州、辽阳、吉林、辽源、通化、白山、大庆、佳木斯、七台河、牡丹江、阜阳、六安、亳州、吉安、抚州、上饶、枣庄、泰安、临沂、聊城、菏泽、开封、平顶山、安阳、鹤壁、濮阳、漯河、三门峡、孝感、荆州、咸宁、岳阳、张家界、益阳、韶关、梅州、汕尾、河源、阳江、清远、潮州、桂林、梧州、泸州、乐山、眉山、宜宾、雅安、安顺、渭南、榆林、安康、金昌

51.4~76

唐山、秦皇岛、保定、廊坊、阳泉、包头、乌海、通辽、巴彦淖尔、鞍山、营口、盘锦、哈尔滨、徐州、连云港、淮安、盐城、宿迁、蚌埠、淮北、铜陵、安庆、滁州、池州、龙岩、宁德、景德镇、萍乡、九江、新余、鹰潭、赣州、宜春、济宁、日照、德州、滨州、洛阳、新乡、焦作、许昌、黄石、十堰、宜昌、襄阳、鄂州、荆门、株洲、湘潭、汕头、肇庆、柳州、北海、防城港、德阳、绵阳、玉溪、丽江、铜川、宝鸡、咸阳、延安、嘉峪关、白银、张掖、酒泉、石嘴山、吴忠

续表

76~100

石家庄、太原、呼和浩特、鄂尔多斯、沈阳、大连、长春、南京、无锡、常州、苏州、南通、扬州、镇江、泰州、杭州、宁波、温州、嘉兴、湖州、绍兴、金华、衢州、舟山、台州、丽水、合肥、芜湖、马鞍山、黄山、宣城、福州、厦门、莆田、三明、泉州、漳州、南平、南昌、济南、青岛、淄博、东营、烟台、潍坊、威海、郑州、武汉、长沙、广州、深圳、珠海、佛山、江门、惠州、东莞、中山、南宁、海口、三亚、成都、攀枝花、贵阳、昆明、西安、兰州、西宁、银川、乌鲁木齐、克拉玛依

表4-41　2003年城市单位面积创新指数地理分布

2.39~28.7

张家口、承德、朔州、忻州、吕梁、赤峰、通辽、鄂尔多斯、呼伦贝尔、巴彦淖尔、乌兰察布、朝阳、白山、松原、白城、齐齐哈尔、鸡西、鹤岗、双鸭山、伊春、佳木斯、七台河、牡丹江、黑河、绥化、赣州、吉安、信阳、随州、邵阳、张家界、永州、怀化、河源、防城港、钦州、百色、贺州、河池、来宾、崇左、广元、达州、雅安、六盘水、安顺、曲靖、保山、昭通、丽江、普洱、临沧、延安、汉中、榆林、安康、商洛、嘉峪关、金昌、白银、天水、武威、张掖、平凉、酒泉、庆阳、定西、吴忠、固原

28.7~52.1

大同、长治、晋城、晋中、运城、临汾、本溪、丹东、阜新、铁岭、葫芦岛、吉林、四平、辽源、通化、安庆、黄山、滁州、宿州、六安、池州、三明、南平、龙岩、宁德、九江、宜春、抚州、上饶、三门峡、南阳、周口、驻马店、十堰、宜昌、襄阳、荆门、荆州、黄冈、咸宁、衡阳、常德、益阳、郴州、娄底、韶关、茂名、肇庆、梅州、清远、云浮、柳州、桂林、梧州、贵港、玉林、遂宁、乐山、南充、广安、巴中、资阳、玉溪、铜川、宝鸡、渭南、石嘴山、克拉玛依

52.1~76.1

唐山、秦皇岛、邯郸、邢台、保定、沧州、衡水、阳泉、呼和浩特、包头、乌海、鞍山、锦州、辽阳、哈尔滨、大庆、连云港、盐城、宿迁、衢州、丽水、蚌埠、淮南、马鞍山、淮北、铜陵、阜阳、亳州、宣城、莆田、漳州、景德镇、萍乡、新余、鹰潭、日照、临沂、德州、聊城、滨州、菏泽、开封、洛阳、平顶山、安阳、鹤壁、新乡、焦作、濮阳、许昌、漯河、商丘、黄石、鄂州、孝感、岳阳、湛江、阳江、揭阳、南宁、北海、自贡、攀枝花、泸州、绵阳、内江、眉山、宜宾、咸阳、西宁

76.1~100

石家庄、廊坊、太原、沈阳、大连、抚顺、营口、盘锦、长春、南京、无锡、徐州、常州、苏州、南通、淮安、扬州、镇江、泰州、杭州、宁波、温州、嘉兴、湖州、绍兴、金华、舟山、台州、合肥、芜湖、福州、厦门、泉州、南昌、济南、青岛、淄博、枣庄、东营、烟台、潍坊、济宁、泰安、威海、郑州、武汉、长沙、株洲、湘潭、广州、深圳、珠海、汕头、佛山、江门、惠州、汕尾、东莞、中山、潮州、海口、三亚、成都、德阳、贵阳、昆明、西安、兰州、银川、乌鲁木齐

表4-42 2006年城市单位面积创新指数地理分布

2.39~28.7

张家口、承德、朔州、忻州、吕梁、赤峰、通辽、鄂尔多斯、呼伦贝尔、巴彦淖尔、乌兰察布、朝阳、白山、松原、白城、齐齐哈尔、鸡西、鹤岗、双鸭山、伊春、佳木斯、七台河、牡丹江、黑河、绥化、南平、赣州、吉安、信阳、随州、邵阳、张家界、郴州、永州、怀化、韶关、河源、钦州、贵港、百色、贺州、河池、来宾、崇左、广元、雅安、巴中、六盘水、安顺、曲靖、保山、昭通、丽江、普洱、临沧、延安、汉中、榆林、安康、商洛、金昌、白银、天水、武威、张掖、平凉、酒泉、庆阳、定西、吴忠、固原

28.7~52.1

大同、长治、晋城、晋中、临汾、包头、本溪、丹东、阜新、铁岭、葫芦岛、吉林、四平、通化、大庆、丽水、黄山、宿州、六安、亳州、池州、三明、龙岩、宁德、景德镇、九江、宜春、抚州、上饶、三门峡、南阳、周口、驻马店、十堰、宜昌、襄阳、荆门、孝感、黄冈、咸宁、衡阳、岳阳、常德、益阳、娄底、茂名、梅州、清远、云浮、柳州、桂林、梧州、防城港、玉林、内江、乐山、南充、广安、达州、玉溪、铜川、宝鸡、渭南、嘉峪关、石嘴山、克拉玛依

52.1~76.1

唐山、邯郸、邢台、保定、沧州、衡水、阳泉、运城、呼和浩特、乌海、鞍山、抚顺、锦州、营口、辽阳、盘锦、辽源、哈尔滨、淮安、盐城、宿迁、衢州、蚌埠、淮南、淮北、安庆、滁州、阜阳、宣城、莆田、漳州、萍乡、新余、鹰潭、济宁、泰安、临沂、德州、聊城、滨州、菏泽、开封、洛阳、平顶山、安阳、鹤壁、新乡、濮阳、许昌、商丘、黄石、荆州、湛江、肇庆、阳江、潮州、揭阳、南宁、北海、自贡、攀枝花、泸州、绵阳、遂宁、眉山、宜宾、资阳、咸阳、西宁、银川

76.1~100

石家庄、秦皇岛、廊坊、太原、沈阳、大连、长春、南京、无锡、徐州、常州、苏州、南通、连云港、扬州、镇江、泰州、杭州、宁波、温州、嘉兴、湖州、绍兴、金华、舟山、台州、合肥、芜湖、马鞍山、铜陵、福州、厦门、泉州、南昌、济南、青岛、淄博、枣庄、东营、烟台、潍坊、威海、日照、郑州、焦作、漯河、武汉、鄂州、长沙、株洲、湘潭、广州、深圳、珠海、汕头、佛山、江门、惠州、汕尾、东莞、中山、海口、三亚、成都、德阳、贵阳、昆明、西安、兰州、乌鲁木齐

表4-43 2009年城市单位面积创新指数地理分布

2.39~28.7

张家口、承德、朔州、忻州、吕梁、赤峰、通辽、鄂尔多斯、呼伦贝尔、巴彦淖尔、乌兰察布、朝阳、白山、松原、白城、齐齐哈尔、鸡西、鹤岗、双鸭山、伊春、佳木斯、七台河、牡丹江、黑河、绥化、三明、南平、赣州、吉安、邵阳、张家界、永州、怀化、韶关、河源、钦州、百色、贺州、河池、来宾、崇左、广元、达州、雅安、巴中、六盘水、曲靖、玉溪、保山、昭通、丽江、普洱、临沧、铜川、延安、汉中、榆林、安康、商洛、金昌、白银、武威、张掖、平凉、酒泉、庆阳、定西、吴忠、固原、克拉玛依

28.7~52.1

大同、长治、晋城、晋中、运城、临汾、包头、本溪、丹东、阜新、铁岭、葫芦岛、吉林、四平、辽源、通化、大庆、丽水、黄山、阜阳、宿州、六安、龙岩、九江、宜春、抚州、上饶、三门峡、南阳、商丘、信阳、驻马店、十堰、宜昌、襄阳、荆门、黄冈、咸宁、随州、衡阳、岳阳、常德、益阳、郴州、娄底、茂名、肇庆、梅州、清远、云浮、柳州、桂林、梧州、防城港、贵港、玉林、内江、乐山、南充、广安、资阳、安顺、宝鸡、渭南、嘉峪关、天水、石嘴山

续表

52.1~76.1

唐山、秦皇岛、邯郸、邢台、保定、沧州、衡水、阳泉、呼和浩特、乌海、抚顺、锦州、营口、辽阳、盘锦、长春、哈尔滨、宿迁、衢州、蚌埠、淮南、淮北、安庆、滁州、亳州、池州、宣城、莆田、漳州、宁德、景德镇、萍乡、新余、鹰潭、东营、济宁、日照、临沂、德州、聊城、滨州、菏泽、开封、洛阳、平顶山、安阳、鹤壁、新乡、濮阳、周口、黄石、孝感、荆州、株洲、湛江、阳江、揭阳、南宁、北海、自贡、攀枝花、泸州、绵阳、遂宁、眉山、宜宾、咸阳、兰州、西宁、银川

76.1~100

石家庄、廊坊、太原、沈阳、大连、鞍山、南京、无锡、徐州、常州、苏州、南通、连云港、淮安、盐城、扬州、镇江、泰州、杭州、宁波、温州、嘉兴、湖州、绍兴、金华、舟山、台州、合肥、芜湖、马鞍山、铜陵、福州、厦门、泉州、南昌、济南、青岛、淄博、枣庄、烟台、潍坊、泰安、威海、郑州、焦作、许昌、漯河、武汉、鄂州、长沙、湘潭、广州、深圳、珠海、汕头、佛山、江门、惠州、汕尾、东莞、中山、潮州、海口、三亚、成都、德阳、贵阳、昆明、西安、乌鲁木齐

表 4-44 2012 年城市单位面积创新指数地理分布

2.39~28.7

张家口、承德、朔州、忻州、临汾、吕梁、赤峰、通辽、鄂尔多斯、呼伦贝尔、巴彦淖尔、乌兰察布、朝阳、通化、白山、松原、白城、齐齐哈尔、鸡西、鹤岗、双鸭山、伊春、佳木斯、七台河、牡丹江、黑河、绥化、吉安、抚州、十堰、邵阳、张家界、郴州、永州、怀化、韶关、河源、钦州、百色、贺州、河池、来宾、崇左、广元、达州、雅安、巴中、曲靖、保山、昭通、丽江、普洱、临沧、延安、汉中、榆林、安康、商洛、金昌、白银、天水、武威、张掖、平凉、酒泉、庆阳、定西、吴忠、固原、克拉玛依

28.7~52.1

大同、长治、晋城、晋中、运城、包头、抚顺、本溪、丹东、阜新、铁岭、葫芦岛、吉林、四平、辽源、大庆、丽水、黄山、宿州、三明、南平、龙岩、九江、赣州、宜春、上饶、三门峡、南阳、信阳、周口、驻马店、荆门、黄冈、咸宁、随州、衡阳、岳阳、常德、益阳、娄底、湛江、茂名、肇庆、梅州、阳江、清远、云浮、柳州、桂林、梧州、防城港、贵港、玉林、内江、乐山、南充、宜宾、广安、资阳、六盘水、安顺、玉溪、铜川、宝鸡、渭南、嘉峪关、石嘴山

52.1~76.1

唐山、秦皇岛、邯郸、邢台、保定、沧州、衡水、阳泉、呼和浩特、乌海、鞍山、锦州、营口、辽阳、盘锦、哈尔滨、衢州、淮南、淮北、安庆、滁州、阜阳、六安、亳州、池州、宣城、漳州、宁德、景德镇、萍乡、新余、鹰潭、东营、济宁、泰安、日照、临沂、德州、聊城、滨州、菏泽、开封、洛阳、平顶山、安阳、新乡、濮阳、漯河、商丘、黄石、宜昌、襄阳、孝感、荆州、株洲、湘潭、潮州、揭阳、南宁、北海、自贡、攀枝花、泸州、绵阳、遂宁、眉山、咸阳、兰州、西宁、银川

76.1~100

石家庄、廊坊、太原、沈阳、大连、长春、南京、无锡、徐州、常州、苏州、南通、连云港、淮安、盐城、扬州、镇江、泰州、宿迁、杭州、宁波、温州、嘉兴、湖州、绍兴、金华、舟山、台州、合肥、芜湖、蚌埠、马鞍山、铜陵、福州、厦门、莆田、泉州、南昌、济南、青岛、淄博、枣庄、烟台、潍坊、威海、郑州、鹤壁、焦作、许昌、武汉、鄂州、长沙、广州、深圳、珠海、汕头、佛山、江门、惠州、汕尾、东莞、中山、海口、三亚、成都、德阳、贵阳、昆明、西安、乌鲁木齐

表 4-45　2015 年城市单位面积创新指数地理分布

2.39~28.7

张家口、承德、朔州、忻州、临汾、吕梁、赤峰、通辽、鄂尔多斯、呼伦贝尔、巴彦淖尔、乌兰察布、本溪、丹东、阜新、朝阳、四平、通化、白山、松原、白城、齐齐哈尔、鸡西、鹤岗、双鸭山、伊春、佳木斯、七台河、牡丹江、黑河、绥化、邵阳、张家界、永州、怀化、韶关、梧州、钦州、贵港、百色、贺州、河池、来宾、崇左、广元、达州、雅安、巴中、曲靖、保山、昭通、丽江、普洱、临沧、延安、汉中、榆林、安康、商洛、金昌、白银、天水、武威、张掖、平凉、酒泉、庆阳、定西、吴忠、固原、克拉玛依

28.7~52.1

大同、长治、晋城、晋中、运城、包头、抚顺、锦州、辽阳、铁岭、葫芦岛、吉林、辽源、大庆、黄山、三明、南平、龙岩、宁德、景德镇、赣州、吉安、抚州、上饶、三门峡、南阳、信阳、周口、驻马店、十堰、荆门、荆州、黄冈、咸宁、随州、衡阳、岳阳、常德、益阳、郴州、娄底、湛江、茂名、肇庆、梅州、河源、阳江、清远、云浮、桂林、防城港、玉林、泸州、乐山、南充、宜宾、广安、资阳、六盘水、安顺、玉溪、铜川、宝鸡、渭南、嘉峪关、石嘴山

52.1~76.1

唐山、秦皇岛、邯郸、邢台、保定、沧州、衡水、阳泉、呼和浩特、乌海、鞍山、营口、盘锦、长春、哈尔滨、盐城、衢州、丽水、淮南、淮北、安庆、滁州、阜阳、宿州、六安、亳州、池州、宜城、漳州、萍乡、九江、鹰潭、宜春、东营、泰安、日照、临沂、德州、聊城、滨州、菏泽、开封、洛阳、平顶山、安阳、鹤壁、新乡、濮阳、商丘、黄石、宜昌、襄阳、孝感、株洲、湘潭、潮州、揭阳、南宁、柳州、北海、自贡、攀枝花、德阳、绵阳、遂宁、内江、眉山、咸阳、兰州、西宁

76.1~100

石家庄、廊坊、太原、沈阳、大连、南京、无锡、徐州、常州、苏州、南通、连云港、淮安、扬州、镇江、泰州、宿迁、杭州、宁波、温州、嘉兴、湖州、绍兴、金华、舟山、台州、合肥、芜湖、蚌埠、马鞍山、铜陵、福州、厦门、莆田、泉州、南昌、新余、济南、青岛、淄博、枣庄、烟台、潍坊、济宁、威海、郑州、焦作、许昌、漯河、武汉、鄂州、长沙、广州、深圳、珠海、汕头、佛山、江门、惠州、汕尾、东莞、中山、海口、三亚、成都、贵阳、昆明、西安、银川、乌鲁木齐

表 4-46　2018 年城市单位面积创新指数地理分布

2.39~28.7

张家口、承德、长治、朔州、忻州、临汾、吕梁、赤峰、通辽、鄂尔多斯、呼伦贝尔、巴彦淖尔、乌兰察布、丹东、阜新、铁岭、朝阳、吉林、四平、辽源、通化、白山、松原、白城、齐齐哈尔、鸡西、鹤岗、双鸭山、大庆、伊春、佳木斯、七台河、牡丹江、黑河、绥化、张家界、永州、怀化、贵港、百色、贺州、河池、来宾、崇左、广元、达州、雅安、巴中、曲靖、保山、昭通、丽江、普洱、临沧、延安、汉中、榆林、安康、商洛、金昌、白银、天水、武威、张掖、平凉、酒泉、庆阳、定西、吴忠、固原、克拉玛依

28.7~52.1

大同、阳泉、晋城、晋中、运城、包头、抚顺、本溪、锦州、辽阳、葫芦岛、哈尔滨、丽水、黄山、池州、三明、南平、龙岩、赣州、吉安、抚州、上饶、三门峡、南阳、信阳、驻马店、十堰、宜昌、襄阳、荆门、荆州、黄冈、随州、衡阳、邵阳、岳阳、常德、益阳、郴州、娄底、韶关、茂名、梅州、河源、清远、云浮、柳州、桂林、梧州、防城港、钦州、玉林、泸州、内江、乐山、南充、宜宾、广安、资阳、六盘水、安顺、玉溪、铜川、宝鸡、嘉峪关、石嘴山

52. 1~76. 1
唐山、秦皇岛、邯郸、邢台、保定、沧州、衡水、呼和浩特、乌海、鞍山、营口、盘锦、长春、衢州、蚌埠、淮南、安庆、滁州、宿州、六安、亳州、宣城、宁德、景德镇、萍乡、九江、新余、鹰潭、宜春、枣庄、东营、泰安、临沂、德州、聊城、滨州、菏泽、开封、洛阳、平顶山、安阳、鹤壁、濮阳、漯河、商丘、周口、黄石、孝感、咸宁、株洲、湘潭、湛江、肇庆、汕尾、阳江、揭阳、南宁、北海、自贡、攀枝花、德阳、绵阳、遂宁、眉山、咸阳、渭南、兰州、西宁、银川、乌鲁木齐

76. 1~100
石家庄、廊坊、太原、沈阳、大连、南京、无锡、徐州、常州、苏州、南通、连云港、淮安、盐城、扬州、镇江、泰州、宿迁、杭州、宁波、温州、嘉兴、湖州、绍兴、金华、舟山、台州、合肥、芜湖、马鞍山、淮北、铜陵、阜阳、福州、厦门、莆田、泉州、漳州、南昌、济南、青岛、淄博、烟台、潍坊、济宁、威海、日照、郑州、新乡、焦作、许昌、武汉、鄂州、长沙、广州、深圳、珠海、汕头、佛山、江门、惠州、东莞、中山、潮州、海口、三亚、成都、贵阳、昆明、西安

图 4-11 为中国城市总量创新指数的核密度分布。观察发现，中国总量创新具有如下分布演进特征：第一，从中国城市总量创新指数整体分布来看，密度曲线两边逐渐减少，而密度曲线中部较为平缓，近似于均匀分布。这表明，中国城市创新产出呈典型的"梭形"分布，即从总量创新看，中国总量创新处于较低水平和较高水平的城市均较少，而总量创新处于中等水平或中下水平以及中上水平的城市所占比例较大，这是中国长期以来推进国家创新体系建设的重要成果，对于中国建设创新型国家具有重要的意义。由于中部分布曲线较为密集，不同年份分布曲线存在重叠，无法进一步观察，本节将分布图 Y 轴的一部分截取进行放大，便于后续观察分析。第二，基于截取放大的分布曲线可知，城市总量创新指数分布的中心线持续向左移动，表明其整体城市总量创新略有下降，与上述所得结论相一致。第三，城市总量创新指数分布的主峰峰值先减小后增大，而主峰宽度则呈缩小的趋势。这主要是因为 2012 年以来中国提出了许多新的区域创新驱动发展战略，比如京津冀协同发展、长江经济带发展、粤港澳大湾区发展以及"一带一路"倡议等，在新一轮的区域创新发展中，既发挥不同区域的创新优势，同时又缩小区域差距。第四，样本期内，城市总量创新指数分布存在极化的现象，并且 2006 年之后存在多极化的趋势，城市总量创新指数 2012 年的分布存在两个峰值，2015 年的分布存在三个峰值，2018 年的分布存在两个峰值，且不同峰值差距较大。究其原因，这主要是中国要素市场不断深化改革，促使许多创新要素在全国范围内自由流动，进而在多地形成创新的集聚区。

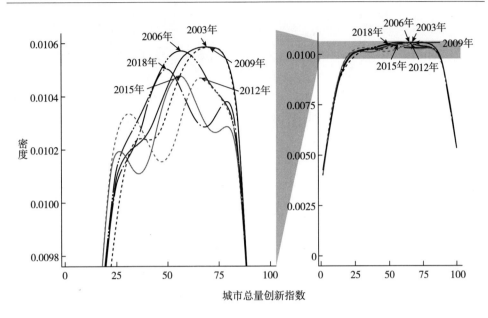

图4-11 中国城市总量创新指数的分布演进

图4-12为中国城市人均创新指数的核密度分布。观察发现，中国人均创新具有如下分布演进特征：第一，中国城市人均创新指数分布与总量创新指数分布相似，密度曲线两边逐渐减少，而密度曲线中部近似于均匀分布。这表明，中国城市人均创新指数也呈典型的"梭形"分布。与上述处理相同，本节将分布图Y轴的一部分截取进行放大，便于后续观察分析。第二，城市人均创新指数分布的主峰峰值先减小后增大又减小，而主峰宽度则呈缩小的趋势。第三，样本期内，与城市总量创新相同，城市人均创新指数分布存在极化的现象，并且2009年之后存在多极化的趋势，城市人均创新指数2012年和2015年的分布存在两个峰值，2018年的分布存在三个峰值，且不同峰值差距较大。这主要是因为21世纪以来，中国大部分的创新人才都在向少部分城市或区域集聚，比如典型的高校教师"东南飞"，在集聚区域，创新人才之间知识溢出大大提高了其创新效率，而创新人才流出城市创新水平逐渐降低，最终城市人均创新出现分化。

图4-13为中国城市单位面积创新指数的核密度分布。从整体上看，中国城市单位面积创新指数分布与其他两类创新指数呈相似的分布，密度曲线两边逐渐减小，而密度曲线中部近似于均匀分布。而且将分布图Y轴的一部分截取进行

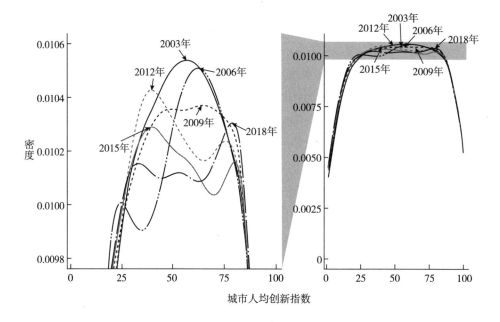

图 4-12　中国城市人均创新指数的分布演进

放大与原分布依然类似，不同年份单位面积创新指数分布的峰值并未出现平移或减小的变化。这表明，中国城市单位面积创新指数也呈典型的"梭形"分布，并且单位面积创新指数的城市分布态势相对保持稳定。

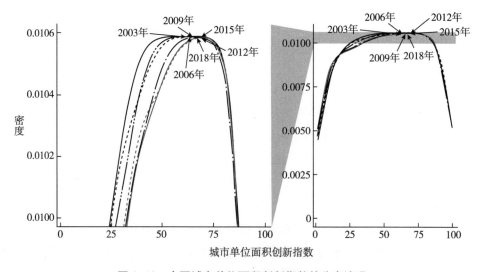

图 4-13　中国城市单位面积创新指数的分布演进

第六节　本章小结

首先，本章系统归纳了中国互联网发展和创新激励的相关政策。其次，以中国 277 个地级市为研究对象，基于 2003～2018 年城市互联网和创新面板数据，分别研究中国城市互联网使用和城市创新产出的时空格局和动态演化。主要研究结论包括以下几个方面：

第一，中国互联网政策经历了起始（1994～1999 年）、发展（2000～2009 年）和战略深化（2010 年至今）三个阶段。中国创新政策经历了科教兴国（1978～2005 年）、建设创新型国家（2006～2014 年）和"大众创业、万众创新"（2015 年至今）三个阶段。

第二，样本期内，中国城市固定互联网与移动互联网的平均使用规模呈稳步增长趋势。中国固定互联网使用的城市间差距较大，相较于固定互联网，移动互联网使用的城市间差距相对较小，但从基尼系数的绝对水平看，移动互联网使用的城市差距依然比较大。中国固定互联网使用和移动互联网使用的城市间差距主要来源于非邻城市之间的差距。从互联网发展的空间态势看，中国城市固定互联网使用先在中国东部城市增长和发展，然后由东向西、由沿海向内陆逐步推进。中国移动互联网使用的发展趋势与固定互联网呈现相同的模式，先东部城市发展，后向中西部推进；先沿海城市布局，后向内陆城市蔓延。城市固定互联网使用和移动互联网使用的分布存在右侧拖尾现象，且较为严重，表明中国城市互联网使用存在典型的"长尾效应"。

第三，中国城市总量创新指数的平均水平高于人均创新指数和单位面积创新指数的平均水平，但三者在样本期内均呈下降趋势。样本期间内，中国创新产出在城市间的差距较小，并且创新产出的城市差距主要来源于非邻城市之间的差距。2003～2018 年，中国城市创新产出的空间格局基本处于稳定状态，无论是总量创新，还是人均创新和单位面积创新，东部沿海城市位于中国创新的第一梯队，然后由东向西依次递减。从中国城市总量创新、人均创新和单位面积创新的整体分布来看，密度曲线两边逐渐减少，而密度曲线中部较为平缓，近似于均匀分布。表明中国城市创新产出呈典型的"梭形"分布，即中国创新产出水平处于较低水平和较高水平的城市均较少，而创新产出水平处于中等水平或中下水平以及中上水平的城市所占比例较大。最后，中国城市创新产出的极化现象逐渐明显，在总量和人均水平上存在城市创新产出的分化。

第五章 互联网对中国城市创新产出水平影响的实证分析

第一节 模型设定与变量说明

一、实证设计背景

中国于 1994 年 4 月 20 日正式接入国际互联网（Internet），成为国际互联网络中的一员。自此，近 30 年来中国的互联网经历了起始、发展和深化三个阶段。2010 年以来，全球互联网产业进入发展上升通道，成为许多企业家进行创新创业的高地。与此同时，中国互联网产业发展迅猛，许多领域也已处于世界领先水平，比如团购、互联网支付、移动互联网、大数据、云计算、物联网等消费场景和技术。互联网领域的快速发展对中国的经济社会产生了巨大的影响。虽然经过 20 余年的发展，中国的互联网基础设施和相应产业已取得显著的提升，但是中国互联网基础设施和产业依然存在发展不平衡、不充分等问题，这对中国的"两化融合"（工业化和信息化融合）战略提出了进一步的挑战。为有效解决这一问题，2013 年 8 月，国务院基于《2006-2020 年国家信息化发展战略》等信息化发展系列要求，向全国各地市政府印发了《国务院关于印发"宽带中国"战略及实施方案的通知》，希望以此为切入点推动中国互联网基础设施快速健康发展。基于该试点通知，中国工业和信息化部、国家发展和改革委员会分别于 2014 年、2015 年和 2016 年进行了"宽带中国"试点城市的遴选。2014~2016 年，全国共

120 个城市成为"宽带中国"示范城市[①]。入选示范城市后，当地市政将着力加快宽带网络优化升级，提高宽带网络应用水平，促进宽带网络产业链不断完善，增强宽带网络安全保障能力等一系列网络强化措施，最终服务地方经济社会发展。可以预期，受"宽带中国"战略影响的城市，互联网络基础设施将有显著提升，这将对城市当地的信息传递和知识扩散产生积极影响，促进企业创新发展，最终提升城市创新产出水平。据此，本章将"宽带中国"试点作为一个互联网提升的准自然实验，运用城市层面数据，检验互联网基础设施建设对城市创新产出水平的影响效应和作用机制。

二、模型设定

（一）基准模型

基于以上政策背景介绍和第三章的理论假说，本章将 2013 年 8 月发布实施的"宽带中国"战略实施方案视作一项外生的互联网提升政策冲击，这一外生的互联网政策冲击为本章运用双重差分模型（DID）评估互联网对城市创新产出水平提升的影响效应和作用机理提供了一个现实世界的准自然实验。考虑到"宽带中国"示范城市的遴选和设立工作是在三年内逐步推进实施的，而常规的 DID 模型只适用于对单一时点的政策干预效果进行评估分析。因此本章参考 Autor（2003）以及袁航和朱承亮（2018）的模型设计，在常规 DID 的基础上构建渐进的多期 DID 模型，设置综合的政策干预时间虚拟变量 Broadband，即当城市被遴选为"宽带中国"试点城市时，该城市当年及其后续年份的 Broadband 值设定为 1，其他情况设定为 0。据此，渐进 DID 的基准模型设定如下：

$$\ln Inno_{it} = \beta_0 + \beta_1 Broadband_{it} + \sum \gamma_j X_{it} + \varphi pro_i \times t + \mu_i + \nu_t + \varepsilon_{it} \qquad (5-1)$$

其中，$\ln Inno_{it}$ 为本章研究的因变量，代表第 i 个城市在 t 年的创新产出水平

① 由于 2014 年"宽带中国"示范城市中的长株潭城市群包括长沙、株洲和湘潭三个城市，笔者按照城市来算 2014~2016 年共 120 个城市成为"宽带中国"示范城市。2014 年度"宽带中国"示范城市（城市群）名单公布 [EB/OL]．中华人民共和国工业和信息化部官网，[2014-11-05]．https：//www. miit. gov. cn/ztzl/lszt/qltjkdzg/kdsfcscsq/gzdt/art/2014/art _ b2f2d4385e1b43 759576532409621f42. html；2015 年度"宽带中国"示范城市（城市群）名单公告 [EB/OL]．中华人民共和国工业和信息化部官网，[2015-10-19]．https：//www. miit. gov. cn/ztzl/lszt/qltjkdzg/kdsfcscsq/wjfb/art/2015/art_ 8e3d1826996d4d30 aa2e8a23847893e4. html；2016 年度"宽带中国"示范城市名单公告 [EB/OL]．中华人民共和国工业和信息化部官网，[2016-07-25]．https：//www. miit. gov. cn/ztzl/lszt/qltjkdzg/yw/art/2020/art_ a796b5d88bd943 29a3aa719fb59d41a5. html.

的对数；$Broadband_{it}$ 是本章研究的核心自变量，其系数 β_1 是本章所检验的互联网发展对城市创新产出水平的提升效应，测度的是被评选为"宽带中国"试点城市前后，城市创新产出水平的变化情况，当 β_1 显著大于零时，表明推进城市互联网基础设施建设有助于提升城市的创新产出水平；X_{it} 是城市层面其他随时间变化并且影响城市创新产出水平的控制变量；μ_i 是城市固定效应，控制城市层面不随时间变化的创新产出影响因素；ν_t 是年份固定效应，控制了时间层面不随时间变化的城市创新产出影响因素；ε_{it} 为模型的随机扰动项。pro_i 为省级固定效应，t 表示时间趋势，两者的交叉项用以控制省级层面随时间变化的城市创新产出影响因素。

（二）平行趋势检验与动态效应模型

运用 DID 模型进行政策干预效果评估的前提必要条件是处理组和对照组的样本城市创新在政策干预之前具有相同的变化趋势，即平行趋势假定（李政、杨思莹，2019）。此外，考虑到城市宽带互联网络基础设施从建设到投入使用的时间周期，以及互联网在家庭和企业中的普及推广过程，"宽带中国"试点政策的效应发挥可能具有一段时间的缓冲期和消化期，上述这些过程会使政策实施效果具有一定的滞后性，并且会促使政策效果在未来的一段时间逐渐发挥。基于上述两方面的考虑，本章参考已有研究（张林、高安刚，2019；王巧等，2020），采用事件分析法对城市创新的平行趋势进行检验，同时分析"宽带中国"试点政策的动态效应，因此构建以下政策干预效果评估的模型：

$$\ln Inno_{it} = \beta_0 + \sum_{k=-5}^{4} \beta_k Broadcity_{ik} + \sum \gamma_j X_{it} + \varphi pro_i \times t + \mu_i + \nu_t + \varepsilon_{it} \quad (5-2)$$

其中，$Broadcity_{ik}$ 为一系列虚拟变量，表示城市被设立为"宽带中国"试点城市的第 k 年，其他变量的含义同上述基准模型保持一致。具体而言，当 $k<0$ 时，表示城市被设立为"宽带中国"试点城市之前的第 $|k|$ 年，并且 5 年之前的年份归入第 5 年；当 $k=0$ 时，表示城市被设立为"宽带中国"试点城市的当年；当 $k>0$ 时，表示城市被设立为"宽带中国"试点城市之后的第 k 年。本章研究所关注的是一系列虚拟变量 $Broadcity_{ik}$ 所对应的系数 β_k。首先，如果当 $k<0$ 时，$Broadcity_{ik}$ 所对应的系数 β_k 序列值不显著，并且近似于零时，表明样本的城市创新数据满足平行趋势假设，反之则不满足该平行趋势假设。其次，当 $k=0$ 和 $k>0$ 时，$Broadcity_{ik}$ 所对应的系数 β_k 序列值可以帮助笔者分析"宽带中国"试点政策的动态效应，分析其效应发挥的渐变过程。

（三）影响机理模型

基于上述互联网影响城市创新产出水平的理论机理分析，本章将金融发展水平、产业结构和劳动力流动作为中介变量，构建 DID 的间接效应模型进行间接影响机理检验。间接效应的检验步骤为：第一，将城市创新产出水平作为因变量，将"宽带中国"试点政策作为自变量进行回归；第二，将金融发展水平、产业结构和劳动力流动作为因变量，将"宽带中国"试点政策作为自变量进行回归；第三，将城市创新产出水平作为因变量，将"宽带中国"试点政策和中介变量同时纳入回归模型，观察两者对城市创新产出水平的影响效应。具体模型设计如下：

$$\ln Inno_{it} = \beta_0 + \beta_1 Broadband_{it} + \sum \gamma_j X_{it} + \varphi pro_i \times t + \mu_i + \nu_t + \varepsilon_{it} \qquad (5-3)$$

$$M_{it} = \phi_0 + \phi_1 Broadband_{it} + \sum \rho_j X_{it} + \theta pro_i \times t + \mu_i + \nu_t + \xi_{it} \qquad (5-4)$$

$$\ln Inno_{it} = \alpha_0 + \alpha_1 Broadband_{it} + \alpha_2 M_{it} + \sum \eta_j X_{it} + \delta pro_i \times t + \mu_i + \nu_t + \tau_{it}$$

$$(5-5)$$

其中，M_{it} 是本章研究的正向中介变量，其他变量含义同上述基准模型一致。如果系数 β_1 和 ϕ_1 均显著，并且 α_1 较 β_1 变小或统计显著性下降，则本章研究所假设的影响机理存在。

三、变量与数据

（一）因变量

城市创新产出水平（Inno）。本章使用北京大学企业大数据研究中心编制的创新创业指数测度各城市的创新产出水平，该创新创业指数基于全国的企业大数据，从新建企业、创新投资以及发明专利等多方面对城市创新进行了多方面的测度，可以较好地全面反映城市的创新产出水平。基于上述模型构建，本章对城市的创新产出水平取对数处理。

（二）核心自变量

"宽带中国"试点政策（Broadband、Broadcity）。本章收集了 2014 年、2015 年和 2016 年的"宽带中国"战略试点城市的政府公告，三年内中国共设立了 120 个"宽带中国"战略试点城市，基于上述 DID 模型的说明，本章综合政策试点与时间节点两方面构造了相应的政策虚拟变量。

（三）间接影响机理变量

1. 金融发展水平（*Fin*）

一个城市的金融发展水平直接决定城市中的企业是否可以以较低的成本获得创新融资，其对城市创新产出水平的提升具有重要影响。同时，考虑到中国间接融资在金融市场中占据较大比重，并且近年来中国银行信贷增长较快（易纲，2020），因此采用金融机构人民币各项贷款余额、金融机构人民币贷存比分别衡量城市金融发展规模和效率，采用金融机构从业人员数量衡量金融产业集聚水平，并运用熵值法综合测算各城市金融发展水平。

2. 产业结构合理化水平（*Inds*）

城市的产业发展水平是创新的核心基础，城市不同的产业结构会对创新的速度、方向以及价值产生重要影响（陈长石等，2019）。尤其创新是一个综合各类资源和知识的过程，城市产业结构越合理，创新所需的各类要素资源越充分，越有利于城市创新发展。本章借鉴马青山等（2021）对于城市产业结构合理化的测度方法，将结构偏离度指标和模糊数学中 Hamming 贴近度评价方法相结合，构造城市产业结构合理度指标，具体指标计算如下：

$$Inds_t = 1 - \frac{1}{3}\sum_{i=1}^{3}\left|\frac{Y_{it}}{Y_t} - \frac{L_{it}}{L_t}\right| \tag{5-6}$$

其中，下标 *i* 表示产业，下标 *t* 表示年份。$Inds_t$ 代表城市在第 *t* 年的产业结构合理化水平；Y_{it}/Y_t 代表城市中第 *t* 年第 *i* 次产业在当年总产出中所占的比重，即城市产业结构；L_{it}/L_t 代表城市中第 *t* 年第 *i* 次产业的就业人员在当年总就业人员中所占的比重，即城市就业结构。$Inds_t$ 的值越大，表明城市产业结构和就业结构的协同水平越高，城市的产业结构越合理。

3. 城市化水平（*Ubr*）

城市化水平提升的主要表现就是人口从农村区域流向城市，城市人口规模增长。而城市人口规模直接决定其劳动力的供给规模，丰富的劳动力供给会为许多创新企业提供创新发展所需的各类人才（安同良、杨晨，2020），是创新活动的重要投入要素。此外，城市化的另一个主要特征就是城市人口密度不断提高，有助于促进不同创新主体之间信息和知识的流动和溢出，因此本章选取年平均人口与城市面积的比值，从城市人口密度的视角对城市化水平进行衡量。

（四）控制变量

为避免变量缺失而给模型估计带来内生性问题，同时为了获取更加准确有效的模型估计结果，本章对一些影响城市创新产出的其他相关变量进行了选取和控制；此外，考虑到上述中介变量对城市创新产出也具有重要的影响作用，本章在基准回归和平行趋势检验以及相应的动态效应模型中也对上述中介变量进行了控制。本章具体控制变量包括：

1. 外商投资 (*Fdi*)

外商投资是跨区域知识溢出，尤其是获取其他国家优秀技术和管理经验的重要渠道，同时也为创新活动提供了物质保障，对于城市产业优化、创新能力提升具有重要的意义和作用（刘鹏、张运峰，2017），本章选取城市当年实际使用外资金额与城市名义 GDP 的比值来衡量城市外商投资的发展水平。

2. 劳动力流动 (*Lab*)

城市的劳动力流动直接影响知识和信息的流动，其对于创新主体间的知识溢出和城市创新发展具有重要意义（王春杨等，2020b）。一方面，劳动力流入可以将新的知识和技术引入城市，尤其是高技能的劳动力流入；另一方面，劳动力流出可以将本地的技术标准推广至其他的城市，有助于本地产业的市场拓展与创新。本章使用城市客运总量来衡量城市劳动力流动的状况。

3. 政府支出强度 (*Gov*)

政府支出是行之有效的创新激励政策，许多基础科学研究都是由政府自主进行，此外，政府支出通过定向的产业支持和创新扶持政策，一方面可以提升本地企业的创新能力，另一方面吸引外地的创新企业和高技能劳动力来本地发展（金培振等，2019）。本章使用公共财政支出与名义 GDP 的比值衡量政府支出强度的水平。

4. 市场活力 (*Mar*)

城市市场活力代表了该城市的经济健康状况和发展潜力，也是其营商环境的综合反映。一个城市的市场活力直接影响着城市内信息流动与知识溢出的水平，具有较高市场活力水平的城市，其内部具有更多的创新创业活动，创新主体更加活跃，咨询交流更加频繁，在市场活力水平越高的城市，越容易产生创新。而且相对于公共部门，私人部门的资本和就业规模越大，城市的市场活力水平也就越高（冯净冰等，2020），因此本章选取城镇私营和个体从业人员与城镇单位就业人员的比值反映城市市场活力水平。

5. 产业多样化 (*Ksi*)

城市产业的多样化水平决定着不同时期城市相应产业的知识积累和创新，当城市产业多样化水平较高时，不同产业间的知识溢出会激发出各类交叉创新，对于提升城市创新能力具有重要作用，并且多样化的产业结构有助于创新主体整合各类资源。本章基于城市不同产业的就业数据，通过克鲁格曼指数的倒数来反映城市产业的多样化水平，具体计算公式如下：

$$Ksi_r = \frac{1}{\sum_{i=1}^{I} |L_{ir}/L_r - L_i/L|} \tag{5-7}$$

其中，L 表示就业人数，i 表示产业，r 表示城市，因此，L_{ir} 是 r 城市中 i 产业的就业人数，L_r 是 r 城市中所有产业的就业人数，L_i 是所有城市中 i 产业的总就业人数，L 为所有城市中所有产业的总就业人数。Ksi 的值越大，城市的产业多样化水平就越高。

（五）数据来源

考虑到城市层面数据的可得性和完整性，本章选取 2003~2018 年中国 277 个地级市的面板数据作为样本。其中，城市创新数据来自北京大学企业大数据研究中心编制的创新创业指数，与以往相类似的创新指数相比，该城市创新创业指数的优势体现在四个方面：第一，以企业为核心，强调创新创业的市场识别机制；第二，采用企业"全量"大数据进行测度；第三，对城市创新创业实现跨界和多维度的全面评价；第四，使用客观指标，聚焦创新创业产出，而非创新投入。城市层面的中介机理变量数据和控制变量数据均来自于中国各年的《中国城市统计年鉴》。本章所用指标的描述性分析如表 5-1、表 5-2 和表 5-3 所示。

表 5-1　变量描述性统计（全样本）

变量	符号	均值	标准差	最小值	最大值
城市创新产出水平	Inno	52.194	27.987	1.024	100
金融发展水平	Fin	0.869	0.801	0.022	28.037
产业结构合理化水平	Inds	0.871	0.069	0.527	0.996
城市化水平（万人/平方千米）	Ubr	0.042	0.032	0.0003	0.444
外商投资	Fdi	0.003	0.004	0.000	0.109
劳动力流动（万人）	Lab	7387.84	10814.48	85.00	199127.00
政府支出强度	Gov	0.166	0.111	0.004	3.078
市场活力	Mar	0.982	0.634	0.052	7.504
产业多样化	Ksi	1.051	0.083	0.102	1.561

表5-2　变量描述性统计（"宽带中国"试点城市）

变量	符号	均值	标准差	最小值	最大值
城市创新产出水平	Inno	64.384	26.991	1.365	100
金融发展水平	Fin	0.997	0.961	0.075	19.802
产业结构合理化水平	Inds	0.894	0.063	0.611	0.996
城市化水平（万人/平方千米）	Ubr	0.050	0.038	0.0003	0.444
外商投资	Fdi	0.004	0.005	0.000	0.073
劳动力流动（万人）	Lab	9951.752	14978.600	115	6199127
政府支出强度	Gov	0.148	0.099	0.013	1.265
市场活力	Mar	0.985	0.641	0.052	5.138
产业多样化	Ksi	1.061	0.110	0.641	9.825

表5-3　变量描述性统计（"宽带中国"非试点城市）

变量	符号	均值	标准差	最小值	最大值
城市创新产出水平	Inno	45.089	26.044	1.024	98.294
金融发展水平	Fin	0.795	0.680	0.022	28.037
产业结构合理化水平	Inds	0.875	0.069	0.527	0.994
城市化水平（万人/平方千米）	Ubr	0.037	0.027	0.001	0.234
外商投资	Fdi	0.002	0.004	0.000	0.109
劳动力流动（万人）	Lab	5893.446	6952.821	85	157245
政府支出强度	Gov	0.177	0.117	0.004	3.078
市场活力	Mar	0.980	0.631	0.054	7.504
产业多样化	Ksi	1.045	0.061	0.294	1.469

第二节　实证研究

一、基准模型回归分析

关于宽带互联网基础设施建设对城市创新产出水平直接影响的基准模型回归结果如表5-4所示。表中所有的模型均对城市固定效应和年份固定效应进行了控制。模型 1 单纯使用"宽带中国"试点政策的虚拟变量对城市总量创新指数的对数进行回归，模型 2 在模型 1 的基础上加入了在变量选取处所确定的控制变量，对城市层面可能的创新影响因素进行了有效的控制。模型 3、模型 4 和模型 5 在模型 2 的基础上逐步加入了在变量选取处所确定的中介变量，进一步对城市创新产出水平的影响因素进行控制。模型 6 在模型 5 的基础上加入了省份虚拟变量和时间趋势的交互项，以期对省份层面影响创新活动的时间趋势因素进行控制。基于拟合优度可知，表 5-4 中所有模型均表现出较好的解释性。

表 5-4　基准模型回归结果

变量	模型 1	模型 2	模型 3	模型 4	模型 5	模型 6
Broadband	0.377*** (0.041)	0.413*** (0.031)	0.372*** (0.032)	0.326*** (0.032)	0.284*** (0.032)	0.276*** (0.032)
Fin			0.109*** (0.014)	0.085*** (0.014)	0.084*** (0.014)	0.089*** (0.014)
Inds				1.333*** (0.140)	1.271*** (0.139)	1.412*** (0.138)
Ubr					3.317*** (0.318)	1.644*** (0.334)
Fdi		40.464*** (2.233)	30.589*** (2.547)	27.800*** (2.539)	24.555*** (2.527)	17.065*** (2.538)
ln*Lab*		0.346*** (0.010)	0.343*** (0.010)	0.342*** (0.010)	0.303*** (0.011)	0.321*** (0.011)
Gov		−2.153*** (0.083)	−2.372*** (0.087)	−2.148*** (0.089)	−1.949*** (0.090)	−1.393*** (0.097)
Mar		0.049*** (0.014)	0.054*** (0.014)	0.051*** (0.014)	0.045*** (0.014)	0.018 (0.015)
Ksi		0.644*** (0.111)	0.542*** (0.111)	0.448*** (0.110)	0.448*** (0.109)	0.387*** (0.102)
常数项	3.692*** (0.012)	0.281** (0.137)	0.384*** (0.137)	−0.676*** (0.175)	−0.444** (0.175)	−0.613*** (0.166)
样本量	4432	4432	4432	4432	4432	4432
年份固定效应	控制	控制	控制	控制	控制	控制
城市固定效应	控制	控制	控制	控制	控制	控制
省份×时间趋势						控制

变量	模型1	模型2	模型3	模型4	模型5	模型6
R^2	0.019	0.427	0.435	0.447	0.460	0.546
F-Statistic	85.752***	550.185***	486.970***	446.018***	418.222***	155.604***

注：括号内是标准误；*、**、***分别表示估计系数在10%、5%、1%的水平上显著，下表同。

整体来看，所有模型中"宽带中国"试点政策虚拟变量的系数均大于0，并且在1%的水平上显著，表明宽带网络基础设施的建设、互联网的普及和发展对城市创新产出水平具有显著的促进作用。随着"宽带中国"试点城市的设立，城市对宽带网络进行优化升级，不断提高互联网在不同产业以及场景的应用水平，有效地促进了城市信息的流动，为创新理念之间的交互组合提供了基础条件。基于模型6的估计值可知，相较于未被遴选为"宽带中国"试点的城市，被遴选为"宽带中国"试点城市的城市创新产出水平平均增长了27.6%，进一步表明互联网发展可以显著提升城市创新产出水平，验证了本书概念界定与理论解析部分的假说H1。控制变量和中介变量方面，除了政府支出强度，其他变量均有助于提升城市创新产出水平，且显著。政府支出强度的估计系数为负，表明政府支出增加将抑制城市创新，这可能是因为政府支出强度在一定程度上代表了政府对经济活动的干预水平，当政府部门对经济活动干预过度时，会造成经济主体创新激励不足，进而降低城市创新产出水平，这也是中国近年来采取"简政放权"的出发点之一。

二、平行趋势检验与动态效应分析

基于动态模型（5-2），将"宽带中国"试点政策实施的前一期作为基准参照组进行回归，本节采取图示法和系数回归结果汇报两种方式对"宽带中国"试点政策的平行趋势假定和动态效应进行展示，具体结果如图5-1和表5-5所示。

表5-5　平行趋势检验：动态模型回归结果

变量	估计系数	变量	估计系数
被评为试点城市前第5年	-0.028 (0.062)	被评为试点城市后第1年	0.146* (0.082)

续表

变量	估计系数	变量	估计系数
被评为试点城市前第4年	−0.062 (0.082)	被评为试点城市后第2年	0.155* (0.082)
被评为试点城市前第3年	−0.111 (0.082)	被评为试点城市后第3年	0.203** (0.091)
被评为试点城市前第2年	−0.091 (0.082)	被评为试点城市后第4年	0.175 (0.116)
被评为试点城市当年	−0.138** (0.059)		
控制变量		控制	
城市固定效应		控制	
样本量		4432	
R^2		0.460	
F−Statistic		221.210***	

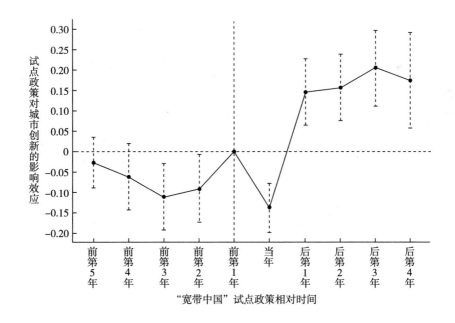

图5-1 平行趋势检验：图示法

首先，分析"宽带中国"试点政策实施之前处理组和对照组的创新产出水平变化趋势可以验证平行趋势假定。回归结果表明，被遴选为"宽带中国"试点城市之前，相对于"宽带中国"试点政策实施前第 1 年，前第 2 年到第 5 年的时间虚拟变量的系数均较小，接近于 0，并且不显著，表明处理组和对照组的城市在被遴选为"宽带中国"试点城市之前的城市创新产出水平变化趋势并不存在显著差异，满足平行趋势假定。

其次，在被遴选为"宽带中国"试点城市当年，时间虚拟变量的系数为负，这可能是"宽带中国"试点政策当年所引致的替代效应所致，因为整个城市为了当年可以被选为"宽带中国"试点城市，会将更多的精力投入到各种备选的准备工作之上，对当年的创新活动形成了一定的挤出。

最后，在被遴选为"宽带中国"试点城市之后，后 4 年的时间虚拟变量的系数为正，相对较大，并且显著，而且在被评选为"宽带中国"试点城市之后的第 3 年系数达到最大。这表明"宽带中国"试点政策对城市创新产出水平的影响在后续的年份中逐渐发挥作用，并且在第 3 年试点政策的影响效应达到最大，之后在试点政策获得成功后，逐渐向全国推广，因此所有城市之间的互联网发展水平逐渐缩小，试点政策效应也减小。

三、作用机理检验

表 5-6 为金融发展水平在互联网影响城市创新产出水平路径中的间接作用机理的检验结果。模型 7 为不包括城市金融发展水平的回归，回归结果显示"宽带中国"试点政策虚拟变量的系数显著为正，表明"宽带中国"试点政策通过促进城市互联网基础设施的建设和应用提升了城市创新产出水平。模型 8 为城市金融发展水平对"宽带中国"试点政策虚拟变量以及其他控制变量的回归，回归结果显示"宽带中国"试点政策虚拟变量的系数显著为正，表明通过"宽带中国"试点政策实施，在一定程度上降低了金融产业的经营成本，扩大了其服务的范围，有助于城市金融发展水平的提升。模型 9 为在模型 7 的基础上加入城市金融发展水平的回归，回归结果显示"宽带中国"试点政策虚拟变量与城市金融发展水平的系数均显著为正，并且模型 9 中"宽带中国"试点政策虚拟变量的系数小于模型 7 中对应变量的系数，表明互联网通过提升城市金融发展水平进而促进了城市创新发展，提升了城市创新产出水平，本书概念界定与理论解析部分的假说 H2 得以验证。

表 5-6　作用机理检验：金融发展水平

变量	ln*Inno*	*Bank*	ln*Inno*
	模型 7	模型 8	模型 9
Broadband	0.305 ***	0.365 ***	0.276 ***
	(0.032)	(0.035)	(0.032)
Fin			0.089 ***
			(0.014)
Inds	1.561 ***		1.412 ***
	(0.136)		(0.138)
Ubr	1.796 ***		1.644 ***
	(0.136)		(0.334)
Fdi	25.080 ***	99.003 ***	17.065 ***
	(2.218)	(2.357)	(2.538)
ln*Lab*	0.324 ***	0.052 ***	0.321 ***
	(0.011)	(0.012)	(0.011)
Gov	−1.214 ***	1.641 ***	−1.393 ***
	(0.093)	(0.098)	(0.097)
Mar	0.016	−0.031 *	0.018
	(0.015)	(0.016)	(0.015)
Ksi	0.441 ***	0.787 ***	0.387 ***
	(0.102)	(0.112)	(0.102)
常数项	−0.809 ***	−1.014 **	−0.613 ***
	(0.164)	(0.140)	(0.166)
样本量	4432	4432	4432
年份固定效应	控制	控制	控制
城市固定效应	控制	控制	控制
省份×时间趋势	控制	控制	控制
R^2	0.542	0.452	0.546
F-Statistic	157.636 ***	117.264 ***	155.604 ***

表 5-7 为产业结构合理化水平在互联网影响城市创新产出水平路径中的间接作用机理的检验结果。模型 10 为不包括产业结构合理化水平的回归，回归结果

显示"宽带中国"试点政策虚拟变量的系数显著为正。模型11为产业结构合理化水平对"宽带中国"试点政策虚拟变量以及其他控制变量的回归，回归结果显示"宽带中国"试点政策虚拟变量的系数显著为正，表明宽带网络基础设施建设、互联网普及和发展有助于降低市场信息的不完全和不对称，提高产业内和产业间的资源配置效率，促进城市产业结构合理化发展。模型12为在模型10的基础上加入产业结构合理化水平的回归，回归结果显示"宽带中国"试点政策虚拟变量与产业结构合理化水平的系数均显著为正，并且模型12中"宽带中国"试点政策虚拟变量的回归系数小于模型10中对应变量的回归系数，表明互联网通过提升城市产业结构合理化水平进而促进了城市创新发展，本书概念界定与理论解析部分的假说H3得以验证。

表 5-7　作用机理检验：产业结构合理化水平

变量	ln*Inno*	*Inds*	ln*Inno*
	模型 10	模型 11	模型 12
Broadband	0.279*** (0.033)	0.010** (0.004)	0.276*** (0.032)
Inds			1.412*** (0.138)
Fin	0.112*** (0.014)		0.089*** (0.014)
Ubr	1.831*** (0.337)		1.644*** (0.334)
Fdi	20.566*** (2.544)	4.256*** (0.236)	17.065*** (2.538)
ln*Lab*	0.320*** (0.011)	0.001 (0.001)	0.321*** (0.011)
Gov	−1.688*** (0.093)	−0.186*** (0.010)	−1.393*** (0.097)
Mar	0.009 (0.015)	−0.007*** (0.002)	0.018 (0.015)
Ksi	0.486*** (0.102)	0.086*** (0.011)	0.387*** (0.102)

续表

变量	ln*Inno*	*Inds*	ln*Inno*
	模型 10	模型 11	模型 12
常数项	0.484*** (0.129)	0.755** (0.014)	-0.613*** (0.166)
样本量	4432	4432	4432
年份固定效应	控制	控制	控制
城市固定效应	控制	控制	控制
省份×时间趋势	控制	控制	控制
R^2	0.535	0.268	0.546
F-Statistic	153.492***	51.958***	155.604***

表 5-8 为城市化水平在互联网影响城市创新产出水平路径中的间接作用机理的检验结果。模型 13 为不包括城市化水平的回归,回归结果显示"宽带中国"试点政策虚拟变量的系数显著为正。模型 14 为城市化水平对"宽带中国"试点政策虚拟变量以及其他控制变量的回归,回归结果显示"宽带中国"试点政策虚拟变量的系数显著为正,表明通过"宽带中国"试点政策实施,促进了农村人口向城市区域的流动,尤其是农村劳动力进入城市劳动力市场,有助于城市化水平的提升。模型 15 为在模型 13 的基础上加入城市化水平的回归,回归结果显示"宽带中国"试点政策虚拟变量与城市化水平的系数均显著为正,并且模型 15 中"宽带中国"试点政策虚拟变量的系数小于模型 13 中对应变量的回归系数,这表明互联网通过提升城市化水平进而促进了城市创新发展,有效提升了城市创新产出水平,基于此,本书概念界定与理论解析部分的假说 H4 得以验证。

表 5-8 作用机理检验:城市化水平

变量	ln*Inno*	*Ubr*	ln*Inno*
	模型 13	模型 14	模型 15
Broadband	0.288*** (0.032)	0.009*** (0.001)	0.276*** (0.032)
Ubr			1.644*** (0.334)

续表

变量	lnInno	Ubr	lnInno
	模型 13	模型 14	模型 15
Fin	0.093 ***		0.089 ***
	(0.014)		(0.014)
Inds	1.449 ***		1.412 ***
	(0.138)		(0.138)
Fdi	17.679 ***	0.760 ***	17.065 ***
	(2.541)	(0.096)	(2.538)
lnLab	0.333 ***	0.008 ***	0.321 ***
	(0.011)	(0.0005)	(0.011)
Gov	−1.456 ***	−0.037 ***	−1.393 ***
	(0.096)	(0.004)	(0.097)
Mar	0.021	0.001	0.018
	(0.015)	(0.001)	(0.015)
Ksi	0.407 ***	0.017 ***	0.387 ***
	(0.102)	(0.005)	(0.102)
常数项	−0.704 ***	−0.041 **	−0.613 ***
	(0.166)	(0.006)	(0.166)
样本量	4432	4432	4432
年份固定效应	控制	控制	控制
城市固定效应	控制	控制	控制
省份×时间趋势	控制	控制	控制
R²	0.544	0.421	0.546
F−Statistic	158.747 ***	103.393 ***	155.604 ***

四、稳健性检验

参考现有研究的稳健性分析（李勃昕等，2019；马青山等，2021；刘传明、马青山，2020；薛成等，2020），采用分区域回归、PSM - DID 模型、Matching Frontier 分析、安慰剂检验四种不同的方法对本章的基准模型进行稳健性检验，以确保研究结论的可靠性。

（一）分区域检验

为了考察宽带网络基础设施建设、互联网普及和发展对城市创新产出水平的影响效应在不同区域是否依然稳健，本节将样本城市按照中国常规的经济区域划分为东部、中部、西部和东北四个子样本，分别在不同的样本下对基准模型进行回归，回归结果如表5-9所示。在四个区域子样本下，"宽带中国"试点政策虚拟变量的系数均在1%的水平上显著为正，表明在不同区域下互联网依然有效提升了城市创新产出水平，验证了研究结论的稳健性。

表5-9 分区域稳健性检验结果

变量	东部	中部	西部	东北
	模型 16	模型 17	模型 18	模型 19
Broadband	0.180 ***	0.197 ***	0.368 ***	0.483 ***
	(0.030)	(0.044)	(0.083)	(0.118)
Fin	0.066 ***	0.197 ***	0.152 ***	−0.037
	(0.015)	(0.025)	(0.033)	(0.069)
Inds	0.968 ***	0.372 *	2.937 ***	−0.161
	(0.154)	(0.225)	(0.294)	(0.452)
Ubr	1.736 ***	1.087 *	−1.340	7.031 ***
	(0.230)	(0.581)	(1.271)	(2.500)
Fdi	10.736 ***	14.867 ***	−9.695	8.545
	(2.161)	(4.210)	(8.482)	(8.466)
ln*Lab*	0.128 ***	0.305 ***	0.442 ***	0.519 ***
	(0.010)	(0.019)	(0.026)	(0.042)
Gov	−0.974 ***	−1.857 ***	−0.972 ***	−0.519
	(0.142)	(0.287)	(0.150)	(0.466)
Mar	0.007	−0.047 **	0.097 **	0.222 ***
	(0.012)	(0.021)	(0.044)	(0.058)
Ksi	−0.032	0.505 ***	0.680 **	1.639 ***
	(0.075)	(0.170)	(0.291)	(0.415)
常数项	2.135 ***	0.341	−3.443 ***	−2.082 ***
	(0.148)	(0.304)	(0.406)	(0.623)
样本量	4432	4432	4432	4432
年份固定效应	控制	控制	控制	控制

变量	东部	中部	西部	东北
	模型 16	模型 17	模型 18	模型 19
城市固定效应	控制	控制	控制	控制
省份×时间趋势	控制	控制	控制	控制
R^2	0.480	0.361	0.448	0.567
F-Statistic	75.519***	51.105***	53.811***	58.026***

此外，基于不同区域样本的模型回归结果显示，"宽带中国"试点政策虚拟变量的系数表现出东北、西部、中部以及东部逐渐递减的变化，表明"宽带中国"试点政策在东北的城市创新效应最强，在西部区域的城市创新效应次之，中部和东部区域的城市创新效应依次减弱。这可能是由于"宽带中国"试点政策实施之前，中国东北和西部区域自身的互联网基础设施较为落后，而且城市间互联网发展的差距也较大，因此当"宽带中国"试点城市的网络基础设施在短时间内提升较大时，相对于未被选为"宽带中国"试点的城市，试点城市的创新产出水平的提升幅度就相对较大。而东部和中部区域在"宽带中国"试点政策实施之前，自身的互联网基础设施发展就相对较好，城市间互联网发展的差距相比于东北和西部区域也较小，因此"宽带中国"试点政策在东部和中部区域所带来的相对互联网提升效果并没有像东北和西部区域那样大，因此试点政策在东部和中部区域所产生的创新效应也会小于试点政策在东北和西部区域的创新效应。

基于中国常规的经济区域划分，将样本城市分为东部、中部、西部和东北四个子样本，分别在不同的样本下对互联网的中介机理进行回归，回归结果如表 5-10、表 5-11、表 5-12 和表 5-13 所示。相较于全样本的回归结果，在四个区域子样本下，机理检验的回归结果并未存在明显差异，验证了研究结论的稳健性。

表 5-10　作用机理检验：东部区域

变量	金融发展水平		产业结构合理化水平		城市化水平		
	ln*Inno*	*Bank*	ln*Inno*	*Inds*	ln*Inno*	*Ubr*	ln*Inno*
	模型 20	模型 21	模型 22	模型 23	模型 24	模型 25	模型 26
Broadband	0.204*** (0.030)	0.405*** (0.03)	0.187*** (0.031)	0.008 (0.005)	0.218*** (0.030)	0.025*** (0.004)	0.180*** (0.030)

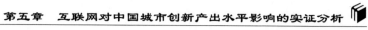

续表

变量	金融发展水平		产业结构合理化水平		城市化水平		
	lnInno	Bank	lnInno	Inds	lnInno	Ubr	lnInno
	模型20	模型21	模型22	模型23	模型24	模型25	模型26
Fin			0.070***		0.081***		0.066***
			(0.015)		(0.015)		(0.015)
Inds	0.998***				1.059***		0.968***
	(0.155)				(0.157)		(0.154)
Ubr	1.865***		1.848***				1.736***
	(0.229)		(0.232)				(0.230)
Fdi	14.961***	66.546***	13.792***	3.499***	10.051***	0.364	10.736***
	(1.940)	(3.385)	(2.136)	(0.333)	(2.205)	(0.225)	(2.161)
lnLab	0.137***	0.175***	0.143***	0.018***	0.139***	0.009***	0.128***
	(0.010)	(0.018)	(0.010)	(0.002)	(0.011)	(0.001)	(0.010)
Gov	−0.693***	4.097***	−1.100***	−0.119***	−1.119***	−0.054***	−0.974***
	(0.127)	(0.227)	(0.142)	(0.022)	(0.143)	(0.015)	(0.142)
Mar	0.006	0.001	0.007	0.0003	0.017	0.006***	0.007
	(0.012)	(0.021)	(0.012)	(0.002)	(0.012)	(0.001)	(0.012)
Ksi	−0.004	0.488***	0.035	0.073***	−0.020	0.015*	−0.032
	(0.075)	(0.135)	(0.075)	(0.013)	(0.077)	(0.009)	(0.075)
常数项	1.982***	−2.106**	2.743***	2.045***	−0.038***	−1.04***	2.135***
	(0.144)	(0.196)	(0.113)	(0.150)	(0.13)	(0.10)	(0.148)
样本量	1328	1328	1328	1328	1328	1328	1328
年份固定效应	控制	控制	控制	控制	控制	控制	控制
城市固定效应	控制	控制	控制	控制	控制	控制	控制
省份×时间趋势	控制	控制	控制	控制	控制	控制	控制
R^2	0.472	0.577	0.464	0.273	0.457	0.170	0.48
F-Statistic	78.258***	138.09***	75.704***	37.964***	73.606***	20.695***	75.519***

表5-11　作用机理检验：中部区域

变量	金融发展水平		产业结构合理化水平		城市化水平		
	lnInno	Bank	lnInno	Inds	lnInno	Ubr	lnInno
	模型27	模型28	模型29	模型30	模型31	模型32	模型33
Broadband	0.276***	0.408***	0.196***	0.008	0.197***	0.002	0.190***
	(0.044)	(0.050)	(0.044)	(0.006)	(0.044)	(0.002)	(0.044)

变量	金融发展水平		产业结构合理化水平		城市化水平		
	ln*Inno*	*Bank*	ln*Inno*	*Inds*	ln*Inno*	*Ubr*	ln*Inno*
	模型27	模型28	模型29	模型30	模型31	模型32	模型33
Fin			0.206*** (0.025)		0.209*** (0.025)		0.197*** (0.025)
Inds	0.758*** (0.224)				0.366 (0.225)		0.372* (0.225)
Ubr	2.187*** (0.576)		1.075* (0.581)				1.087* (0.581)
Fdi	26.325*** (4.031)	73.683*** (4.318)	16.426*** (4.106)	6.031*** (0.475)	14.754*** (4.214)	0.657*** (0.185)	14.867*** (4.210)
ln*Lab*	0.314*** (0.019)	0.030 (0.022)	0.300*** (0.019)	−0.012*** (0.002)	0.306*** (0.019)	0.002** (0.001)	0.305*** (0.019)
Gov	−1.075*** (0.275)	2.435*** (0.281)	−2.058*** (0.260)	−0.476*** (0.031)	−2.005*** (0.276)	−0.108*** (0.012)	−1.857*** (0.287)
Mar	−0.049** (0.021)	−0.057** (0.024)	−0.051** (0.021)	−0.011*** (0.003)	−0.053*** (0.020)	−0.005*** (0.001)	−0.047** (0.021)
Ksi	0.685*** (0.172)	1.152*** (0.195)	0.511*** (0.170)	0.046** (0.021)	0.520*** (0.170)	0.026*** (0.008)	0.505*** (0.170)
常数项	−0.257 (0.300)	−1.151*** (0.249)	0.694*** (0.216)	0.921*** (0.027)	0.376 (0.303)	0.015 (0.011)	0.341 (0.304)
样本量	1280	1280	1280	1280	1280	1280	1280
年份固定效应	控制	控制	控制	控制	控制	控制	控制
城市固定效应	控制	控制	控制	控制	控制	控制	控制
省份×时间趋势	控制	控制	控制	控制	控制	控制	控制
R^2	0.331	0.363	0.360	0.370	0.359	0.409	0.361
F-Statistic	48.203***	65.627***	54.750***	67.740***	54.659***	79.814***	51.105***

表5-12　作用机理检验：西部区域

变量	金融发展水平		产业结构合理化水平		城市化水平		
	ln*Inno*	*Bank*	ln*Inno*	*Inds*	ln*Inno*	*Ubr*	ln*Inno*
	模型34	模型35	模型36	模型37	模型38	模型39	模型40
Broadband	0.394*** (0.086)	0.019** (0.008)	0.394*** (0.086)	0.019** (0.008)	0.366*** (0.03)	0.002 (0.002)	0.360*** (0.083)

续表

变量	金融发展水平		产业结构合理化水平		城市化水平		
	lnInno	Bank	lnInno	Inds	lnInno	Ubr	lnInno
	模型34	模型35	模型36	模型37	模型38	模型39	模型40
Fin			0.230*** (0.033)		0.151*** (0.033)		0.152*** (0.033)
Inds	3.260*** (0.288)				2.910*** (0.293)		2.937*** (0.294)
Ubr	−1.233 (2.281)		−0.241 (1.315)				−1.340 (1.271)
Fdi	20.129*** (5.558)	205.97*** (4.700)	−13.788 (8.798)	4.334*** (0.527)	−10.340 (8.460)	0.664*** (0.118)	−9.695 (8.482)
lnLab	0.446*** (0.026)	0.037* (0.021)	0.435*** (0.027)	0.001 (0.002)	0.432*** (0.024)	0.007*** (0.001)	0.442*** (0.026)
Gov	−0.873*** (0.150)	0.298** (0.124)	−1.456*** (0.148)	−0.163*** (0.014)	−0.953*** (0.149)	−0.018*** (0.003)	−0.972*** (0.150)
Mar	0.101** (0.044)	−0.001 (0.039)	0.050 (0.046)	−0.015*** (0.004)	0.095** (0.044)	0.001 (0.001)	0.097** (0.044)
Ksi	0.772*** (0.292)	0.889*** (0.253)	0.966*** (0.300)	0.128*** (0.028)	0.659** (0.290)	0.019*** (0.006)	0.680** (0.291)
常数项	−3.782*** (0.403)	−0.758** (0.294)	−1.243*** (0.355)	0.708** (0.033)	−3.351*** (0.397)	−0.055*** (0.007)	−3.443*** (0.406)
样本量	1280	1280	1280	1280	1280	1280	1280
年份固定效应	控制	控制	控制	控制	控制	控制	控制
城市固定效应	控制	控制	控制	控制	控制	控制	控制
省份×时间趋势	控制	控制	控制	控制	控制	控制	控制
R^2	0.439	0.676	0.404	0.262	0.447	0.489	0.448
F-Statistic	54.726***	165.03***	47.520***	27.998***	56.734***	75.414***	53.811***

表5-13 作用机理检验：东北区域

变量	金融发展水平		产业结构合理化水平		城市化水平		
	lnInno	Bank	lnInno	Inds	lnInno	Ubr	lnInno
	模型41	模型42	模型43	模型44	模型45	模型46	模型47
Broadband	0.474*** (0.117)	0.288*** (0.076)	0.481*** (0.117)	0.016 (0.011)	0.509*** (0.118)	0.005** (0.002)	0.438*** (0.118)

续表

变量	金融发展水平		产业结构合理化水平		城市化水平		
	ln*Inno*	*Bank*	ln*Inno*	*Inds*	ln*Inno*	*Ubr*	ln*Inno*
	模型 41	模型 42	模型 43	模型 44	模型 45	模型 46	模型 47
Fin			−0.041		0.008		0.037
			(0.068)		(0.067)		(0.069)
Inds	−0.202				−0.220		−0.161
	(0.446)				(0.455)		(0.452)
Ubr	6.719***		7.072***				7.031***
	(2.430)		(2.495)				(2.500)
Fdi	8.656	4.889	8.413	0.728	14.292*	0.842***	8.545
	(8.458)	(5.364)	(8.451)	(0.796)	(8.269)	(0.146)	(8.466)
ln*Lab*	0.518***	0.087***	0.518***	0.007*	0.551***	0.005***	0.519***
	(0.042)	(0.026)	(0.042)	(0.004)	(0.041)	(0.001)	(0.042)
Gov	−0.634	2.884***	−0.497	−0.059	−0.790*	−0.020***	−0.519
	(0.414)	(0.268)	(0.462)	(0.040)	(0.459)	(0.007)	(0.466)
Mar	0.221***	0.053	0.222***	−0.004	0.250***	0.004***	0.222***
	(0.058)	(0.037)	(0.058)	(0.006)	(0.058)	(0.001)	(0.058)
Ksi	1.604***	1.099***	1.633***	0.058	1.676***	0.012*	1.639***
	(0.410)	(0.267)	(0.415)	(0.040)	(0.418)	(0.007)	(0.415)
常数项	−2.007***	−1.467***	−2.212***	0.781***	−2.216***	−0.035***	−2.082***
	(0.607)	(0.321)	(0.504)	(0.048)	(0.625)	(0.009)	(0.623)
样本量	544	544	544	544	544	544	544
年份固定效应	控制	控制	控制	控制	控制	控制	控制
城市固定效应	控制	控制	控制	控制	控制	控制	控制
省份×时间趋势	控制	控制	控制	控制	控制	控制	控制
R^2	0.567	0.292	0.567	0.054	0.561	0.510	0.567
F-Statistic	63.359***	24.487***	63.393***	3.386***	61.779***	61.876***	58.026***

(二) PSM-DID 检验

虽然本章研究基于动态回归分析已经验证了基准模型的平行趋势假定，但为了进一步排除模型中可能存在的样本自选择问题，本节首先使用倾向值匹配模型（PSM）对样本进行匹配，再使用 DID 模型进一步回归分析，以检验研究结论的稳健性。

在对研究样本进行匹配时，选取所有的控制变量和中介变量作为样本的匹配变量，分别采用 1∶1 的最近邻匹配法和全样本匹配法获得新的估计样本，

图5-2和图5-3是两种匹配方法下，各匹配变量在匹配后对照组和处理组的标准偏差，匹配变量在匹配后的标准偏差越小，其匹配效果就越好。总体观察可知，1∶1的最近邻匹配法所获得的样本，其各匹配变量都获得了较好的匹配效果，而全样本匹配方法下，政府支出强度的匹配效果就较差，城市化水平和外商投资的匹配效果也较差。在此基础上，本节分别在两个新的匹配样本上进行基准模型的再估计，估计结果如表5-14所示。基于两个匹配样本的回归结果显示，"宽带中国"试点政策虚拟变量的系数均在1%的水平上显著为正，并且两个回归模型表现出较好的拟合效果，进一步表明研究结论具有较好的稳健性。

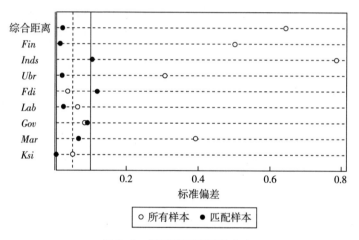

图5-2　最近邻匹配效果分布

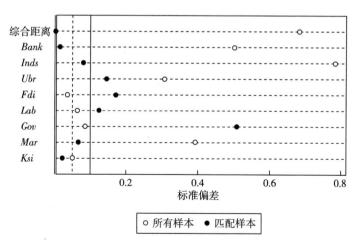

图5-3　全样本匹配效果分布

表 5-14　PSM-DID 稳健性检验结果

变量	最近邻匹配-DID	全样本匹配-DID
	模型 48	模型 49
Broadband	0.263***	0.276***
	(0.044)	(0.032)
Fin	0.060***	0.089***
	(0.022)	(0.014)
Inds	1.432***	1.412***
	(0.360)	(0.138)
Ubr	2.049***	1.644***
	(0.489)	(0.334)
Fdi	2.266	17.065***
	(5.445)	(2.538)
lnLab	0.351***	0.321***
	(0.021)	(0.011)
Gov	-0.798***	-1.393***
	(0.126)	(0.097)
Mar	-0.021	0.018
	(0.023)	(0.015)
Ksi	0.112	0.387***
	(0.124)	(0.102)
常数项	-0.549	-0.613**
	(0.375)	(0.166)
样本量	818	4432
年份固定效应	控制	控制
城市固定效应	控制	控制
省份×时间趋势	控制	控制
R^2	0.598	0.546
F-Statistic	34.188***	155.604***

（三）Matching Frontier 检验

基于匹配思想的因果推断在观测数据研究中非常受欢迎，并且在数据匹配过程中存在两个基本的准则，既要减少控制组和处理组之间的样本失衡，也要尽可能保留多的样本量（King et al.，2017）。但现有匹配方法往往只考虑了其中一个准则，比如上述基于倾向值的样本匹配方法，1：1 的最近邻匹配法获得了较好的样本平衡，但剔除了大量的样本，造成信息的丢失，并且样本的丢失会使估计系数的方差变大；全样本匹配法虽然保留了全样本，但其在样本平衡方面较差，并且此时的估计系数的精确度下降。许多研究将这种样本平衡与样本量之间的取舍称为"偏差—方差困境"。Matching Frontier 提供了一种可视化的方法去全面地分析这种取舍，如图 5-4 所示，可以清楚地看到随着剔除样本的增多，样本非平衡性在减小。图 5-5 展示了在所有可能的匹配样本下，"宽带中国"试点政策虚拟变量的估计系数及其置信区间，可以发现虚拟变量的系数较为稳定，在 4000 之前，均稳定于 0.2~0.4，表明研究结论具有较好的稳健性。

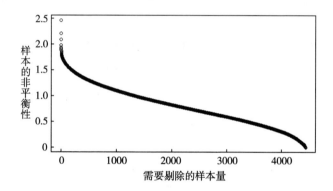

图 5-4　基于马氏距离的所有匹配样本边界

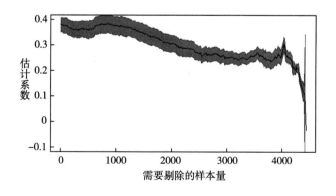

图 5-5　马氏边界上的试点政策估计系数

（四）安慰剂检验

尽管本章在模型估计中控制了一系列可观测的影响城市创新产出水平的时变因素，同时通过加入城市固定效应对所有不随时间变化的城市特征进行了控制，但是仍存在一些问题，就是其他不可观测的时变城市特征可能会对模型估计结果产生影响。基于此，本节参考周学仁和张越（2021）的安慰剂检验做法，检验是否存在其他不可观测的时变因素对基准回归结果产生影响。具体地，本节研究随机产生一个"宽带中国"试点城市名单，并随机确定其被评为试点城市的年份，进而利用产生的样本对基准模型进行估计。然后将上述过程重复1000次，从而产生1000个"宽带中国"试点政策虚拟变量的系数。从理论上分析，这些虚拟变量的系数应该接近于0，即随机产生的样本不应存在"宽带中国"试点政策的城市创新产出提升效应。图5-6绘制了"宽带中国"试点政策虚拟变量的系数分布情况。观察发现，"宽带中国"试点政策虚拟变量的系数分布的均值在0附近，并且近似服从正态分布。图5-6中垂直于横轴的虚线为研究所用样本的估计系数，随机估计系数落在其右侧的占比为0，切合安慰剂检验的理论预期，表明其他不可观测的城市时变因素对本章研究主要估计结果无显著影响。

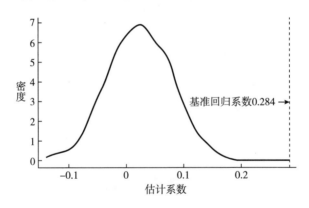

图5-6 安慰剂检验结果

第三节 基于多维度的互联网创新效应分析

本章研究的城市创新数据来源于北京大学企业大数据研究中心编制的城市创

新创业指数，与以往相类似的创新指数相较，该城市创新指数具有以下优势：强调创新创业的市场识别机制、采用企业"全量"数据、实现跨界和多维度评价以及聚焦创新创业产出。以上研究所使用的城市创新数据为城市总量创新指数，除此之外，该中心还同时发布了人均创新指数和单位面积创新指数，以及新建企业进入、外来投资笔数、VC/PE① 投资数目、发明专利授权数目、实用新型专利公开数目、外观专利公开数目、商标授权数目七个创新创业相关的子维度指数。因此，本节进一步实证分析互联网发展对上述不同维度下城市创新的影响效应。具体实证结果如表 5-15、表 5-16 和表 5-17 所示。

表 5-15　基于多维度的互联网创新效应回归结果

因变量	人均创新指数	单位面积创新指数	新建企业进入
	模型 50	模型 51	模型 52
Broadband	0.224 ***	0.057 **	0.250 ***
	(0.037)	(0.026)	(0.030)
Fin	0.087 ***	0.086 ***	0.107 ***
	(0.016)	(0.011)	(0.013)
Inds	4.552 ***	2.274 ***	0.374 ***
	(0.157)	(0.110)	(0.128)
Ubr	−1.671 ***	7.977	1.615 ***
	(0.382)	(0.268)	(0.310)
Fdi	33.050 ***	17.610 ***	10.340 ***
	(2.902)	(2.035)	(2.356)
lnLab	0.013	0.095 ***	0.397 ***
	(0.012)	(0.009)	(0.010)
Gov	−2.161 ***	−1.879 ***	−1.264 ***
	(0.111)	(0.078)	(0.090)
Mar	0.003	0.046 ***	0.032 **
	(0.017)	(0.012)	(0.014)
Ksi	0.297 **	0.052	0.452 ***
	(0.116)	(0.082)	(0.094)

---

① VC 为 Venture Capital 的缩写，即风险投资；PE 为 Private Equity 的缩写，即私募股权投资。

因变量	人均创新指数	单位面积创新指数	新建企业进入
	模型 50	模型 51	模型 52
常数项	-0.448 **	0.676 **	-0.440 ***
	(0.190)	(0.133)	(0.155)
样本量	4432	4432	4432
年份固定效应	控制	控制	控制
城市固定效应	控制	控制	控制
省份×时间趋势	控制	控制	控制
R^2	0.490	0.708	0.583
F-Statistic	124.305 ***	312.837 ***	181.143 ***

表 5-16　基于多维度的互联网创新效应回归结果

因变量	外来投资笔数	VC/PE 投资数目	发明专利授权数目
	模型 53	模型 54	模型 55
Broadband	0.298 ***	0.336 ***	0.208 ***
	(0.038)	(0.049)	(0.041)
Fin	0.077 ***	0.139 ***	0.103 ***
	(0.016)	(0.021)	(0.017)
Inds	1.046 ***	1.499 ***	2.331 ***
	(0.161)	(0.211)	(0.174)
Ubr	-1.984 ***	1.311 **	1.468 ***
	(0.392)	(0.512)	(0.421)
Fdi	26.484 ***	9.166 **	17.501 ***
	(2.975)	(3.887)	(3.201)
ln*Lab*	0.349 ***	0.196 ***	0.219 ***
	(0.013)	(0.017)	(0.014)
Gov	-1.358 ***	-0.977 ***	-1.740 ***
	(0.113)	(0.148)	(0.122)
Mar	0.003	-0.022	0.009
	(0.017)	(0.022)	(0.018)
Ksi	0.519 ***	0.446 ***	0.376 ***
	(0.119)	(0.156)	(0.128)

因变量	外来投资笔数	VC/PE 投资数目	发明专利授权数目
	模型 53	模型 54	模型 55
常数项	-0.587 ***	0.202	-0.581 ***
	(0.195)	(0.255)	(0.210)
样本量	4432	4432	4432
年份固定效应	控制	控制	控制
城市固定效应	控制	控制	控制
省份×时间趋势	控制	控制	控制
R^2	0.446	0.245	0.411
F-Statistic	104.047 ***	41.955 ***	90.385 ***

表 5-17　基于多维度的互联网创新效应回归结果

因变量	实用新型专利公开数目	外观专利公开数目	商标授权数目
	模型 56	模型 57	模型 58
Broadband	0.170 ***	0.198 ***	0.228 ***
	(0.035)	(0.040)	(0.033)
Fin	0.098 ***	0.061 ***	0.101 ***
	(0.015)	(0.017)	(0.014)
Inds	2.650 ***	1.611 ***	0.717 ***
	(0.149)	(0.170)	(0.139)
Ubr	2.139 ***	2.548 ***	2.605 ***
	(0.363)	(0.413)	(0.338)
Fdi	10.790 ***	14.656 ***	12.364 ***
	(2.755)	(3.138)	(2.567)
lnLab	0.237 ***	0.270 ***	0.315 ***
	(0.012)	(0.013)	(0.011)
Gov	-1.793 ***	-0.835 ***	-1.261 ***
	(0.105)	(0.120)	(0.098)
Mar	0.017	0.048 ***	0.049 ***
	(0.016)	(0.018)	(0.015)
Ksi	0.361 ***	0.255 **	0.379 ***
	(0.110)	(0.126)	(0.103)
常数项	-0.960 ***	-0.370 *	-0.040
	(0.181)	(0.206)	(0.168)

因变量	实用新型专利公开数目	外观专利公开数目	商标授权数目
	模型 56	模型 57	模型 58
样本量	4432	4432	4432
年份固定效应	控制	控制	控制
城市固定效应	控制	控制	控制
省份×时间趋势	控制	控制	控制
R^2	0.526	0.435	0.547
F-Statistic	143.538 ***	99.522 ***	156.442 ***

整体来看，以下所有模型中，"宽带中国"试点政策虚拟变量的系数均大于0，并且在1%的水平上显著，表明互联网的普及和发展对于城市创新的多方面都具有显著的促进作用。进一步分析，试点政策的实施对于人均创新的提升效应高于对单位面积创新的提升效应，相对于非试点城市，试点城市的人均创新提升22.4%，而单位面积创新提升5.7%。从创新创业的七个子维度看，"宽带中国"试点政策的实施对VC/PE投资数目的影响效应最大，相对于非试点城市，试点城市的VC/PE投资数目提升33.6%；其次为外来投资笔数，相对于非试点城市，试点城市的外来投资笔数提升29.8%，表明互联网的发展有效促进了城市风险投资，并且还有利于吸引外资，这一结论进一步补充和验证了上述互联网影响城市创新的金融发展中介机制。"宽带中国"试点政策的实施使试点城市的新建企业进入相对于非试点城市增长25.0%，使试点城市的商标授权数目相对于非试点城市增长22.8%，使试点城市的发明专利授权数目相对于非试点城市增长20.8%，使试点城市的外观专利公开数目相对于非试点城市增长19.8%，使试点城市的实用新型专利公开数目相对于非试点城市增长17.0%。综上所述，在数字化时代，互联网作为一种通用技术可有效提升城市创新活动和水平。

第四节　本章小结

本章基于创新过程的四阶段理论，以"宽带中国"试点政策作为准自然实验，基于DID构建了互联网发展对城市创新产出水平影响机理的识别框架，分析了互联网影响城市创新产出水平的直接机理和中介机理。研究主要结论如下：第一，实证分析表明，城市互联网的发展有助于城市创新产出水平的提升，相较于未被遴选为"宽带中国"试点的城市，被遴选为"宽带中国"试点城市的城市创新产出水平平均增长了27.6%。第二，互联网发展通过促进城市金融发展、城市产业结构合理化以及城市化发展进而提升城市创新产出水平。第三，从"宽带中国"试点政策来看，互联网对城市创新产出水平的提升效应表现出东北、西部、中部以及东部逐渐递减的变化，表明互联网对城市创新产出水平的提升效应在东北的创新效应最强，西部次之，中部和东部依次减弱。第四，互联网的普及和发展对于城市创新的多方面都具有显著的促进作用，如新建企业、创新投资以及专利发明等。

第六章　互联网对中国城市创新产出差距影响的实证分析

第一节　模型设定与变量说明

一、模型设定

本章考察互联网与城市创新产出差距之间的影响关系，并分别探究市场活力和金融发展水平对互联网创新效应的非线性门槛调节作用，探究在何种条件下，互联网的"离心力效应"和"向心力效应"将发挥主导作用。首先，为验证本书概念界定与理论解析部分的假说 H5，设定以下基准回归模型：

$$Indiff_{it} = \alpha + \beta_0 Int_{it} + \sum_{j=1}^{n} \beta_j X_{itj} + \mu_i + \varepsilon_{it}, \ \varepsilon_{it} \sim N(0, \sigma^2 I) \qquad (6-1)$$

其中，i 表征城市；t 表征年份；$Indiff$ 是城市创新产出差距；Int 是城市互联网发展指标，本章基于服务方式的不同将互联网分为固定互联网和移动互联网两个方面；X 是影响城市创新产出差距的控制变量；μ_i 表示不随时间变化的截面城市个体效应；ε_{it} 为模型的随机扰动项。

一些研究已经关注到互联网对城市创新产出差距影响的非线性门槛特征（韩先锋等，2020），但是以上基准回归模型无法检验互联网对城市创新产出差距影响的"门槛效应"。以往的实证研究多采用分组检验或者在模型中引入交互项来研究变量的"门槛效应"。遗憾的是，由于分组标准往往无法明确和统一，不同文献的分组具有一定的随机性，而且分组检验并不能有效估计出准确的门槛值，也无法对不同样本回归结果的差异性进行显著性检验；此外，引入交互项的模型虽然可以估计出具体门槛值，但却无法验证所估计门槛值的合理性。而 Hansen（1999）的非动态面板门槛回归模型则可以很好地弥补以上两种方法的不足，该方法一方面可以对门槛值进行估计，另一方面还可以对门槛值的存在性和合理性进行显著性检验。基于此，本章采用 Hansen（1999）的非动态面板门槛回归模型来研究互联网对城市创新产出差距影响的"门槛效应"，进而验证本书概念界定与理论解析部分的假说 H6 和假说 H7。在基准回归模型（6-1）的基础上，构建以下互联网对城市创新产出差距影响的门槛模型：

$$Indiff_{it} = \alpha + \theta_1 Int_{it} \cdot I(q_{it} \leqslant \gamma) + \theta_2 Int_{it} \cdot I(q_{it} > \gamma) +$$

$$\sum_{j=1}^{n} \beta_j X_{ij} + \mu_i + \varepsilon_{it}, \ \varepsilon_{it} \sim N(0, \sigma^2 I) \tag{6-2}$$

其中，q 为模型的门槛变量，其可以是互联网本身，也可以是其他变量；γ 为需要估计的门槛值；$I(*)$ 为指示函数，当括号内条件满足时，其取值为 1，反之则取值为 0。

根据 Hansen（1999），首先给定任意的门槛值 γ，采用普通最小二乘方法（OLS）可以估计各回归系数，同时可以求得相应的残差平方和 $S_1(\gamma)$。按照上述步骤依次在 γ 取值范围内从小到大选定 γ，并求出相应的残差平方和 $S_1(\gamma)$，使残差平方和 $S_1(\gamma)$ 最小的就是模型的门槛值 γ^*，即 $\gamma^* = \mathrm{argmin} S_1(\gamma)$。当门槛值确定后，进一步可以估计残差方差 $\hat{\sigma}_1^2 = S_1(\gamma^*)/[n \cdot (T-1)]$，其中 n 为截面城市样本量，T 为样本时间跨度。

当门槛值和效应系数估计出之后，可以对"门槛效应"的存在性与合理性进行显著性检验。关于"门槛效应"存在性的检验，设原假设为 H_0：$\theta_1 = \theta_2$，备择假设为 H_1：$\theta_1 \neq \theta_2$，由此构建统计量：

$$F = \frac{S_0 - S_1(\hat{\gamma})}{\hat{\sigma}^2} \tag{6-3}$$

其中，S_0 与 $S_1(\hat{\gamma})$ 分别是在 H_0 和 H_1 假设条件下模型估计所得的残差平方和，$\hat{\sigma}^2$ 是在 H_1 假设条件下模型估计所得的残差方差。F 统计量呈非标准分布，于是可通过自抽样估计其渐进分布，进而测算拒绝原假设的概率值，对"门槛效应"的存在性进行显著性检验。

在检验"门槛效应"的存在性之后，可以进一步检验门槛值的合理性，并基于此构建门槛值的置信区间，设原假设为 H_0：$\gamma = \gamma_0$，γ_0 为真实的门槛值，并

构建如下 LR 统计量：

$$LR = \frac{S_1(\gamma) - S_1(\hat{\gamma})}{\hat{\sigma}^2} \tag{6-4}$$

虽然 LR 的分布是非标准的，但 Hansen 为其提供了一个渐进分布，具体分布如下：$c(\alpha) = -2\ln(1 - \sqrt{1-\alpha})$，$\alpha$ 为显著性水平，当 $LR > c(\alpha)$ 时，在渐进水平 α 上可以拒绝原假设。

模型（6-2）为单一门槛模型，可以进一步将其扩展为双重或多重门槛模型，模型的估计和检验参考 Hansen（1999），模型设计如下：

$$Indiff_{it} = \alpha + \theta_1 Int_{it} \cdot I(q_{it} \leq \gamma_1) + \theta_2 Int_{it} \cdot I(q_{it} > \gamma_2) + \cdots + \theta_{2n-1}$$
$$Int_{it} \cdot I(q_{it} \leq \gamma_{2n-1}) + \theta_{2n} Int_{it} \cdot I(q_{it} > \gamma_{2n}) + \sum_{j=1}^{n}$$
$$\beta_j X_{itj} + \mu_i + \varepsilon_{it}, \quad \varepsilon_{it} \sim N(0, \sigma^2 I) \tag{6-5}$$

二、变量与数据

（一）因变量

城市创新产出差距（$Indiff$）。首先，关于城市创新产出水平指标的选取，本章使用北京大学企业大数据研究中心编制的创新创业指数对各城市的创新产出水平进行测度，该指数从新建企业、创新投资以及专利等多方面对城市创新进行全面的测度，可以全面反映城市的创新产出水平。其次，缩小城市之间创新产出差距的应有之义，主要是指创新产出水平较低的城市向创新产出水平较高的城市追赶和逼近，基于此，本章以每年中创新指数最高的城市作为当年的创新基准，用同期各城市创新指数与该基准创新指数的差作为城市创新产出差距的测度指标，可以较好地反映各城市创新产出水平距离当年最高创新产出水平的差距，并且该处理方式有助于分析如何帮助创新产出水平较低的城市缩小与高创新产出水平的城市的差距。

（二）核心自变量

互联网发展状况（Int）。关于城市互联网发展指标的选取，一般使用互联网供给（De Vos et al.，2020）或互联网用户使用情况（万广华、张琰，2021；安同良、杨晨，2020）进行衡量，考虑到近年来移动互联网所展现的越来越重要的作用（张新民、陈德球，2020）和数据的可得性，本章选取固定互联网（$Internet$）与移动互联网（$Minternet$）的用户规模反映城市互联网发展状况。由于互联网络空间的整体性和普遍互联性，其主要作用就是实现全网络、全空间域的互联互通，因此在分析互联网的创新效应时，不能孤立地看待某一城市互联网的使用情况，而应该从整个互联网的角度去衡量城市的网络接入情况，尤其是反映城市在整个互联网中可接入的资源情况。基于此，本章使用空间权重矩阵构建全域互联网指标，测度一个城市所面对的整个互联网的状态，计算公式为：$Oint_{it} = W \times Internet_{it}$，$Omint_{it} = W \times Minternet_{it}$，其中 W 是基于球面距离的空间权重矩阵，球面距离的计算公式如下：

$$d_{ij} = radius \times \arccos\left[\cos(long_i - long_j) \times \cos lat_i \times \cos lat_j + \sin lat_i \times \sin lat_j\right] \qquad (6\text{-}6)$$

其中，d_{ij} 表示城市 i 与城市 j 的球面距离，$radius$ 为地球半径，$long$ 和 lat 分别是对应城市的经纬度坐标。W 的非对角线元素为对应城市球面距离的倒数，对角线元素为 0。同时为了简化模型，以使研究结果更易于解释，空间权重矩阵常被标准化为每行元素之和为 1。

通过构建城市互联网的全域指标，可以从全局视角表征城市互联网的发展状况，突出互联网的跨时空属性，同时考虑到城市创新可能与自身互联网使用规模存在互为因果的关系，而互联网的全域指标能较好地解决城市自身互联网数据所带来的内生性问题，帮助人们更有效地估计互联网对城市创新产出差距的影响效应（安同良、杨晨，2020）。

（三）门槛变量

1. 金融发展水平（Fin）

一个城市金融产业的发展水平直接决定创新企业是否会来此发展，其对城市创新能力的提升具有重要影响。考虑到中国间接融资在金融市场中占据较大比重，并且近年来中国银行信贷增长较快（易纲，2020），因此采用金融机构人民币各项贷款余额、金融机构人民币贷存比分别衡量城市金融发展规模和效率，采用金融机构从业人员数量衡量金融产业集聚水平，并运用熵值法综合测算各城市金融发展水平。

2. 市场活力（Mar）

城市的市场活力直接影响着城市中信息流动与知识溢出的水平，具有较高市场活力水平的城市，其越容易产生创新。而且相对于公共部门，私人部门的资本和就业规模越大，城市的市场活力水平就越高（冯净冰等，2020），因此本章选取城镇私营和个体从业人员与城镇单位就业人员的比值反映城市市场活力水平。

（四）控制变量

为避免变量缺失而给模型估计所带来的内生性问题，同时为了获取更加有效的模型估计结果，本章对一些影响城市创新的其他相关变量进行了选取和控制，具体控制变量包括：

1. 政府支出强度（Gov）

积极的财政政策是激励创新活动的有效手段，政府支出通过定向的产业支持以及创新扶持政策，一方面提升本地企业的创新能力，另一方面吸引外地的创新企业和高技能劳动力来此发展（金培振等，2019）。本章使用公共财政支出与名义 GDP 的比值衡量政府支出强度的水平。

2. 师资水平（Teac）

一个城市的师资反映了城市的教育发展水平，而具有良好教育发展水平的城市，一方面可以为本地创新发展培养人才，另一方面良好的教育环境对于高技能劳动者也具有落户本地的吸引力（刘晔等，2019）。本章选用普通高等学校专任教师数来衡量城市的师资发展水平。

3. 医疗水平（Doc）

在影响劳动力跨区域和跨城市流动的因素中，城市医疗发展水平具有重要的影响力，医疗发展水平好的城市，更容易吸引劳动者来此就业，尤其对于高技能劳动者（叶晓倩、陈伟，2019）。本章采用医生数来体现一个城市的医疗发展水平。

4. 产业结构

一个城市的产业发展是创新的核心基础，产业结构的差异会对创新的速度、方向以及价值产生重要影响（陈长石等，2019）。本章使用第二产业产值占比（Sec）和第三产业产值占比（Thi）对产业结构进行表征。

5. 城市规模（Pop）

城市规模直接决定其劳动力的供给规模，而人口规模大的城市，劳动力自然就相对供给充足，丰富的劳动力供给是许多创新企业选址决策的重要影响因素（安同良、杨晨，2020）。本章选取年平均人口对城市规模进行衡量。

6. 交通发展水平（Tra）

城市的交通发展水平直接影响到劳动力的流动，尤其跨城市的交通直接会影响城市之间的知识溢出，对于城市创新发展具有重要意义（王春杨等，2020b）。本章使用城市客运总量衡量城市交通发展状况。

（五）数据来源

考虑到城市层面数据的可得性和完整性，本章选择 2003~2018 年中国 277 个地级市的面板数据作为样本。其中，城市创新数据来自北京大学企业大数据研究中心编制的创新创业指数。城市层面的互联网发展状况、门槛变量以及控制变量均来自于各年的《中国城市统计年鉴》。为缓解异方差给模型估计所带来的负面影响，本章对除城市创新产出差距、政府支出和产业结构以外的变量均取对数。本章所用指标的描述性分析如表 6-1 所示。

表 6-1　第六章变量描述性统计

变量	符号	均值	标准差	最小值	最大值
城市创新产出差距	*Indiff*	−47.806	27.987	−98.976	0.00
固定互联网（万户）	*Internet*	56.376	77.277	0.023	766.00
移动互联网（万户）	*Minternet*	306.830	349.839	5.00	4008.00
金融发展水平	*Fin*	0.869	0.801	0.022	28.037
师资水平（人）	*Teac*	4124.577	8053.253	26.00	62732.00
医疗水平（人）	*Doc*	7771.013	6297.213	377.00	61548.00
城市规模（万人）	*Pop*	414.826	241.308	16.00	1456.00
交通发展水平（万人）	*Tra*	7387.84	10814.48	85.00	199127.00
市场活力	*Mar*	0.982	0.634	0.052	7.504
政府支出强度	*Gov*	0.166	0.111	0.004	3.078
第二产业份额	*Sec*	0.482	0.109	0.090	0.901
第三产业份额	*Thi*	0.376	0.089	0.086	0.853

第二节　实证研究

一、线性效应检验

本节首先基于传统的面板模型对互联网与城市创新产出差距的关系进行基准检验，在面板模型的具体选取方面，Hausman 检验支持固定效应模型，因此，本节以固定效应模型作为基准分析模型，回归结果如表6-2所示。

表6-2　基准回归结果

变量	模型 1	模型 2	模型 3	模型 4	模型 5	模型 6
$\ln Oint$	73.723*** (2.489)		66.655*** (6.030)	34.323*** (1.449)		29.168*** (3.197)
$\ln Omint$		76.986*** (2.836)	8.725 (6.779)		35.452*** (1.630)	6.449* (3.475)
$\ln Fin$				12.335*** (0.671)	13.045*** (0.674)	12.396*** (0.671)
$\ln Teac$				5.933*** (0.277)	5.785*** (0.279)	5.947*** (0.277)
$\ln Doc$				3.110*** (0.777)	2.905*** (0.783)	3.108*** (0.777)
$\ln Pop$				3.552*** (0.654)	3.716*** (0.659)	3.547*** (0.653)
$\ln Tra$				1.908*** (0.316)	1.640*** (0.322)	1.820*** (0.320)
Mar				1.370*** (0.347)	1.577*** (0.350)	1.367*** (0.347)
Gov				9.422*** (2.165)	12.429*** (2.169)	9.703*** (2.170)
Sec				61.666*** (3.368)	61.745*** (3.403)	61.313*** (3.372)
Thi				56.229*** (4.891)	56.663*** (4.938)	55.875*** (4.894)
样本量	4432	4432	4432	4432	4432	4432
R^2	0.166	0.143	0.166	0.778	0.774	0.778
F-Statistic	877.41***	736.78***	439.60***	1542.41***	1507.07***	1403.21***

注：*、***分别表示在10%、1%的水平上显著。

首先，模型1、模型2、模型4和模型5的结果显示，固定互联网和移动互联网指标的估计系数在1%的水平上显著为正，由于本章因变量为城市创新产出水平与当年最高城市创新产出水平之差（因变量小于等于零），该回归结果表明无论是固定互联网还是移动互联网，它们的普及和使用均可以有效降低城市之间的创新产出差距，帮助中小城市缩小与大城市创新产出水平之间的差距。与此同时，该回归结果表明样本期内，中国互联网对城市创新的"离心力效应"强于"向心力效应"，验证了本书概念界定与理论解析部分的假说 H5。近年来，中国大力发展"互联网+"和数字经济，数字信息基础设施不断完善，为中小城市以及农村地区提供了许多创新创业的机会，使得创新创业的机会更加均等化（张勋等，2019），这有助于区域经济的收敛与均衡发展（Celbis and De Crombrugghe，2018）。

其次，对比模型 1 和模型 4 的固定互联网系数以及模型 2 和模型 5 的移动互联网系数，结果显示移动互联网的系数绝对值更大，这表明移动互联网在促进城市创新产出差距缩小方面发挥的作用要比固定互联网所发挥的作用更大，这可能是因为移动互联网具有更高的灵活性，允许不同经济主体在多种场景中使用，当然前提条件是移动互联网的基础设施需要足够完善，网络基础设施达到一定的覆盖率，可以满足用户需求。在模型 3 和模型 6 中，同时对固定互联网和移动互联网进行回归，结果显示移动互联网的系数不显著，这可能是由于许多移动终端用户的使用都是通过固定互联网接入互联网络，在此过程中固定互联网发挥了基础性的作用。随着中国移动通信基础设施的发展和移动终端资费的降低，移动互联网所释放的创新创业机会将更多，尤其是随着 5G 技术的不断成熟和普及，移动互联网将在促进区域协调发展方面发挥更大的作用。

最后，控制变量方面，所有控制变量的系数均在 1% 的水平上显著为正，表明其均有助于缩小城市创新产出差距。具体来看，金融发展水平良好、市场活力高以及交通运输发达的城市更容易吸引创新企业入驻，对于高技能劳动力也具有较高的吸引力；此外，城市人口规模提升也有助于提高城市的创新创业水平。教育和医疗等基础福利完善的城市也会吸引更多的创业者和高技能劳动者来此创业、工作和定居，有助于提升城市的创新能力（刘晔等，2019）。政府支出强度通过政策扶持也会影响创新企业和高技能劳动者的城市选择，许多城市的政府都在探索建设高新产业园区，为企业提供创新创业扶持，而且近年来许多城市开始通过各类补贴和福利政策吸引高技能人才落户本地，提升本地创新能力。产业的发展是提升城市创新和经济的核心基础，回归结果表明第二产业和第三产业的发展均有助于缩小中小城市与大城市创新产出水平之间的差距。

二、非线性门槛效应检验

为进一步探究互联网与城市创新产出差距的非线性关系，分析金融发展水平与市场活力对互联网创新效应的门槛调节作用，进而验证本书概念界定与理论解析部分的假说 H6 和假说 H7，本节采用 Hansen 的面板门槛模型进行检验，结果如表 6-3 和表 6-4 所示。

表 6-3　门槛效应检验与置信区间

门槛变量	门槛依赖变量	门槛数	F 值	10%	5%	1%	门槛值	95%置信区间
金融发展水平（Fin）	ln$Oint$	单一	27.066**	20.772	25.027	36.501	0.237	(0.210, 1.042)
		双重	7.639	19.260	22.409	25.913		
	ln$Omint$	单一	29.797**	22.635	26.657	36.710	0.237	(0.210, 0.376)
		双重	7.424	20.095	22.865	29.681		
	ln$Oint$ ln$Omint$	单一	22.534**	29.012	34.743	43.695	0.246	(0.210, 1.230)
		双重	9.108	23.195	25.840	34.720		
市场活力（Mar）	ln$Oint$	单一	17.917*	16.998	19.373	28.664	0.619	(0.355, 0.722)
		双重	4.123	12.337	15.344	21.444		
	ln$Omint$	单一	21.742**	18.567	21.032	28.659	0.619	(0.345, 0.678)
		双重	9.914	13.704	15.756	20169		
	ln$Oint$ ln$Omint$	单一	26.535**	21.990	25.235	33.106	0.362	(0.332, 0.374)
		双重	15.606	18.850	22.250	28.677		

注：表中的 F 值和 10%、5%、1% 的临界值均为采用"重抽样法"反复抽样 300 次得到的结果。
*、**、*** 分别表示在 10%、5%、1% 的水平上显著。

表 6-4　面板门槛回归结果

门槛变量	金融发展水平（Fin）			市场活力（Mar）		
	模型 7	模型 8	模型 9	模型 10	模型 11	模型 12
门槛值	0.237	0.237	0.246	0.619	0.619	0.362
ln$Oint \cdot I(q \leqslant \gamma)$	5.042*** (0.573)		-1.385 (0.961)	5.175*** (0.570)		-2.016** (0.950)
ln$Oint \cdot I(q > \gamma)$	4.561*** (0.600)		5.091*** (1.002)	4.792*** (0.582)		6.858*** (0.964)
ln$Omint \cdot I(q \leqslant \gamma)$		3.473*** (0.591)	-3.230*** (1.108)		3.835*** (0.582)	2.925* (1.606)
ln$Omint \cdot I(q > \gamma)$		3.106*** (0.615)	8.183*** (1.192)		3.511*** (0.587)	0.352 (1.990)

续表

门槛变量	金融发展水平（Fin）			市场活力（Mar）		
门槛值	模型7	模型8	模型9	模型10	模型11	模型12
	0.237	0.237	0.246	0.619	0.619	0.362
lnFin	4.282***	2.417***	3.600***	3.880***	1.997***	4.055***
	(0.772)	(0.715)	(0.811)	(0.774)	(0.722)	(0.779)
ln$Teac$	1.286**	0.446	1.481***	1.345**	0.532	1.332**
	(0.527)	(0.504)	(0.528)	(0.527)	(0.505)	(0.526)
lnDoc	2.501***	1.753**	2.546***	2.648***	1.948**	2.838***
	(0.848)	(0.833)	(0.848)	(0.851)	(0.837)	(0.845)
lnPop	5.609***	4.940**	6.186***	6.120***	5.482**	6.232***
	(2.152)	(2.088)	(2.222)	(2.231)	(2.163)	(2.260)
lnTra	0.932***	0.583**	1.160***	0.973***	0.601**	1.057***
	(0.254)	(0.263)	(0.272)	(0.254)	(0.262)	(0.271)
Mar	0.096	0.136	0.129	0.273	0.361	0.108
	(0.298)	(0.302)	(0.299)	(0.313)	(0.319)	(0.304)
Gov	5.381***	3.247**	5.882***	4.848***	2.824**	5.055***
	(1.812)	(1.404)	(1.921)	(1.712)	(1.362)	(1.690)
Sec	44.888***	36.585***	47.056***	42.227***	34.098***	41.508***
	(6.190)	(6.073)	(6.192)	(6.149)	(6.023)	(6.096)
Thi	43.859***	37.254***	42.054***	43.230***	37.610***	40.180***
	(7.471)	(7.477)	(7.490)	(7.501)	(7.535)	(7.462)

注：*、**、***分别表示在10%、5%、1%的水平上显著。下表同。

首先，基于 Hansen 的模型设计，通过 Bootstrap 的方法重复模拟似然比 300次，以检验门槛效应的存在性与合理性，具体模拟和回归结果如表 6-3 所示。基于 F 值的估计结果表明，无论是在固定互联网情况下，还是在移动互联网情况下，或者同时考虑固定互联网和移动互联网的情况下，金融发展水平与市场活力均通过了单一门槛的显著性检验，两者的双重门槛检验并不显著，这一结果表明城市金融发展水平和市场活力是影响互联网创新效应发挥的重要因素。基于此，本节选用单门槛模型分析其门槛作用。

表 6-4 为金融发展水平和市场活力对互联网创新效应的面板门槛回归结果。首先，模型 7、模型 8 和模型 9 是关于金融发展水平的门槛回归结果。模型 7 和模型 8 分别单独检验了金融发展水平对固定互联网和移动互联网的创新效应的门

槛调节作用，模型 9 则同时检验了金融发展水平对固定互联网和移动互联网的创新效应的门槛调节作用。对比模型 7、模型 8 和模型 9 的门槛值可知，固定互联网和移动互联网的门槛值相同，表明两者的创新效应发挥对于金融发展的需求保持一致，而固定互联网和移动互联网各自的门槛值小于同时考虑固定互联网和移动互联网时的门槛值，这表明固定互联网和移动互联网各自单独的创新效应对于金融发展水平的要求低于两者同时发挥效应时对金融发展水平的要求。这主要是固定互联网所带来的是 PC 端的创新创业机会，而移动互联网主要为移动端的产业带来创新创业机遇，比如基于手机和平板等设备的应用服务开发，显然固定互联网与移动互联网在不同的分领域发挥作用。因此，固定互联网与移动互联网同时发展将为城市带来更多的创新创业机会，自然需要更高的金融发展水平进行支持。

考虑到目前城市经济中固定互联网和移动互联网同时都有不同程度的发展，本节以模型 9 作为基准分析金融发展水平的门槛作用。其一，当城市的金融发展水平较低时（$\ln Fin < 0.246$，即低于门槛值），固定互联网的系数不显著，表明此时固定互联网无法缩小城市创新产出差距，而移动互联网的系数则显著为负，这反映了移动互联网此时显著扩大了城市创新产出差距。这表明城市金融发展水平较低时，互联网的"向心力效应"强于其"离心力效应"，促使中小城市的创新企业和高技能劳动者都流向大城市，会进一步扩大城市创新产出差距。其二，当城市的金融发展水平较高时（$\ln Fin > 0.246$，即高于门槛值），固定互联网和移动互联网的系数均显著为正，由于本节因变量为城市创新产出水平与当年最高城市创新产出水平之差（因变量小于等于零），这表明在此情况下，固定互联网和移动互联网可以有效降低城市创新产出差距，此时互联网的"离心力效应"强于其"向心力效应"，互联网为中小城市带来了更多的创新机会，并且具有支持其创新的金融基础，进而吸引创新企业和高技能劳动者离开大城市，流向中小城市，最终缩小城市创新产出差距。上述分析结论验证了本书概念界定与理论解析部分的假说 H6。

其次，模型 10、模型 11 和模型 12 为市场活力门槛效应的回归结果。模型 10 和模型 11 分别单独检验了市场活力对固定互联网和移动互联网的创新效应的门槛调节作用，模型 12 同时检验了市场活力对固定互联网和移动互联网的创新效应的门槛调节作用。对比模型 10、模型 11 和模型 12 的门槛值可知，固定互联网和移动互联网的门槛值相同，表明两者的创新效应发挥对于金融发展的需求保持一致，与上述结论相同；此外，固定互联网和移动互联网各自的门槛值大于同时考虑固定互联网和移动互联网时的门槛值，这表明固定互联网和移动互联网各自单独的创新效应对于市场活力的要求高于两者同时发挥效应时对市场活力的要求。这主要是因为固定互联网主要是通过 PC 端在网络中进行信息和知识的传播，而移动互联网主要通过移动端在网络中进行信息和知识的流动。当固定互联网与移动互联网同时发挥作用时，可以在有限的规模内达到更高效率的信息和知识传播和流动，因此在一定程度上对市场活力的要求会有所降低。

基于中国城市经济中固定互联网和移动互联网共存的事实，本节以模型 12 作为基准分析市场活力的门槛调节作用。首先，当城市的市场活力较低时（$Mar<0.362$，即低于门槛值），固定互联网对城市创新产出差距的影响系数显著为负，而移动互联网对城市创新产出差距的影响系数显著为正。由于本节因变量为城市创新产出水平与当年最高城市创新产出水平之差（因变量小于等于零），这表明当城市市场活力较低时，固定互联网的"向心力效应"强于其"离心力效应"，在此情况下，中小城市中较低的市场活力无法产生足够的知识交流和互动，因此创新机会也相应较少，促使创新企业和高技能劳动者流出中小城市，向大城市流动，进而扩大城市创新产出差距。与此相反，当城市市场活力较低时，移动互联网的"向心力效应"弱于其"离心力效应"，有助于缩小城市创新产出差距，这主要是因为移动互联网可以降低一些中小城市中新兴经济的创新成本。其次，当城市的市场活力水平较高时（$Mar>0.362$，即高于门槛值），固定互联网的影响系数显著为正，移动互联网的影响系数为正，但不显著。这表明固定互联网与移动互联网降低了城市创新产出差距，此时互联网的"离心力效应"强于其"向心力效应"，中小城市中高效的知识流动将激发出更多的创意，进而催生许多创新创业机会，吸引创新企业和高技能劳动者向中小城市流动，提升中小城市的创新能力，缩小其与大城市的创新产出差距。综上所述，上述分析结论验证了本书概念界定与理论解析部分的假说 H7。

第三节　内生性与稳健性分析

一、内生性问题讨论

本章在上文的模型构建部分已经对可能出现的内生性问题进行了相应的预处

理，具体包括：第一，通过空间距离权重矩阵构建全域的互联网指标，在一定程度上避免了逆向因果带来的模型估计偏误问题；第二，考虑到遗漏变量给模型估计所带来的内生性问题，本章在模型中对可能的遗漏变量进行了控制，如城市的人口规模、师资水平、医疗水平以及产业结构等影响因素。

为确保实证结果的有效性，下面对基准面板模型和非线性的面板门槛模型的内生性问题进行进一步的处理和检验。首先，在基准面板模型所研究的互联网与城市创新产出差距的关系中，城市创新可能通过促进经济增长，进而提高城市互联网的发展，这种逆向因果是造成模型估计内生性问题的主要来源。为有效克服模型估计过程中的内生性问题，本节同时运用工具变量法（2SLS）和广义矩估计方法（GMM）进行基准面板模型的再估计。

对于互联网使用规模的工具变量的选取，本节参考黄群慧等（2019）在处理互联网发展的内生性问题时所构造工具变量的方法，首先收集了各城市1984年、1985年和1986年每百人固定电话数量和每百万人邮局的数量，然后用上述指标数据分别与对应城市所在省份滞后一年的互联网投资额构造交互项，将该交互项作为本节研究中互联网发展状况的工具变量，其中各城市1984年、1985年和1986年每百人固定电话数量和每百万人邮局的数量反映了城市个体互联网发展的基础情况，而对应城市所在省份滞后一年的互联网投资额反映了样本期内城市互联网发展的时间趋势。基于工具变量的回归模型与上文基准回归模型对比分析，所估计的结果并不存在显著的区别。此外，考虑到城市创新指数可能存在时间上的相关性，本节同时使用动态面板模型，采用广义矩估计方法（GMM）对模型进行了估计，回归结果依然表明，固定互联网和移动互联网的系数并未发生明显变化，这说明本章研究结论具有稳健性。具体估计结果如表6-5所示。

表6-5　基准模型的内生性检验回归结果

变量	2SLS			GMM		
	模型13	模型14	模型15	模型16	模型17	模型18
$\ln Oint$	31.334*** (4.464)		39.064* (20.509)	17.051*** (3.025)		12.695*** (4.472)
$\ln Omint$		34.942*** (5.203)	9.163 (23.727)		19.144*** (3.706)	6.804 (5.641)

续表

变量	2SLS			GMM		
	模型 13	模型 14	模型 15	模型 16	模型 17	模型 18
$lag(Indiff)$				0.448***	0.454***	0.446***
				(0.033)	(0.032)	(0.033)
$\ln Fin$	12.164***	12.732***	12.045***	5.894***	6.192***	6.005***
	(0.748)	(0.731)	(0.811)	(1.178)	(1.155)	(1.173)
$\ln Teac$	5.627***	5.449***	5.655***	3.078***	3.020***	3.108***
	(0.355)	(0.348)	(0.363)	(0.620)	(0.596)	(0.611)
$\ln Doc$	3.592**	3.438***	3.626***	1.849	1.754	1.920
	(0.833)	(0.838)	(0.839)	(1.232)	(1.197)	(1.218)
$\ln Pop$	3.844***	4.075***	3.794***	3.140**	3.161***	3.058**
	(0.687)	(0.689)	(0.701)	(1.219)	(1.203)	(1.194)
$\ln Tra$	1.676***	1.315***	1.789***	0.861*	0.761*	0.833*
	(0.362)	(0.395)	(0.465)	(0.485)	(0.453)	(0.464)
Mar	1.363***	1.459***	1.355***	0.643	0.680	0.596
	(0.397)	(0.396)	(0.398)	(0.478)	(0.477)	(0.479)
Gov	−16.156***	−19.253***	−15.500***	−3.048	−4.727	−3.558
	(3.198)	(3.062)	(3.627)	(2.722)	(2.987)	(2.750)
Sec	65.055***	64.239***	65.428***	42.070***	40.941***	41.504***
	(3.848)	(3.947)	(3.975)	(7.175)	(7.106)	(7.109)
Thi	59.087***	58.864***	59.325***	37.278***	38.309***	38.011***
	(5.391)	(5.462)	(5.437)	(10.685)	(10.421)	(10.590)
样本量	4432	4432	4432	4432	4432	4432
R^2	0.774	0.770	0.773	—	—	—
AR(1)	—	—	—	−0.654	−0.649	−0.649
AR(2)	—	—	—	1.478	1.438	1.437
Sargan Test				120.710	120.606	120.564

其次，对于非线性的面板门槛模型的内生性问题，本节参考韩先锋等（2019）、Lucchetti 和 Palomba（2009）的模型内生性处理办法，将固定互联网和移动互联网发展指标分别滞后 1 期和滞后 2 期对模型进行再估计，具体模型的估计

结果如表6-6和表6-7所示。分别以模型21和模型24作为基准，与表6-4的模型9和模型12进行对比分析，滞后1期和滞后2期固定互联网的系数绝对值小于前文未滞后固定互联网的系数，而滞后1期和滞后2期固定互联网的系数没有表现出明显差距，表明固定互联网的创新效应需要经过一定时间才会完全发挥。此外，滞后1期和滞后2期移动互联网的系数大于前文未滞后移动互联网的系数，同样表明移动互联网的创新效应具有一定的滞后性，并且滞后2期移动互联网的系数大于等于滞后1期移动互联网的系数，这意味着随着时间的推移，移动互联网对于城市创新的影响效应更大，而且可以有效地缩小城市创新产出差距，这可能是由移动互联网具有的便利性促使创新主体越来越多地使用移动互联网所致。

表6-6　基于互联网变量滞后1期的面板门槛回归内生性检验结果

门槛变量	金融发展水平(Fin)			市场活力(Mar)		
门槛值	模型19	模型20	模型21	模型22	模型23	模型24
	0.219	0.219	0.236	0.620	0.620	0.359
$\ln Oint \cdot I(q \leq \gamma)$ （滞后1期）	4.932*** (0.641)		-0.382 (1.263)	5.029*** (0.640)		-1.914 (1.211)
$\ln Oint \cdot I(q > \gamma)$ （滞后1期）	4.391*** (0.667)		4.300*** (1.392)	4.569*** (0.652)		6.395*** (1.088)
$\ln Omint \cdot I(q \leq \gamma)$ （滞后1期）		3.808*** (0.611)	-2.257 (1.430)		4.013*** (0.608)	3.152* (1.796)
$\ln Omint \cdot I(q > \gamma)$ （滞后1期）		3.449*** (0.634)	7.600*** (1.637)		3.680*** (0.615)	-0.253 (2.170)
$\ln Fin$	4.486*** (0.860)	3.441*** (0.820)	3.888*** (0.913)	3.895*** (0.868)	2.860*** (0.832)	3.764*** (0.815)
$\ln Teac$	1.395** (0.596)	0.889 (0.578)	1.505** (0.600)	1.450** (0.599)	1.023* (0.581)	1.360** (0.566)
$\ln Doc$	1.841** (0.903)	1.324 (0.887)	1.886** (0.904)	1.952** (0.908)	1.451 (0.891)	2.333*** (0.870)
$\ln Pop$	4.703* (2.487)	4.170* (2.366)	5.057** (2.542)	5.322** (2.592)	4.845** (2.466)	5.537** (2.452)
$\ln Tra$	1.242*** (0.291)	0.785*** (0.291)	1.342*** (0.316)	1.289*** (0.290)	0.816*** (0.290)	1.107*** (0.285)

续表

门槛变量	金融发展水平(*Fin*)			市场活力(*Mar*)		
门槛值	模型 19	模型 20	模型 21	模型 22	模型 23	模型 24
	0.219	0.219	0.236	0.620	0.620	0.359
Mar	0.114	0.035	0.135	0.622	0.616	0.147
	(0.378)	(0.379)	(0.378)	(0.402)	(0.405)	(0.334)
Gov	5.057***	4.242***	5.448***	4.558***	3.874**	5.104***
	(1.693)	(1.543)	(1.771)	(1.603)	(1.497)	(1.689)
Sec	35.600***	29.707***	37.526***	33.454***	28.107***	36.493***
	(6.854)	(6.747)	(6.946)	(6.807)	(6.715)	(6.509)
Thi	34.410***	32.286***	34.619***	34.941***	33.504***	38.363***
	(8.213)	(8.313)	(8.229)	(8.269)	(8.408)	(8.033)

表 6-7　基于互联网变量滞后 2 期的面板门槛回归内生性检验结果

门槛变量	金融发展水平(*Fin*)			市场活力(*Mar*)		
门槛值	模型 25	模型 26	模型 27	模型 28	模型 29	模型 30
	0.219	0.219	0.236	0.620	0.620	0.357
ln*Oint* $\cdot$ $I(q \leqslant \gamma)$（滞后 2 期）	4.932***		−0.382	5.029***		−1.707
	(0.641)		(1.263)	(0.640)		(1.226)
ln*Oint* $\cdot$ $I(q > \gamma)$（滞后 2 期）	4.391***		4.300***	4.569***		5.798***
	(0.667)		(1.392)	(0.652)		(1.226)
ln*Omint* $\cdot$ $I(q \leqslant \gamma)$（滞后 2 期）		3.808***	−2.257		4.013***	3.247
		(0.611)	(1.430)		(0.608)	(2.007)
ln*Omint* $\cdot$ $I(q > \gamma)$（滞后 2 期）		3.449***	7.600***		3.680***	0.656
		(0.634)	(1.637)		(0.615)	(2.311)
ln*Fin*	4.486***	3.441***	3.888***	3.895***	2.860***	3.390***
	(0.860)	(0.820)	(0.913)	(0.868)	(0.832)	(0.857)
ln*Teac*	1.395**	0.889	1.505**	1.500**	1.023*	1.305**
	(0.596)	(0.578)	(0.600)	(0.599)	(0.581)	(0.602)
ln*Doc*	1.841**	1.324	1.886**	1.952**	1.451	1.921**
	(0.903)	(0.887)	(0.904)	(0.908)	(0.891)	(0.898)

门槛变量	金融发展水平(Fin)			市场活力(Mar)		
门槛值	模型25	模型26	模型27	模型28	模型29	模型30
	0.219	0.219	0.236	0.620	0.620	0.357
lnPop	4.703*	4.170*	5.057**	5.322**	4.845**	5.316**
	(2.487)	(2.366)	(2.542)	(2.592)	(2.466)	(2.560)
lnTra	1.242***	0.785***	1.342***	1.289***	0.816***	1.042***
	(0.291)	(0.291)	(0.316)	(0.290)	(0.290)	(0.306)
Mar	0.114	0.035	0.135	0.622	0.616	0.292
	(0.378)	(0.379)	(0.378)	(0.402)	(0.405)	(0.380)
Gov	5.057***	4.242***	5.448***	4.558***	3.874***	4.709***
	(1.693)	(1.543)	(1.771)	(1.603)	(1.497)	(1.595)
Sec	35.600***	29.707***	37.526***	33.454***	28.107***	31.961***
	(6.854)	(6.747)	(6.946)	(6.807)	(6.715)	(6.930)
Thi	34.410***	32.286***	34.619***	34.941***	33.504***	35.682***
	(8.213)	(8.313)	(8.229)	(8.269)	(8.408)	(8.488)

二、稳健性检验

为进一步增强本章研究结论的稳健性，本节针对模型变量和样本数据进行以下两类稳健性检验：

首先，选取不同的模型因变量和自变量指标对本章的回归模型进行重新估计。第一，关于模型的自变量，本章选取的是各城市固定互联网和移动互联网的使用规模进行互联网发展状况的测度，在稳健性检验中，选取固定互联网和移动互联网的普及率作为新的自变量对模型进行再估计。第二，关于模型的因变量，上述研究选取了城市总量创新指数作为城市创新发展水平的测度，在稳健性检验中，选取城市人均创新指数和单位面积创新指数作为新的因变量对模型进行重新估计。具体指标替换之后的稳健性检验结果如表6-8、表6-9、表6-10、表6-11和表6-12所示，表6-8和表6-10是替换自变量的检验结果，表6-9、表6-11和表6-12是替换因变量的检验结果。检验结果表明，使用固定互联网和移动互联网普及率作为自变量的回归结果与上文回归结果，以及以人均创新指数和单位面积创新指数作为因变量的回归系数结果与上文模型回归结果保持了较好的一致性，这说明本研究结论具有较好的稳健性，对本书的研究假设提供了进一步的实证支持。

表6-8 基于互联网普及率的基准回归模型稳健性检验结果

变量	模型31	模型32	模型33	模型34	模型35	模型36
$Oint$（普及率）	2.980*** (0.157)		0.745*** (0.159)	0.096*** (0.019)		0.005 (0.004)
$Omint$（普及率）		0.345*** (0.028)	0.127*** (0.029)		0.007** (0.003)	0.114*** (0.025)
$\ln Fin$				13.120*** (0.755)	13.965*** (0.744)	13.222*** (0.759)
$\ln Teac$				4.744*** (0.288)	4.731*** (0.291)	4.697*** (0.290)
$\ln Doc$				1.716** (0.833)	1.639** (0.824)	1.770** (0.831)
$\ln Pop$				6.059*** (0.745)	5.322*** (0.754)	5.865*** (0.761)
$\ln Tra$				2.897*** (0.334)	3.013*** (0.336)	2.944*** (0.336)
Mar				2.588*** (0.363)	2.572*** (0.365)	2.622*** (0.364)
Gov				−17.336*** (2.263)	−17.875*** (2.267)	−17.195*** (2.266)
Sec				74.182*** (3.533)	73.447*** (3.537)	74.227*** (3.533)
Thi				70.3023*** (5.144)	69.928*** (5.155)	70.340*** (5.143)
样本量	4432	4432	4432	4432	4432	4432
R^2	0.076	0.033	0.006	0.751	0.750	0.751
F-Statistic	150***	362***	12***	1328***	1320***	1207***

表6-9 基准回归模型稳健性检验结果

被解释变量	人均创新指数			单位面积创新指数		
变量	模型37	模型38	模型39	模型40	模型41	模型42
ln$Oint$	28.744*** (1.536)		35.372*** (3.389)	42.568*** (1.740)		23.447*** (3.829)
ln$Omint$		26.879*** (1.733)	8.292** (3.780)		47.236*** (1.942)	23.922*** (4.270)
lnFin	18.974*** (0.711)	19.683*** (0.716)	18.896*** (0.712)	9.293*** (0.806)	10.041*** (0.803)	9.520*** (0.804)
ln$Teac$	6.154*** (0.293)	5.938*** (0.296)	6.136*** (0.293)	5.929*** (0.332)	5.851*** (0.332)	5.981*** (0.331)
lnDoc	1.658** (0.824)	1.414* (0.833)	1.661** (0.823)	-7.797*** (0.933)	-7.968*** (0.934)	-7.804*** (0.930)
lnPop	-23.953*** (0.693)	-23.740*** (0.701)	-23.946*** (0.693)	1.836** (0.785)	1.951** (0.785)	1.815** (0.783)
lnTra	1.553*** (0.335)	1.448*** (0.342)	1.667*** (0.339)	4.897*** (0.380)	4.425*** (0.384)	4.570*** (0.383)
Mar	1.744*** (0.368)	2.001*** (0.372)	1.747*** (0.368)	0.576 (0.417)	0.736* (0.417)	0.567 (0.416)
Gov	-13.792*** (2.296)	-16.737*** (2.307)	-13.431*** (2.301)	-34.181*** (2.601)	-37.415*** (2.585)	-35.223*** (2.599)
Sec	76.874*** (3.571)	77.852*** (3.619)	77.329*** (3.576)	102.886*** (4.046)	101.922*** (4.055)	101.575*** (4.039)
Thi	71.475*** (5.187)	72.885*** (5.251)	71.930*** (5.189)	95.326*** (5.877)	94.648*** (5.884)	94.015*** (5.861)
样本量	4432	4432	4432	4432	4432	4432
R^2	0.756	0.750	0.756	0.678	0.677	0.680
F-Statistic	1364***	1322***	1242***	925***	923***	850***

表 6-10　基于互联网普及率的面板门槛回归模型稳健性检验结果

门槛变量	金融发展水平（Fin）			市场活力（Mar）		
门槛值	模型 43	模型 44	模型 45	模型 46	模型 47	模型 48
	0.237	0.237	0.237	0.619	0.619	1.486
$Oint \cdot I(q \leqslant \gamma)$ （普及率）	0.411***		0.007	0.396***		0.122***
	(0.049)		(0.017)	(0.048)		(0.032)
$Oint \cdot I(q > \gamma)$ （普及率）	0.297***		0.287***	0.326***		0.271
	(0.050)		(0.063)	(0.050)		(0.183)
$Omint \cdot I(q \leqslant \gamma)$ （普及率）		0.071***	0.016		0.064***	0.012
		(0.016)	(0.022)		(0.019)	(0.017)
$Omint \cdot I(q > \gamma)$ （普及率）		0.048***	0.357***		0.044**	0.360***
		(0.016)	(0.087)		(0.018)	(0.058)
$\ln Fin$	2.699***	2.149**	2.985***	2.609***	0.140	3.197***
	(0.782)	(0.936)	(0.920)	(0.771)	(0.706)	(0.857)
$\ln Teac$	1.484***	0.573	1.458***	1.461***	0.687	1.311**
	(0.535)	(0.516)	(0.535)	(0.534)	(0.518)	(0.533)
$\ln Doc$	2.401***	1.761**	2.412***	2.486***	2.374***	2.626***
	(0.847)	(0.841)	(0.853)	(0.852)	(0.841)	(0.852)
$\ln Pop$	6.498***	5.108**	6.302***	6.830***	6.530***	6.699**
	(2.266)	(2.139)	(2.259)	(2.338)	(2.292)	(2.965)
$\ln Tra$	1.295***	0.753***	1.240***	1.315***	0.724***	1.122***
	(0.260)	(0.259)	(0.272)	(0.260)	(0.266)	(0.271)
Mar	−0.206	−0.263	−0.201	−0.028	0.104	−0.399
	(0.297)	(0.299)	(0.297)	(0.305)	(0.312)	(0.346)
Gov	4.972***	3.555**	5.042***	4.174***	2.542*	4.531***
	(1.769)	(1.521)	(1.796)	(1.590)	(1.302)	(1.661)
Sec	43.510***	35.175***	42.989***	39.726***	32.457***	40.135***
	(6.124)	(6.080)	(6.138)	(6.003)	(6.175)	(5.995)
Thi	37.315***	32.985***	37.750***	35.422***	33.903***	38.048***
	(7.064)	(7.433)	(7.284)	(7.014)	(7.400)	(7.252)

表 6-11 基于人均创新指数的面板门槛回归模型稳健性检验结果

门槛变量	金融发展水平（Fin）			市场活力（Mar）		
门槛值	模型 49	模型 50	模型 51	模型 52	模型 53	模型 54
	0.402	0.402	0.446	0.639	0.620	1.609
$\ln Oint \cdot I(q \leqslant \gamma)$	4.913***		-4.127***	5.588***		1.763
	(0.593)		(0.899)	(0.566)		(1.240)
$\ln Oint \cdot I(q > \gamma)$	5.639***		9.585***	5.340***		1.693
	(0.564)		(0.925)	(0.573)		(1.523)
$\ln Omint \cdot I(q \leqslant \gamma)$		3.661***	-0.274		4.116***	-1.976**
		(0.583)	(1.003)		(0.583)	(0.885)
$\ln Omint \cdot I(q > \gamma)$		3.248***	4.482***		3.877***	7.258***
		(0.593)	(1.071)		(0.584)	(0.875)
$\ln Fin$	3.805***	2.267***	5.471***	3.775***	1.667**	3.731***
	(0.736)	(0.675)	(0.753)	(0.742)	(0.679)	(0.732)
$\ln Teac$	1.056**	0.421	1.182**	1.416**	0.522	1.498***
	(0.535)	(0.504)	(0.537)	(0.537)	(0.512)	(0.536)
$\ln Doc$	3.048***	2.011***	2.845***	2.970***	2.192***	3.017***
	(0.733)	(0.712)	(0.720)	(0.729)	(0.719)	(0.727)
$\ln Pop$	9.373***	8.146***	9.070***	9.227***	8.537***	9.580***
	(2.312)	(2.113)	(2.271)	(2.293)	(2.192)	(2.334)
$\ln Tra$	0.861***	0.585**	1.096***	0.949***	0.544**	1.156***
	(0.238)	(0.249)	(0.250)	(0.239)	(0.249)	(0.255)
Mar	0.177	0.151	0.044	0.450	0.541*	-0.029
	(0.261)	(0.263)	(0.260)	(0.274)	(0.280)	(0.329)
Gov	1.509	0.500	1.439	2.347	0.116	2.456
	(1.577)	(1.442)	(1.596)	(1.737)	(1.374)	(1.729)
Sec	39.749***	36.133***	40.595***	42.189***	33.215***	42.942***
	(5.895)	(5.627)	(5.966)	(5.769)	(5.583)	(5.731)
Thi	42.404***	38.260***	40.643***	44.670***	38.376***	42.508***
	(6.893)	(6.715)	(6.751)	(6.828)	(6.814)	(6.762)

表 6-12　基于单位面积创新指数的面板门槛回归模型稳健性检验结果

门槛变量	金融发展水平（Fin）			市场活力（Mar）		
门槛值	模型 55	模型 56	模型 57	模型 58	模型 59	模型 60
	0.389	0.389	0.454	0.360	0.360	1.609
$\ln Oint \cdot I(q \leqslant \gamma)$	2.873*** (0.273)		-2.271*** (0.476)	2.973*** (0.275)		0.137 (0.711)
$\ln Oint \cdot I(q > \gamma)$	3.117*** (0.279)		4.692*** (0.483)	2.798*** (0.281)		1.539* (0.891)
$\ln Omint \cdot I(q \leqslant \gamma)$		1.697*** (0.292)	-1.180** (0.524)		2.037*** (0.293)	-1.605*** (0.465)
$\ln Omint \cdot I(q > \gamma)$		1.502*** (0.297)	3.335*** (0.527)		1.847*** (0.293)	4.186*** (0.432)
$\ln Fin$	1.283*** (0.370)	0.197 (0.337)	1.634*** (0.393)	1.146*** (0.378)	-0.113 (0.339)	1.110*** (0.370)
$\ln Teac$	0.256 (0.252)	-0.212 (0.240)	0.325 (0.252)	0.302 (0.253)	-0.189 (0.243)	0.409 (0.252)
$\ln Doc$	2.411*** (0.375)	1.817*** (0.367)	2.313*** (0.371)	2.370*** (0.375)	1.933*** (0.370)	2.392*** (0.373)
$\ln Pop$	5.795*** (1.311)	5.350*** (1.224)	5.923*** (1.328)	5.854*** (1.307)	5.533*** (1.257)	6.163*** (1.349)
$\ln Tra$	0.430*** (0.125)	0.305** (0.131)	0.629*** (0.135)	0.468*** (0.125)	0.274** (0.131)	0.643*** (0.136)
Mar	0.160 (0.141)	0.125 (0.142)	0.082 (0.141)	0.215 (0.140)	0.221 (0.143)	0.109 (0.172)
Gov	2.071* (1.085)	1.195 (0.945)	2.115* (1.168)	2.378** (1.174)	1.145 (0.892)	2.384** (1.184)
Sec	30.148*** (2.837)	27.644*** (2.750)	31.732*** (2.850)	31.010*** (2.820)	25.907*** (2.719)	31.938*** (2.778)
Thi	28.355*** (3.400)	24.710*** (3.323)	26.672*** (3.327)	28.838*** (3.413)	24.715*** (3.350)	27.217*** (3.370)

其次，为排除数据极端值对模型回归产生的影响，本节剔除了面板数据中的极端值，对模型进行重新估计和稳健性检验。本节对固定互联网使用规模、移动

互联网使用规模以及城市创新指数三个指标的极大值和极小值进行了相应的剔除，获得新的面板数据样本，在此基础上对基准回归模型和非线性门槛回归模型进行重新估计，以尽可能地消除样本数据的异常值和非随机性给计量回归结果带来的不利影响。具体稳健性检验结果如表6-13和表6-14所示。对比上文回归结果，基于极端值剔除样本的估计结果保持了较好的一致性，进一步表明本书研究结论的稳健性。

表6-13 基于极端值剔除样本的基准回归模型稳健性检验结果

变量	模型61	模型62	模型63	模型64	模型65	模型66
ln$Oint$	90.329*** (3.030)		56.177*** (5.580)	39.739*** (1.756)		15.873*** (2.996)
ln$Omint$		11.247*** (3.858)	51.371*** (7.065)		53.464*** (2.206)	37.088*** (3.794)
lnFin				13.332*** (0.693)	14.134*** (0.683)	12.690*** (0.686)
ln$Teac$				5.362*** (0.280)	5.356*** (0.278)	5.445*** (0.277)
lnDoc				3.293*** (0.786)	3.623*** (0.780)	3.631*** (0.778)
lnPop				2.325*** (0.673)	1.843*** (0.669)	1.838*** (0.667)
lnTra				2.996*** (0.317)	2.368*** (0.317)	2.524*** (0.317)
Mar				1.737*** (0.347)	1.727*** (0.345)	1.656*** (0.344)
Gov				-9.298*** (2.237)	-10.600*** (2.208)	-9.412*** (2.213)
Sec				58.430*** (3.450)	54.820*** (3.444)	54.717*** (3.433)
Thi				58.102*** (4.973)	55.366*** (4.944)	55.203*** (4.929)
样本量	4352	4352	4352	4352	4352	4352
R^2	0.170	0.161	0.180	0.771	0.775	0.776
F-Statistic	888***	831***	476***	1460***	1489***	1365***

表6-14　基于极端值剔除样本的面板门槛回归模型稳健性检验结果

门槛变量	金融发展水平(Fin)			市场活力(Mar)		
门槛值	模型67	模型68	模型69	模型70	模型71	模型72
	0.248	0.239	0.248	0.620	0.620	0.362
$\ln Oint \cdot I(q \leqslant \gamma)$	4.990*** (0.580)		−1.543 (1.001)	5.147*** (0.576)		−2.333** (0.993)
$\ln Oint \cdot I(q > \gamma)$	4.495*** (0.608)		5.052*** (1.047)	4.738*** (0.588)		7.040*** (1.007)
$\ln Omint \cdot I(q \leqslant \gamma)$		3.416*** (0.593)	−3.713*** (1.136)		3.781*** (0.583)	2.355 (1.661)
$\ln Omint \cdot I(q > \gamma)$		3.043*** (0.616)	8.642*** (1.224)		3.442*** (0.588)	0.935 (2.063)
$\ln Fin$	4.331*** (0.788)	2.434*** (0.729)	3.543*** (0.826)	3.936*** (0.789)	2.008*** (0.736)	4.120*** (0.795)
$\ln Teac$	1.215** (0.540)	0.351 (0.515)	1.443*** (0.543)	1.285** (0.540)	0.439 (0.515)	1.330** (0.542)
$\ln Doc$	2.380*** (0.861)	1.597* (0.842)	2.415*** (0.860)	2.551*** (0.863)	1.807** (0.846)	2.724*** (0.858)
$\ln Pop$	7.803*** (2.561)	6.668*** (2.501)	8.554*** (2.638)	8.433*** (2.642)	7.332*** (2.577)	8.606*** (2.707)
$\ln Tra$	0.886*** (0.264)	0.597** (0.273)	1.144*** (0.279)	0.927*** (0.264)	0.617** (0.271)	1.027*** (0.278)
Mar	−0.153 (0.300)	−0.178 (0.304)	−0.184 (0.301)	0.232 (0.315)	0.333 (0.321)	0.025 (0.305)
Gov	5.386*** (1.966)	3.142** (1.503)	6.023*** (2.112)	4.807*** (1.852)	2.657* (1.452)	5.111*** (1.841)
Sec	47.113*** (6.344)	38.402*** (6.199)	50.207*** (6.363)	44.473*** (6.306)	35.967*** (6.149)	44.087*** (6.258)
Thi	46.173*** (7.602)	38.906*** (7.559)	44.523*** (7.587)	45.614*** (7.642)	39.255*** (7.623)	42.722*** (7.567)

第四节　本章小结

综上所述，本章实证检验了互联网发展对城市创新产出差距的非线性影响，分析了城市金融发展水平和市场活力对互联网影响城市创新产出差距的路径的门槛调节作用。研究主要结论如下：

第一，互联网的创新地理效应并非是单一的"离心力效应"或"向心力效应"，而是两种效应同时发挥作用，因此互联网对城市创新产出差距的影响取决于"离心力效应"和"向心力效应"相对大小，表现出非线性的特征。基于本章研究的实证结论，中国互联网对城市创新的"离心力效应"大于"向心力效应"，因此互联网有助于缩小中国城市创新产出差距。

第二，城市金融发展水平是互联网创新效应的重要调节因素，实证结果表明金融发展水平对于互联网创新效应的发挥存在单门槛的调节作用。为同时发挥固定互联网和移动互联网的创新效应，城市需要提升其金融发展水平。当城市金融发展水平较低时，互联网对城市创新的"向心力效应"起主导作用，扩大城市创新产出差距；当城市金融发展达到较高水平时，互联网对城市创新的"离心力效应"起主导作用，有助于缩小城市创新产出差距。

第三，城市的市场活力水平直接影响互联网创新效应的发挥，实证结果表明市场活力水平对于互联网创新效应的发挥存在单门槛的调节作用。一定水平的城市市场活力是固定互联网和移动互联网创新效应发挥作用的基本条件。当城市市场活力较低时，固定互联网对城市创新的"向心力效应"起主导作用，将扩大城市创新产出差距，与此相反，此时移动互联网的"离心力效应"则起主导作用，有助于缩小城市创新产出差距；当城市市场活力达到较高水平时，互联网对城市创新的"离心力效应"起主导作用，有助于缩小城市创新产出差距。

第七章　互联网对中国城市创新产出多样化影响的实证分析

第一节　模型设定与变量说明

一、模型设定

本章考察互联网对城市创新产出多样化的影响效应，并进一步探究互联网对于不同类型创新产出多样化的作用，为验证本书概念界定与理论解析部分的假说H8、假说 H9 和假说 H10，首先设定以下基准回归模型：

$$diversity_{it} = \alpha + \beta_0 Int_{it} + \sum_{j=1}^{n} \beta_j X_{itj} + \mu_i + \nu_t + \varepsilon_{it}, \ \varepsilon_{it} \sim N(0, \sigma^2 I) \quad (7\text{-}1)$$

其中，i 表示城市；t 表示年份；$diversity$ 为不同的城市创新产出多样化；Int 为城市互联网发展指标，本章基于服务方式的不同将互联网分为固定互联网和移动互联网两个方面；X 为影响城市创新产出多样化的控制变量；β_0 为本章所关注的互联网对城市创新产出多样化的影响效应；μ_i 为不随时间变化的城市截面个体效应；ν_t 为整体经济的时间固定效应；ε_{it} 为模型的随机扰动项。

考虑到上述模型中城市创新产出多样化以及扰动项可能存在空间溢出效应，为获得互联网对城市创新产出多样化影响效应 β_0 的更有效估计，本章构建以下一般化的空间面板数据模型对模型的空间溢出效应进行检验。

$$diversity_{it} = \alpha + \lambda W \cdot diversity_{it} + \beta_0 Int_{it} + \sum_{j=1}^{n} \beta_j X_{itj} + \mu_i + \nu_{it}, \ \nu_{it}$$

$$= \rho W \cdot \nu_{it} + \varepsilon_{it}, \ \varepsilon_{it} \sim N(0, \ \sigma^2 I) \tag{7-2}$$

其中，W 为基于球面距离的城市空间权重矩阵，λ 和 ρ 分别代表被解释变量（城市创新产出多样化）和随机扰动项的空间溢出效应，其他变量含义与模型（7-1）的变量保持一致。当 λ 不等于 0、ρ 等于 0 时，此时一般化的空间面板模型变为空间自回归模型（Spatial Autoregressive Model，SAR）；当 λ 等于 0、ρ 不等于 0 时，此时一般化的空间面板模型变为空间误差模型（Spatial Error Model，SEM）；当 λ 和 ρ 均不等于 0 时，将其称为空间自回归误差模型（Spatial Autoregressive Error Model，SAREM）。并且参考已有文献（Baysoy and Altug，2021），本章使用拉格朗日乘数和稳健的拉格朗日乘数两个统计量对模型的被解释变量和随机扰动的空间溢出效应分别进行检验（Florax et al.，2003），以确定数据背后的空间关联机制。

二、变量与数据

（一）因变量

城市创新产出多样化（*diversity*）。基于本书概念界定与理论解析部分互联网对城市创新产出多样化的理论分析，本章包括三个不同的创新产出多样化测度指标，为避免引起不必要的混淆，分别对三个指标做以下说明：假说 H8 中所涉及的创新产出多样化为城市整体的创新产出多样化水平，与创新产出的专业化相对，笔者将其称为创新产出综合多样化；假说 H9 与假说 H10 中的创新产出多样化是对创新产出综合多样化的进一步分类，笔者将其分别称为创新产出相关多样化和创新产出无关多样化。

创新产出多样化需要通过构建新技术与现有技术之间的关联结构和程度来进行测度，基于 Frenken 等（2007）的创新多样化研究工作，本章采用熵指数法构建城市层面创新产出相关多样化、无关多样化以及综合多样化的指标。首先基于熵指数法的城市创新产出综合多样化指标计算公式如下：

$$Indiversity = \sum_{d=1}^{N} I_d \ln\left(\frac{1}{I_d}\right) \tag{7-3}$$

其中，*Indiversity* 代表城市层面创新产出的综合多样化水平，I_d 代表城市中产业 d 的创新产出水平，N 代表城市中三位数产业的数量。该指数的测算需要基于不同城市以及不同产业的创新数据来进行。而寇宗来和刘学悦（2017）测算的城市层面四位数行业创新指数为本章测算城市创新产出多样化提拱了重要的数据基础，这一指数以国家知识产权局申请授权专利中的发明专利数据为基础，综合考虑城市专利的规模和价值，通过城市层面分产业加总和标准化所得，有利于跨城市和跨产业的对比分析。由于四位数行业创新指数的波动范围较大，而且产业分类太细无法体现部分产业间的相似性和关联性，因此本章基于《国民经济行业分类》（GB/T 4754—2002）的行业分类标准，将该指数的四位数行业创新指数加总到三位数的行业创新指数，进而计算城市创新产出的综合多样化水平。

根据创新产出的技术关联性，创新产出综合多样化可以分解为创新产出无关多样化和创新产出相关多样化，为进一步计算城市创新产出相关多样化和无关多样化水平，本章基于《国民经济行业分类》（GB/T 4754—2002）的两位数和三位数行业分类对式（7-3）进行分解，具体分解如下：

$$
\begin{aligned}
Indiversity &= \sum\nolimits_{d=1}^{N} I_d \ln\left(\frac{1}{I_d}\right) \\
&= \sum\nolimits_{g=1}^{G} \sum\nolimits_{d \in S_g} I_d \ln\left(\frac{1}{I_d}\right) \\
&= \sum\nolimits_{g=1}^{G} \sum\nolimits_{d \in S_g} I_g \frac{I_d}{I_g}\left(\ln \frac{I_g}{I_d} + \ln \frac{1}{I_g}\right) \\
&= \sum\nolimits_{g=1}^{G} \sum\nolimits_{d \in S_g} I_g \frac{I_d}{I_g}\ln \frac{I_g}{I_d} + \sum\nolimits_{g=1}^{G} \ln \frac{1}{I_g} \sum\nolimits_{d \in S_g} I_d \\
&= Rindiversity + Uindiversity
\end{aligned}
$$

（7-4）

其中，g 为两位数的产业，G 为城市中两位数产业的数量，S_g 为两位数产业 g 内所包含的三位数产业的数量。创新产出相关多样化（$Rindiversity$）度量了两位数产业内部的多样化水平，并将其加总至城市层面。由于两位数产业内部的三位数产业具有较强的相似性和技术关联性，具备技术交流的条件和基础，因此可以产生较强的跨行业溢出效应。而创新产出无关多样化（$Uindiversity$）则度量了两位数产业之间的多样化水平，两位数产业彼此之间的相似性差、技术关联度较弱，因此在短时期内难以产生有效的知识溢出（万道侠等，2019）。

（二）核心自变量

互联网发展状况（Int）。关于互联网发展状况的指标选取，研究中一般使用互联网供给（De Vos et al.，2020）或互联网用户使用情况（安同良、杨晨，

2020；万广华、张琛，2021）进行衡量，考虑到近年来移动互联网所展现的越来越重要的作用（张新民、陈德球，2020）和数据的可得性，本章选取固定互联网（*Internet*）与移动互联网（*Minternet*）的用户规模反映城市互联网发展状况。由于互联网络空间的整体性和普遍互联性，其主要作用就是实现全网络、全空间域的互联互通，因此在分析互联网的创新效应时，不能孤立地看待某一城市互联网的使用情况，而应该从整个互联网的角度去衡量城市的网络接入和使用情况，尤其是反映城市在整个互联网中可接入的资源情况。基于此，本章使用空间权重矩阵构建全域互联网指标，测度一个城市所面对的整个互联网的状态，具体计算公式为：$Oint_{it} = W \times Internet_{it}$，$Omint_{it} = W \times Minternet_{it}$，其中 W 是基于球面距离的空间权重矩阵，球面距离的计算公式如下：

$$d_{ij} = radius \times \arccos\left[\cos(long_i - long_j) \times coslat_i \times coslat_j + sinlat_i \times sinlat_j\right] \qquad (7\text{-}5)$$

其中，d_{ij} 为城市 i 与城市 j 的球面距离，$radius$ 为地球半径，$long$ 和 lat 分别为对应城市的经纬度坐标。W 的非对角线元素为对应城市球面距离的倒数，对角线元素为 0。同时为了简化模型，以使研究结果更易于解释和理解，空间权重矩阵常被标准化为每行元素之和为 1。

通过构建城市互联网的全域指标，可以从全局视角表征城市互联网的发展状况，突出互联网的跨时空属性，同时考虑到城市创新产出多样化可能与自身互联网使用规模存在互为因果的关系，而互联网的全域指标能较好地解决城市自身互联网数据所带来的内生性问题，帮助人们更有效地估计互联网对城市创新产出多样化的影响效应（安同良、杨晨，2020）。

（三）控制变量

为避免变量缺失而给模型估计所带来的内生性问题，同时为了获取更有效的模型系数估计结果，本章对一些影响城市创新产出多样化的其他相关变量进行了选取和控制，具体控制变量包括：

1. 金融发展水平（*Fin*）

城市金融发展水平直接决定城市中的创新项目是否可以以较低的融资成本获得创新融资，其对城市创新的多样化发展具有重要影响。考虑到中国间接融资在金融市场中占据较大比重，并且近期以来中国银行信贷增长较快（易纲，2020），因此采用金融机构人民币各项贷款余额、金融机构人民币贷存比分别衡量城市金融发展规模和效率，采用金融机构从业人员数量衡量金融产业集聚水平，并运用熵值法综合测算各城市金融发展水平。

2. 交通发展水平（Tra）

城市的劳动力流动直接影响经济中知识和信息的互动和交流，尤其是不同城市之间的劳动力流动对于城市创新知识的溢出和城市创新的多样化发展具有重要意义（王春杨等，2020b）。因此本章使用城市客运总量衡量城市劳动力流动的状况，并对其取对数。

3. 城市规模（Pop）

一个城市的人口规模直接决定其劳动力的供给规模，丰富的劳动力供给是许多创新企业选址决策的重要影响因素（安同良、杨晨，2020）。本章选取年平均人口对城市规模进行衡量，并对其取对数。

4. 产业结构及其合理化水平（Strin、Stres）

城市的产业发展是创新的核心基础，城市不同的产业结构会对创新的速度、方向以及价值产生重要影响（陈长石等，2019）。本章使用第二产业产值和第三产业产值之比（Strin）对产业结构进行表征。此外，创新是一个综合各类资源和知识的过程，城市产业结构越合理，创新所需的各类要素资源越充分，越有利于城市创新多样化发展。本章借鉴马青山等（2021）对于城市产业结构合理化的测度方法，将结构偏离度指标和模糊数学中 Hamming 贴近度评价方法相结合构造城市产业结构合理度指标（Stres），具体指标计算如下：

$$Inds_t = 1 - \frac{1}{3} \sum_{i=1}^{3} \left| \frac{Y_{it}}{Y_t} - \frac{L_{it}}{L_t} \right| \tag{7-6}$$

其中，i 代表产业；t 代表年份；$Inds_t$ 代表城市在第 t 年的产业结构合理化水平；$\frac{Y_{it}}{Y_t}$ 代表 t 年第 i 次产业在当年总产出中所占的比重，即城市的产业结构；$\frac{L_{it}}{L_t}$ 代表 t 年第 i 次产业的就业人员在当年总就业人员中所占的比重，即城市的就业结构。$Inds_t$ 的值越大，表明城市的产业结构越合理。

5. 市场活力（Mar）

城市的市场活力直接影响着城市信息流动与知识溢出的水平，具有较高水平的市场活力的城市，其越容易产生创新。而且相对于公共部门，私人部门的资本和就业规模越大，城市的市场活力水平就越高（冯净冰等，2020），因此本章选取城镇私营和个体从业人员与城镇单位就业人员的比值反映城市市场活力水平。

6. 外商投资（Fdi）

外商投资是跨国知识溢出的重要渠道，尤其有利于吸收国外先进技术和管理经验，促进本地技术进步和产业升级，因此，外商投资对于城市创新产出的多样化具有重要的作用（刘鹏、张运峰，2017），本章选取当年实际使用外资金额与城市名义 GDP 的比值来衡量城市外商投资的发展水平。

（四）数据来源

本章使用的城市层面产业创新数据来源于复旦大学产业发展研究中心等编写的《中国城市和产业创新力报告 2017》，该创新报告数据包含了全国 338 个城市，时间跨度为 2001~2016 年。根据《国民经济行业分类》（GB/T 4754—2002）的行业分类标准，该创新报告数据包括 54 个两位代码的大类行业，250 个三位代码的中类行业，以及 680 个四位代码的小类行业，为本章研究提供了丰富的数据样本。该创新报告所发布的指数具有以下几个优点：第一，其主要使用创新产出端的数据作为衡量，可以有效反映城市层面的创新结果和水平；第二，在指数计算时，使用专利更新模型对每类专利的平均价值进行估计，在考虑专利数量的同时兼顾专利的质量，更好地反映创新水平；第三，除了常见的专利创新，其利用各城市新成立企业数据来衡量其他形式的创新产出。城市层面的核心解释变量和控制变量均来自各年度的《中国城市统计年鉴》，并将其与上述报告数据进行城市和年份匹配，获得面板数据。本章所用指标的描述性分析如表 7-1 所示。

表 7-1　第七章变量描述性统计

变量	符号	均值	标准差	最小值	最大值
创新产出综合多样化水平	*Indiversity*	13.139	51.922	-2025.151	40.701
创新产出相关多样化水平	*Rindiversity*	11.633	31.571	4.166	854.300
创新产出无关多样化水平	*Uindiversity*	1.506	78.463	-2879.452	11.158
固定互联网（万户）	*Internet*	46.636	66.774	0.023	766.00
移动互联网（万户）	*Minternet*	281.742	329.337	5.00	3461.00
固定互联网普及率（户/100 人）	*Internetp*	11.787	15.302	0.125	217.907
移动互联网普及率（户/100 人）	*Minternetp*	72.951	88.379	1.449	1706.42
金融发展水平	*Fin*	0.834	0.818	0.022	28.037
交通发展水平	*Tra*	8.493	0.935	4.438	12.202
城市规模	*Pop*	5.828	0.668	2.783	7.181
产业合理化水平	*Stres*	0.868	0.070	0.527	0.996
产业结构	*Strin*	1.474	0.782	0.105	10.603
市场活力	*Mar*	0.917	0.583	0.052	6.860
外商投资	*Fdi*	0.003	0.004	0.000	0.109

第二节 实证研究

一、城市创新产出多样化变迁

图7-1展示了2003～2016年中国城市创新产出多样化的平均变化趋势。首先，从创新产出综合多样化来看，其变化趋势可以分为两个阶段。以2012年为分段点，2012年之前，中国城市创新产出多样化水平基本保持稳定，变化较小；2012年之后，中国城市创新产出多样化水平逐年下降，表明2012年之后中国城市创新产出主要表现为专业化发展，更多的资源被配置于现有产业以扩展其规模，这有利于城市形成特定的产业体系，但从长期经济增长看，这反而会降低经济增长速度。

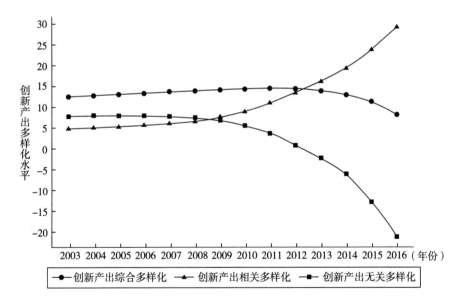

图7-1 2003～2016年中国城市创新产出多样化的平均变化趋势

其次，进一步观察城市创新产出相关多样化与无关多样化的发展趋势，其变化也可以划分为两个阶段。以2008年为分段点，2008年之前，无论是创新产出相关多样化，还是创新产出无关多样化，均保持稳定的水平，变化较小，并且无关多样化略高于相关多样化，这对于中国城市保持长期的经济增长具有积极的作用。然而 2008 年之后，城市创新产出相关多样化与无关多样化的变化趋势发生了分化，创新产出相关多样化水平迅速提升，而创新产出无关多样化水平则迅速下降。自 2009 年开始，创新产出相关多样化水平高于无关多样化水平，并且两者的差距在不断扩大，这表明中国城市创新产出多样化自 2008 年之后进入了渐进式的通道，郑江淮和冉征（2021）将其称为创新的"舒适区"，这会降低中国长期的经济增长速度。

二、基准回归分析

本节首先基于传统面板模型对互联网与城市创新产出综合多样化、相关多样化、无关多样化的关系进行基准检验，在面板模型的具体选取方面，Hausman 检验支持固定效应模型，具体模型检验和回归结果如表 7-2、表 7-3 和表 7-4 所示。首先，表 7-2 为互联网与城市创新产出综合多样化的基准回归结果，整体来看，无论是固定互联网还是移动互联网，或者是互联网规模和互联网普及率，其对城市创新产出综合多样化的回归系数均为负，除固定互联网规模的系数和移动互联网普及率的系数之外，其他回归系数均显著，表明互联网对城市创新产出主要体现为专业化促进的作用，通过提高现有产业体系的分工水平（施炳展、李建桐，2020），强化在位企业的创新能力，提高城市创新产出专业化水平，这一实证结果验证了本书概念界定与理论解析部分的假说 H8。固定效应模型下，移动互联网指标的回归系数绝对值大于固定互联网指标的回归系数绝对值，这表明移动互联网在促进创新产出专业化方面，影响作用更大，这可能是由于移动互联网更容易构建和形成产业内部的信息流动网络，但该网络相对封闭，易于形成"信息茧房"（王阳等，2020），阻碍技术知识的对外交流。

表 7-2　城市创新产出综合多样化（*Indiversity*）对互联网的基准回归模型结果

模型	FE	RE	FE	RE	FE	RE	FE	RE
解释变量	固定互联网规模		固定互联网普及率		移动互联网规模		移动互联网普及率	
	模型 1	模型 2	模型 3	模型 4	模型 5	模型 6	模型 7	模型 8
ln*Oint*	−14.71**	−1.542	−23.87***	−2.75*				
	(5.96)	(1.44)	(5.16)	(1.51)				

续表

模型	FE	RE	FE	RE	FE	RE	FE	RE
解释变量	固定互联网规模		固定互联网普及率		移动互联网规模		移动互联网普及率	
	模型1	模型2	模型3	模型4	模型5	模型6	模型7	模型8
$\ln Omint$					-18.84***	-0.82***	-29.58***	-2.53
					(6.78)	(0.16)	(5.47)	(1.73)
Fin	-2.37*	-1.88	-2.70**	-1.84	-2.41*	-1.92	-2.47*	-1.88
	(1.31)	(1.24)	(1.29)	(1.24)	(1.31)	(1.24)	(1.27)	(1.24)
Tra	-6.65***	-5.91***	-6.08***	-5.79***	-6.40***	-5.93***	-5.84***	-5.71***
	(1.27)	(1.17)	(1.27)	(1.17)	(1.28)	(1.18)	(1.27)	(1.19)
Pop	8.47***	7.80***	6.90***	7.64***	8.31***	7.76***	6.22***	7.53***
	(1.67)	(1.64)	(1.71)	(1.64)	(1.67)	(1.64)	(1.72)	(1.65)
Stres	42.06***	36.70***	41.60***	37.90***	40.29***	35.37***	38.70***	36.46***
	(12.90)	(12.81)	(12.85)	(12.78)	(12.87)	(12.74)	(12.83)	(12.72)
Strin	1.98*	2.64**	1.37	2.58**	1.98*	2.65**	1.26	2.65**
	(1.16)	(1.14)	(1.17)	(1.14)	(1.16)	(1.14)	(1.16)	(1.14)
Mar	2.41	1.95	2.91*	2.32	2.45	1.67	2.93*	2.11
	(1.55)	(1.54)	(1.55)	(1.54)	(1.55)	(1.53)	(1.54)	(1.53)
Fdi	619.97**	430.00*	772.28***	417.68*	655.38**	445.65*	774.25***	429.65*
	(256.19)	(239.13)	(254.22)	(238.75)	(257.37)	(238.79)	(250.97)	(238.54)
样本量	3892	3892	3892	3892	3892	3892	3892	3892
R^2	0.113	0.110	0.117	0.111	0.114	0.110	0.119	0.111
F值	6.54***	40.56***	8.47***	42.75***	6.74***	39.67***	9.47***	41.57***
Hausman	15.26 [0.05]		28.60 [0.00]		17.74 [0.02]		38.04 [0.00]	

注：*、**、***分别表示在10%、5%、1%的水平上显著。下表同。

其次，表7-3为互联网与城市创新产出相关多样化的基准回归结果，固定互联网规模、固定互联网普及率、移动互联网规模和移动互联网普及率的回归系数均为正，并且在1%的水平上显著，表明城市互联网的发展有助于创新产出相关多样化水平的提升，这一实证结果验证了本书概念界定与理论解析部分的假说H9。此外，移动互联网指标的回归系数小于固定互联网指标的回归系数，表明固定互联网对创新产出相关多样化的促进作用高于移动互联网对创新产出相关多样化的促进作用，这可能是因为当前创新工作的开展，更多地采用固定互联网作为基础环境工具，由于固定互联网具有更稳定的传输速度和更安全的网络环境，有助于创新工作的顺利进行和安全保密，因此固定互联网成为许多创新环境基础设施构建的首选。

表7-3 城市创新产出相关多样化（*Rindiversity*）对互联网的基准回归模型结果

模型	FE	RE	FE	RE	FE	RE	FE	RE
解释变量	固定互联网规模		固定互联网普及率		移动互联网规模		移动互联网普及率	
	模型9	模型10	模型11	模型12	模型13	模型14	模型15	模型16
ln*Oint*	16.04***	9.73***	21.70***	10.95***				
	(3.35)	(0.82)	(2.90)	(0.86)				
ln*Omint*					12.45***	8.53***	20.39***	9.96***
					(3.83)	(0.91)	(3.08)	(0.99)
Fin	5.76***	5.85***	5.91***	5.80***	5.42***	6.02***	5.48***	5.95***
	(0.74)	(0.71)	(0.72)	(0.70)	(0.74)	(0.71)	(0.72)	(0.71)
Tra	7.99***	6.30***	7.60***	6.16***	8.11***	6.03***	7.70***	5.84***
	(0.71)	(0.67)	(0.71)	(0.66)	(0.72)	(0.68)	(0.71)	(0.68)
Pop	−0.04	1.23	1.34	1.88**	−0.04	1.58*	1.41	2.29**
	(0.94)	(0.93)	(0.96)	(0.93)	(0.94)	(0.94)	(0.97)	(0.94)
Stres	30.02***	37.44***	30.83***	37.45***	32.13***	42.75***	33.22***	43.30***
	(7.26)	(7.27)	(7.22)	(7.24)	(7.26)	(7.28)	(7.23)	(7.26)
Strin	−1.18*	−2.10***	−0.63	−1.84***	−1.21*	−2.30***	−0.71	−2.11***
	(0.65)	(0.65)	(0.65)	(0.65)	(0.65)	(0.65)	(0.66)	(0.65)
Mar	−1.47*	−1.06	−1.82**	−1.34	−1.27	−0.28	−1.61*	−0.46
	(0.87)	(0.87)	(0.87)	(0.87)	(0.87)	(0.88)	(0.87)	(0.87)
Fdi	−481.8***	−417.7***	−583.9***	−429.4***	−419.0***	−473.5***	−507.7***	−478.4***
	(144.197)	(135.73)	(142.77)	(135.18)	(145.12)	(136.45)	(141.30)	(136.09)
样本量	3892	3892	3892	3892	3892	3892	3892	3892
R²	0.104	0.138	0.112	0.142	0.102	0.126	0.109	0.129
F值	56.39***	619.47***	60.98***	644.37***	54.68***	558.67***	59.29***	574.80***
Hausman	87.64 [0.00]		151.45 [0.00]		100.77 [0.00]		261.08 [0.00]	

最后，表7-4为互联网与城市创新产出无关多样化的基准回归结果，固定互联网规模、固定互联网普及率、移动互联网规模和移动互联网普及率的回归系数均为负，并且在1%的水平上显著，表明城市互联网的发展对创新产出无关多样

化水平具有负向影响，这一实证结果验证了本书概念界定与理论解析部分的假说H10。此外，基于固定效应的回归结果，移动互联网指标的回归系数绝对值大于固定互联网指标的回归系数绝对值，表明固定互联网对创新产出无关多样化的抑制作用弱于移动互联网对创新产出无关多样化的抑制作用，究其原因，可能是由于移动互联网所形成的技术关联网络内部联系更加紧密，从而较难突破现有的技术体系，实现其他领域的创新。

表7-4　城市创新产出无关多样化（*Uindiversity*）对互联网的基准回归模型结果

模型	FE	RE	FE	RE	FE	RE	FE	RE
解释变量	固定互联网规模		固定互联网普及率		移动互联网规模		移动互联网普及率	
	模型17	模型18	模型19	模型20	模型21	模型22	模型23	模型24
ln*Oint*	-30.76***	-11.27***	-45.58***	-13.70***				
	(8.87)	(2.15)	(7.68)	(2.25)				
ln*Omint*					-31.29***	-9.34***	-49.97***	-12.49***
					(10.11)	(2.39)	(8.14)	(2.59)
Fin	-8.13***	-7.73***	-8.61***	-7.65***	-7.83***	-7.93***	-7.95***	-7.83***
	(1.96)	(1.86)	(1.92)	(1.86)	(1.95)	(1.86)	(1.90)	(1.86)
Tra	-14.63***	-12.21***	-13.68***	-11.96***	-14.51***	-11.96***	-13.54***	-11.55***
	(1.89)	(1.75)	(1.88)	(1.75)	(1.91)	(1.77)	(1.88)	(1.77)
Pop	8.51***	6.57***	5.56**	5.76***	8.35***	6.18***	4.81*	5.25**
	(2.48)	(2.44)	(2.54)	(2.44)	(2.49)	(2.45)	(2.56)	(2.46)
Stres	12.04	-0.74	10.77	0.45	8.16	-7.38	5.49	-6.84
	(19.21)	(19.12)	(19.11)	(19.06)	(19.17)	(19.05)	(19.10)	(19.00)
Strin	3.16*	4.74***	1.99	4.42***	3.20*	4.95***	1.98	4.76***
	(1.72)	(1.70)	(1.73)	(1.70)	(1.73)	(1.71)	(1.73)	(1.70)
Mar	3.88*	3.01	4.73**	3.66	3.72	1.95	4.55**	2.57
	(2.31)	(2.30)	(2.30)	(2.30)	(2.31)	(2.29)	(2.29)	(2.29)
Fdi	1101.8***	847.7**	1356.2***	847.1**	1074.4***	919.10***	1281.9***	908.0**
	(381.46)	(356.95)	(378.15)	(356.05)	(383.41)	(356.85)	(373.57)	(356.30)
样本量	3892	3892	3892	3892	3892	3892	3892	3892
R^2	0.131	0.134	0.137	0.137	0.130	0.131	0.137	0.133
F 值	15.50***	138.32***	18.48***	148.07***	15.19***	125.81***	18.80***	134.05***
Hausman	34.55 [0.00]		44.12 [0.00]		49.45 [0.00]		65.57 [0.00]	

三、空间计量回归分析

考虑到城市创新产出多样化数据以及模型随机扰动项可能存在的空间溢出效应，对模型参数的有效估计会产生影响，本节构建了一般化的空间面板计量模型进行再检验。首先，区别于传统的莫兰指数检验，本节使用 CD 检验和 RW 检验对模型的被解释变量（城市创新产出综合多样化、城市创新产出相关多样化、城市创新产出无关多样化）进行空间相关性检验。CD 检验和 RW 检验可以直接应用于面板数据（Croissant and Millo，2018），检验结果表明城市创新产出综合多样化、城市创新产出相关多样化和城市创新产出无关多样化具有显著的空间相关性，因此本节构建空间面板计量模型进一步检验上述假说。此外，通过对基准模型进行拉格朗日乘数检验和稳健的拉格朗日乘数检验，检验结果表明模型的被解释变量（城市创新产出综合多样化、城市创新产出相关多样化、城市创新产出无关多样化）和随机扰动项均存在显著的空间溢出效应。因此，本节分别估计了 SAR、SEM 和 SAREM，具体模型回归结果如表 7-5、表 7-6、表 7-7、表 7-8、表 7-9、表 7-10 所示，其中表 7-5 和表 7-6 为城市创新产出综合多样化对互联网的回归结果，表 7-7 和表 7-8 为城市创新产出相关多样化对互联网的回归结果，表 7-9 和表 7-10 为城市创新产出无关多样化对互联网的回归结果。城市创新产出综合多样化对互联网指标的回归系数均为负，城市创新产出相关多样化对互联网指标的回归系数均为正，城市创新产出无关多样化对互联网指标的回归系数均为负，并且所有的估计系数均具有较高的显著性，回归结果与基准模型的回归结果保持一致，进一步验证了本书的假说 H8、假说 H9 和假说 H10。

表 7-5 城市创新产出综合多样化（*Indiversity*）对固定互联网的空间计量回归结果

解释变量	固定互联网规模			固定互联网普及率		
模型	SAR	SEM	SAREM	SAR	SEM	SAREM
	模型 25	模型 26	模型 27	模型 28	模型 29	模型 30
ln*Oint*	−18.876 ***	−20.520 ***	−20.265 ***	−29.275 ***	−26.366 ***	−23.390 ***
	(5.944)	(5.264)	(4.648)	(5.227)	(4.398)	(4.117)
W · Indiversity	−0.478 ***		0.542 ***	−0.577 ***		0.436 ***
	(0.134)		(0.110)	(0.137)		(0.144)
W · error		−0.603 ***	−1.397 ***		−0.660 ***	−1.263 ***
		(0.139)	(0.238)		(0.141)	(0.268)

续表

解释变量	固定互联网规模			固定互联网普及率		
模型	SAR	SEM	SAREM	SAR	SEM	SAREM
	模型25	模型26	模型27	模型28	模型29	模型30
Fin	−2.528*	−2.458*	−2.148*	−2.871**	−2.615**	−2.268*
	(1.307)	(1.277)	(1.227)	(1.281)	(1.248)	(1.214)
Tra	−6.802***	−6.378***	−5.693***	−6.224***	−5.808***	−5.373***
	(1.263)	(1.199)	(1.116)	(1.257)	(1.190)	(1.129)
Pop	8.950***	8.917***	8.597***	7.157***	6.691***	6.255***
	(1.658)	(1.579)	(1.476)	(1.695)	(1.624)	(1.558)
Stres	45.111***	46.291***	45.665***	44.927***	44.315***	42.456***
	(12.833)	(12.513)	(12.008)	(12.770)	(12.408)	(12.062)
Strin	2.119*	2.142*	2.083*	1.403	1.336	1.279
	(1.152)	(1.132)	(1.095)	(1.157)	(1.140)	(1.115)
Mar	2.578*	3.014**	3.569**	3.158**	3.630**	3.994***
	(1.540)	(1.522)	(1.482)	(1.537)	(1.518)	(1.488)
Fdi	659.729***	680.817***	646.985***	831.559***	821.530***	766.841***
	(254.826)	(245.911)	(232.370)	(252.693)	(242.334)	(232.800)
样本量	3892	3892	3892	3892	3892	3892
R^2	0.120	0.114	0.103	0.126	0.118	0.109

表7-6 城市创新产出综合多样化（*Indiversity*）对移动互联网的空间计量回归结果

解释变量	移动互联网规模			移动互联网普及率		
模型	SAR	SEM	SAREM	SAR	SEM	SAREM
	模型31	模型32	模型33	模型34	模型35	模型36
ln*Omint*	−23.881***	−24.077***	−22.630***	−35.971***	−30.264***	−27.070***
	(6.785)	(5.969)	(5.332)	(5.593)	(4.618)	(4.732)
W·Indiversity	−0.490***		0.513***	−0.616***		0.319*
	(0.134)		(0.120)	(0.138)		(0.193)
W·error		−0.589***	−1.322***		−0.643***	−1.069***
		(0.139)	(0.248)		(0.140)	(0.314)
Fin	−2.572**	−2.402*	−2.025*	−2.568**	−2.224*	−1.956
	(1.301)	(1.270)	(1.224)	(1.266)	(1.232)	(1.211)

续表

解释变量	移动互联网规模			移动互联网普及率		
模型	SAR	SEM	SAREM	SAR	SEM	SAREM
	模型 31	模型 32	模型 33	模型 34	模型 35	模型 36
Tra	−6.507*** (1.276)	−6.065*** (1.218)	−5.429*** (1.145)	−5.968*** (1.257)	−5.586*** (1.193)	−5.306*** (1.155)
Pop	8.766*** (1.661)	8.663*** (1.584)	8.318*** (1.492)	6.389*** (1.710)	5.954*** (1.646)	5.687*** (1.605)
Stres	42.897*** (12.801)	42.422*** (12.476)	40.205*** (12.016)	41.581*** (12.749)	39.460*** (12.410)	37.637*** (12.236)
Strin	2.128* (1.151)	2.133* (1.133)	2.070* (1.100)	1.298 (1.155)	1.241 (1.139)	1.212 (1.123)
Mar	2.622* (1.539)	2.985** (1.520)	3.517** (1.482)	3.178** (1.530)	3.520** (1.511)	3.724** (1.490)
Fdi	701.133*** (256.002)	707.047*** (247.275)	662.120*** (235.198)	828.943*** (249.391)	788.083*** (238.607)	740.700*** (232.655)
样本量	3892	3892	3892	3892	3892	3892
R²	0.120	0.114	0.104	0.129	0.120	0.113

表 7-7 城市创新产出相关多样化（*Rindiversity*）对固定互联网的空间计量回归结果

解释变量	固定互联网规模			固定互联网普及率		
模型	SAR	SEM	SAREM	SAR	SEM	SAREM
	模型 37	模型 38	模型 39	模型 40	模型 41	模型 42
ln*Oint*	8.115** (3.348)	8.456*** (3.858)	6.757 (4.530)	16.570*** (2.925)	20.017*** (3.417)	18.481*** (4.108)
W · Indiversity	0.604*** (0.062)		0.309 (0.402)	0.555*** (0.068)		0.211 (0.328)
W · error		0.647*** (0.058)	0.483 (0.340)		0.607*** (0.064)	0.491* (0.257)
Fin	5.599*** (0.731)	5.425*** (0.745)	5.457*** (0.742)	5.931*** (0.717)	5.815*** (0.731)	5.852*** (0.730)

续表

解释变量	固定互联网规模			固定互联网普及率		
模型	SAR	SEM	SAREM	SAR	SEM	SAREM
	模型37	模型38	模型39	模型40	模型41	模型42
Tra	7.785***	8.364***	8.193***	7.345***	7.899***	7.765***
	(0.707)	(0.740)	(0.765)	(0.706)	(0.734)	(0.755)
Pop	0.265	0.338	0.383	1.352	1.244	1.285
	(0.927)	(0.969)	(0.963)	(0.948)	(0.979)	(0.976)
Stres	32.042***	32.440***	32.717***	31.979***	31.891***	32.082***
	(7.183)	(7.322)	(7.308)	(7.148)	(7.284)	(7.271)
Strin	−1.125*	−1.006	−1.029	−0.694	−0.626	−0.649
	(0.645)	(0.652)	(0.651)	(0.648)	(0.653)	(0.653)
Mar	−1.497*	−1.410	−1.424	−1.892**	−1.733**	−1.767**
	(0.862)	(0.868)	(0.867)	(0.860)	(0.865)	(0.866)
Fdi	−443.326***	−417.658***	−420.906***	−572.045***	−549.614***	−555.123***
	(142.621)	(147.092)	(146.040)	(141.396)	(145.999)	(145.267)
样本量	3892	3892	3892	3892	3892	3892
R^2	0.169	0.154	0.163	0.174	0.162	0.168

表7-8　城市创新产出相关多样化（Rindiversity）对移动互联网的空间计量回归结果

解释变量	移动互联网规模			移动互联网普及率		
模型	SAR	SEM	SAREM	SAR	SEM	SAREM
	模型43	模型44	模型45	模型46	模型47	模型48
lnOmint	4.281	4.960	2.897	15.851***	20.438***	18.734***
	(3.805)	(4.474)	(5.084)	(3.092)	(3.715)	(4.300)
W·Indiversity	0.634***		0.328	0.586***		0.216
	(0.059)		(0.404)	(0.064)		(0.312)
W·error		0.673***	0.508		0.639***	0.527**
		(0.055)	(0.335)		(0.060)	(0.232)
Fin	5.341***	5.221**	5.248***	5.630***	5.543***	5.589***
	(0.728)	(0.743)	(0.740)	(0.710)	(0.725)	(0.725)
Tra	7.919***	8.479***	8.322***	7.381***	7.936***	7.805***
	(0.715)	(0.746)	(0.766)	(0.707)	(0.736)	(0.755)

续表

解释变量	移动互联网规模			移动互联网普及率		
模型	SAR	SEM	SAREM	SAR	SEM	SAREM
	模型43	模型44	模型45	模型46	模型47	模型48
Pop	0.243	0.312	0.359	1.454	1.387	1.422
	(0.929)	(0.972)	(0.966)	(0.958)	(0.988)	(0.985)
Stres	33.201***	33.157***	33.442**	33.851***	33.221***	33.471***
	(7.167)	(7.320)	(7.297)	(7.149)	(7.288)	(7.276)
Strin	−1.147*	−1.001	−1.026	−0.744	−0.657	−0.679
	(0.645)	(0.652)	(0.651)	(0.648)	(0.653)	(0.653)
Mar	−1.348	−1.321	−1.324	−1.758**	−1.655*	−1.683*
	(0.862)	(0.868)	(0.867)	(0.859)	(0.864)	(0.865)
Fdi	−389.701***	−381.223**	−380.189***	−520.743***	−513.024***	−518.074***
	(143.344)	(148.007)	(147.003)	(139.789)	(145.144)	(144.396)
样本量	3892	3892	3892	3892	3892	3892
R²	0.169	0.152	0.162	0.173	0.160	0.166

表7-9 城市创新产出无关多样化（Uindiversity）对固定互联网的空间计量回归结果

解释变量	固定互联网规模			固定互联网普及率		
模型	SAR	SEM	SAREM	SAR	SEM	SAREM
	模型49	模型50	模型51	模型52	模型53	模型54
lnOint	−32.961***	−33.654***	−32.835***	−49.059***	−46.739***	−47.746***
	(8.950)	(8.576)	(8.465)	(7.885)	(7.298)	(12.440)
W·Indiversity	−0.101		0.350	−0.187		−0.079
	(0.118)		(0.224)	(0.122)		(0.631)
W·error		−0.147	−0.574*		−0.192	−0.110
		(0.122)	(0.347)		(0.124)	(0.651)
Fin	−8.189***	−8.223***	−8.176***	−8.655***	−8.606***	−8.630***
	(1.950)	(1.940)	(1.909)	(1.912)	(1.898)	(1.912)
Tra	−14.702***	−14.478***	−13.708***	−13.815***	−13.505***	−13.641***
	(1.888)	(1.860)	(1.831)	(1.880)	(1.847)	(2.011)
Pop	8.662***	8.699***	8.612***	5.650**	5.462**	5.542**
	(2.475)	(2.445)	(2.378)	(2.529)	(2.499)	(2.561)

右上角：续表

解释变量	固定互联网规模			固定互联网普及率		
模型	SAR	SEM	SAREM	SAR	SEM	SAREM
	模型49	模型50	模型51	模型52	模型53	模型54
Stres	13.028	13.583	13.762	12.234	11.787	12.005
	(19.158)	(19.045)	(18.775)	(19.059)	(18.907)	(19.316)
Strin	3.195*	3.228*	3.260*	1.989	1.988	1.988
	(1.719)	(1.713)	(1.691)	(1.727)	(1.721)	(1.724)
Mar	3.914*	4.044*	4.424*	4.791**	4.964**	4.890**
	(2.299)	(2.294)	(2.272)	(2.293)	(2.286)	(2.294)
Fdi	1116.65***	1131.79***	1142.08***	1379.37***	1380.27***	1380.88***
	(380.369)	(377.255)	(367.869)	(376.976)	(372.627)	(377.059)
样本量	3892	3892	3892	3892	3892	3892
R^2	0.143	0.143	0.140	0.150	0.149	0.149

表7-10　城市创新产出无关多样化（*Uindiversity*）对移动互联网的空间计量回归结果

解释变量	移动互联网规模			移动互联网普及率		
模型	SAR	SEM	SAREM	SAR	SEM	SAREM
	模型55	模型56	模型57	模型58	模型59	模型60
ln*Omint*	−33.116***	−33.039***	−31.897***	−53.129***	−50.056***	−60.109***
	(10.209)	(9.860)	(10.881)	(0.768)	(7.814)	(10.613)
$W \cdot Indiversity$	−0.079		0.215	−0.174		−0.582*
	(0.17)		(0.361)	(0.121)		(0.336)
$W \cdot error$		−0.097	−0.339		−0.139	0.350
		(0.120)	(0.472)		(0.122)	(0.223)
Fin	−7.865***	−7.852***	−7.783***	−7.932***	−7.879***	−8.030***
	(1.942)	(1.935)	(1.923)	(1.890)	(1.880)	(1.911)
Tra	−14.554***	−14.400***	−13.983***	−13.675***	−13.434***	−14.178***
	(1.908)	(1.890)	(1.920)	(0.565)	(1.857)	(1.944)
Pop	8.460***	8.457***	8.387***	4.866*	4.741*	5.191**
	(2.481)	(2.461)	(2.449)	(2.554)	(2.534)	(2.602)
Stres	8.711	8.614	7.997	6.488	5.588	8.084
	(19.121)	(19.041)	(19.003)	(19.050)	(18.941)	(19.266)
Strin	3.228*	3.248*	3.276*	1.978	1.985	1.957
	(1.720)	(1.716)	(1.706)	(1.726)	(1.722)	(1.733)

解释变量	移动互联网规模			移动互联网普及率		
模型	SAR	SEM	SAREM	SAR	SEM	SAREM
	模型 55	模型 56	模型 57	模型 58	模型 59	模型 60
Mar	3.738 (2.298)	3.798 * (2.294)	3.954 * (2.284)	4.573 ** (2.287)	4.657 ** (2.282)	4.357 * (2.295)
Fdi	1085.41 *** (382.381)	1088.46 *** (380.264)	1083.90 *** (376.515)	1293.47 *** (372.439)	1282.63 *** (369.037)	1300.49 *** (380.154)
样本量	3892	3892	3892	3892	3892	3892
R^2	0.143	0.142	0.141	0.150	0.149	0.150

四、面板分位数回归分析

上述实证分析验证了互联网对不同层次城市创新产出多样化的平均影响效应，然而，在不同的创新产出多样化水平下，互联网对城市创新产出多样化的影响效应可能存在差异，甚至出现相反的影响效应，为验证该猜想，本节使用面板分位数回归模型进一步探究不同创新产出多样化水平下互联网对城市创新产出多样化的影响效应，深入分析互联网对城市创新产出多样化的异质性作用。

面板分位数回归的核心是选取合适的分位数水平。对于城市创新产出综合多样化，由于上述分析表明互联网有助于创新产出相关多样化的提升，当城市创新产出综合多样化处于较高水平时，通过提升创新产出相关多样化，互联网将有助于创新产出综合多样化的继续提升；而当创新产出综合多样化水平较低时，即城市创新表现出更高的创新产出专业化，此时互联网将对创新产出综合多样化产生负向的影响。为检验该假说分析，需要选取较低水平的分位数进行回归分析，因此本节分别选取城市创新产出综合多样化 1%、2%、3%、4% 和 5% 分位数进行回归，回归结果如表 7-11、表 7-12、表 7-13 和表 7-14 所示。回归结果表明，无论是固定互联网规模与普及率，还是移动互联网规模与普及率，在四种情况下，互联网均在 1% 和 2% 分位数下表现出对城市创新多样化的负向影响，而在 3%、4% 和 5% 分位数下表现出对城市创新产出多样化的正向影响，表明在创新产出专业化较高的城市中，其创新产出的专业化会产生路径依赖，而互联网将进一步强化该创新产出专业化的路径依赖，使城市创新产出多样化难以提升和发展。

表 7-11　城市创新产出综合多样化（*Indiversity*）对固定互联网规模的面板分位数回归结果

分位数	Q=1%	Q=2%	Q=3%	Q=4%	Q=5%
解释变量	固定互联网规模				
ln*Oint*	−5.582**	−0.506**	0.229***	0.296***	0.352***
	(2.674)	(0.225)	(0.055)	(0.052)	(0.053)
Fin	−19.760***	−3.931***	−0.139	0.013	0.094
	(6.137)	(0.668)	(0.096)	(0.074)	(0.066)
Tra	−0.681	−0.136***	−0.049**	−0.041	−0.036
	(0.442)	(0.030)	(0.022)	(0.025)	(0.031)
Pop	0.892	0.306***	0.216***	0.250***	0.297***
	(0.570)	(0.060)	(0.054)	(0.055)	(0.058)
Stres	−6.127	0.100	1.315***	1.559***	1.834***
	(3.740)	(1.284)	(0.312)	(0.351)	(0.404)
Strin	−0.158	−0.003	0.061***	0.067***	0.087***
	(0.171)	(0.022)	(0.019)	(0.021)	(0.024)
Mar	0.001	−0.083**	−0.002	−0.003	0.013
	(0.424)	(0.040)	(0.022)	(0.025)	(0.027)
Fdi	321.602***	22.825**	2.536	3.463	3.079
	(122.744)	(11.376)	(3.535)	(4.226)	(4.754)
样本量	3892				

表 7-12　城市创新产出综合多样化（*Indiversity*）对固定互联网普及率的
面板分位数回归结果

分位数	Q=1%	Q=2%	Q=3%	Q=4%	Q=5%
解释变量	固定互联网普及率				
ln*Oint*	−6.374**	−0.764***	0.167***	0.255***	0.325***
	(2.510)	(0.277)	(0.057)	(0.049)	(0.050)
Fin	−21.312***	−3.791***	−0.111	0.039	0.111
	(6.524)	(0.948)	(0.098)	(0.076)	(0.071)
Tra	−0.679	−0.100***	−0.043*	−0.035	−0.033
	(0.497)	(0.032)	(0.022)	(0.023)	(0.028)

续表

分位数	Q=1%	Q=2%	Q=3%	Q=4%	Q=5%
解释变量	固定互联网普及率				
Pop	0.907 (0.623)	0.327*** (0.067)	0.205*** (0.051)	0.268*** (0.051)	0.310*** (0.055)
Stres	-6.185 (3.976)	0.477 (0.653)	1.448*** (0.302)	1.746*** (0.306)	2.012*** (0.351)
Strin	-0.132 (0.176)	0.014 (0.031)	0.059*** (0.017)	0.075*** (0.018)	0.083 (0.020)
Mar	-0.719*** (0.212)	-0.033 (0.035)	0.035* (0.020)	0.031 (0.020)	0.023 (0.021)
Fdi	411.613*** (146.288)	40.151** (18.537)	0.159 (3.998)	-1.112 (4.316)	-0.856 (4.943)
样本量	3892				

表7-13 城市创新产出综合多样化（Indiversity）对移动互联网
规模的面板分位数回归结果

分位数	Q=1%	Q=2%	Q=3%	Q=4%	Q=5%
解释变量	移动互联网规模				
lnOmint	-1.979* (1.062)	-0.199** (0.093)	0.202*** (0.040)	0.249*** (0.041)	0.290*** (0.043)
Fin	-25.362*** (7.154)	-4.349*** (1.064)	-0.077 (0.094)	0.056 (0.076)	0.142** (0.068)
Tra	-0.624 (0.666)	-0.151*** (0.029)	-0.050** (0.021)	-0.043* (0.023)	-0.037 (0.029)
Pop	0.616 (0.717)	0.337*** (0.064)	0.208*** (0.049)	0.252*** (0.050)	0.276*** (0.056)
Stres	-8.065* (4.577)	-0.209 (0.572)	1.366*** (0.338)	1.628*** (0.42)	1.873*** (0.391)
Strin	-0.330* (0.190)	-0.011 (0.027)	0.055*** (0.019)	0.067*** (0.020)	0.073*** (0.021)
Mar	0.130 (0.793)	-0.118** (0.047)	0.000 (0.023)	0.014 (0.023)	0.019 (0.025)
Fdi	344.483*** (131.483)	23.056* (12.257)	3.696 (3.403)	4.822 (4.404)	4.819 (5.321)
样本量	3892				

表 7-14　城市创新产出综合多样化（*Indiversity*）对移动互联网

普及率的面板分位数回归结果

分位数	$Q=1\%$	$Q=2\%$	$Q=3\%$	$Q=4\%$	$Q=5\%$
解释变量	移动互联网普及率				
ln*Omint*	−3.347***	−0.320***	0.153***	0.216***	0.273***
	(1.190)	(0.112)	(0.046)	(0.047)	(0.048)
Fin	−24.670***	−4.279***	−0.080	0.049	0.135**
	(7.532)	(1.302)	(0.096)	(0.079)	(0.066)
Tra	−0.629	−0.146***	−0.039*	−0.038*	−0.026
	(0.553)	(0.050)	(0.022)	(0.023)	(0.026)
Pop	0.558	0.304***	0.197***	0.261***	0.290***
	(0.549)	(0.070)	(0.047)	(0.049)	(0.051)
Stres	−10.733**	0.048	1.445***	1.685***	1.945***
	(4.996)	(0.700)	(0.347)	(0.353)	(0.364)
Strin	−0.276	−0.008	0.050***	0.067***	0.075***
	(0.183)	(0.023)	(0.016)	(0.017)	(0.020)
Mar	0.163	−0.041	0.027	0.032	0.029
	(0.595)	(0.056)	(0.021)	(0.020)	(0.021)
Fdi	396.422***	29.051	2.861	1.719	2.665
	(150.722)	(17.753)	(4.221)	(4.645)	(5.285)
样本量	3892				

对于城市创新产出相关多样化，本节认为互联网在不同创新产出相关多样化水平下对城市创新产出相关多样化均具有积极的影响，因此选取 10%、25%、50%、75% 和 90% 分位数进行回归，回归结果如表 7-15、表 7-16、表 7-17 和表 7-18 所示。在四类互联网指标（固定互联网规模与普及率、移动互联网规模与普及率）下，不同分位数下互联网的系数均大于 0，表明在不同创新产出相关多样化水平下，互联网均有助于提升城市创新产出相关多样化，而且回归系数基本从 25% 分位数开始逐渐增大，表明随着城市创新产出相关多样化水平的提高，互联网对城市创新产出相关多样化的促进作用更加显著。

表7-15 城市创新产出相关多样化（*Rindiversity*）对固定

互联网规模的面板分位数回归结果

分位数	$Q=10\%$	$Q=25\%$	$Q=50\%$	$Q=75\%$	$Q=90\%$
解释变量	固定互联网规模				
ln*Oint*	1.873***	1.579***	1.752***	3.292***	7.219***
	(0.348)	(0.224)	(0.201)	(0.441)	(1.271)
Fin	−1.493*	−0.386	0.357*	3.224***	13.868***
	(0.805)	(0.256)	(0.208)	(0.865)	(3.518)
Tra	−0.273*	−0.265**	−0.199*	0.057	0.799
	(0.149)	(0.122)	(0.112)	(0.175)	(0.656)
Pop	0.792***	0.865***	0.950***	1.202***	1.513*
	(0.211)	(0.174)	(0.151)	(0.245)	(0.792)
Stres	−1.624	0.054	1.152	1.943	3.673
	(1.961)	(1.710)	(1.635)	(2.405)	(5.509)
Strin	−0.646***	−0.570***	−0.539**	−0.474	0.051
	(0.246)	(0.211)	(0.221)	(0.313)	(0.500)
Mar	−0.241	−0.208	−0.185	−0.424	0.451
	(0.214)	(0.148)	(0.152)	(0.300)	(0.869)
Fdi	−308.169**	−193.409***	−122.029***	−120.680**	−115.320
	(155.658)	(71.525)	(45.783)	(57.244)	(120.991)
样本量	3892				

表7-16 城市创新产出相关多样化（*Rindiversity*）

对固定互联网普及率的面板分位数回归结果

分位数	$Q=10\%$	$Q=25\%$	$Q=50\%$	$Q=75\%$	$Q=90\%$
解释变量	固定互联网普及率				
ln*Oint*	1.773***	1.605***	1.827***	3.504***	7.638***
	(0.300)	(0.195)	(0.190)	(0.438)	(1.328)
Fin	−1.403*	−0.305	0.358*	3.262***	13.814***
	(0.742)	(0.238)	(0.206)	(0.769)	(3.392)
Tra	−0.274*	−0.253**	−0.182	0.026	0.722
	(0.155)	(0.118)	(0.116)	(0.185)	(0.679)

续表

分位数	Q=10%	Q=25%	Q=50%	Q=75%	Q=90%
解释变量	固定互联网普及率				
Pop	0.887***	0.979***	1.087***	1.479***	2.109***
	(0.195)	(0.168)	(0.153)	(0.235)	(0.813)
Stres	-0.877	0.539	1.742	2.760	5.772
	(1.884)	(1.585)	(1.466)	(1.951)	(4.750)
Strin	-0.611***	-0.549***	-0.508**	-0.374	0.177
	(0.21)	(0.197)	(0.203)	(0.282)	(0.422)
Mar	-0.232	-0.191	-0.177	-0.436*	0.441
	(0.168)	(0.125)	(0.127)	(0.240)	(0.848)
Fdi	-333.714**	-205.027***	-135.043***	-141.580***	-133.622
	(152.762)	(66.693)	(41.985)	(54.864)	(157.596)
样本量	3892				

表 7-17 城市创新产出相关多样化（*Rindiversity*）对移动
互联网规模的面板分位数回归结果

分位数	Q=10%	Q=25%	Q=50%	Q=75%	Q=90%
解释变量	移动互联网规模				
ln*Omint*	2.115***	1.736***	1.659***	2.617***	5.176***
	(0.391)	(0.261)	(0.206)	(0.359)	(0.876)
Fin	-0.982	-0.006	0.658**	4.222***	17.219***
	(0.602)	(0.200)	(0.259)	(0.943)	(3.740)
Tra	-0.357**	-0.346**	-0.244*	0.003	1.094
	(0.167)	(0.144)	(0.126)	(0.201)	(0.735)
Pop	0.923***	0.949***	1.055***	1.661***	2.136***
	(0.224)	(0.205)	(0.177)	(0.291)	(0.791)
Stres	0.064	1.004	2.512*	5.632***	9.363*
	(1.739)	(1.525)	(1.448)	(2.132)	(5.206)
Strin	-0.750***	-0.647***	-0.595**	-0.429	0.270
	(0.230)	(0.218)	(0.231)	(0.317)	(0.548)
Mar	-0.183	-0.126	-0.050	-0.187	0.907
	(0.182)	(0.137)	(0.156)	(0.293)	(0.812)
Fdi	-325.514**	-214.741***	-140.795***	-94.231*	-39.879
	(146.636)	(69.046)	(47.166)	(53.329)	(158.092)
样本量	3892				

表 7-18 城市创新产出相关多样化（*Rindiversity*）对移动
互联网普及率的面板分位数回归结果

分位数	Q = 10%	Q = 25%	Q = 50%	Q = 75%	Q = 90%
解释变量	移动互联网普及率				
ln*Omint*	1.970 ***	1.724 ***	1.752 ***	2.820 ***	5.690 ***
	(0.339)	(0.256)	(0.212)	(0.359)	(0.953)
Fin	−0.828	0.097	0.751 ***	4.344 ***	17.537 ***
	(0.611)	(0.201)	(0.243)	(0.976)	(3.736)
Tra	−0.344 **	−0.321 **	−0.218 *	0.052	1.055
	(0.172)	(0.144)	(0.123)	(0.192)	(0.686)
Pop	1.063 ***	1.104 ***	1.220 ***	1.902 ***	2.771 ***
	(0.219)	(0.198)	(0.175)	(0.299)	(0.796)
Stres	0.711	1.591	3.164 **	6.849 ***	10.364 **
	(1.755)	(1.543)	(1.560)	(2.307)	(5.283)
Strin	−0.711 ***	−0.626 ***	−0.559 ***	−0.355	0.400
	(0.205)	(0.197)	(0.209)	(0.296)	(0.505)
Mar	−0.139	−0.086	−0.032	−0.154	0.949
	(0.164)	(0.136)	(0.157)	(0.302)	(0.752)
Fdi	−343.296 **	−228.940 ***	−153.529 ***	−1009.103 ***	−51.477
	(147.606)	(70.296)	(48.524)	(62.060)	(174.522)
样本量	3892				

对于城市创新产出无关多样化，本节认为当城市创新产出无关多样化处于较低水平时，互联网将对城市创新产出无关多样化产生负向的影响，而当城市创新产出无关多样化处于较高水平时，互联网对城市创新产出无关多样化的影响将变为正向。为检验上述假设，本节选取5%、10%、15%、50%和75%分位数进行回归，回归结果如表7-19、表7-20、表7-21和表7-22所示。在四类互联网指标下，互联网均在5%和10%分位数下表现出对城市创新产出多样化的显著的负向影响，而在50%和75%分位数下表现出对城市创新产出多样化的显著的正向影响，表明只有在创新产出无关多样化较低的城市，互联网将阻碍城市创新产出无关多样化的提升，无法通过提升互联网水平进而提升城市创新产出无关多样化水平；而当外生干预将城市创新产出无关多样化提高到一定水平时，互联网对城市创新产出多样化的负向影响将会发生逆转。

表 7-19　城市创新产出无关多样化（*Uindiversity*）

对固定互联网规模的面板分位数回归结果

分位数	Q = 5%	Q = 10%	Q = 15%	Q = 50%	Q = 75%
解释变量	固定互联网规模				
ln*Oint*	−6.539 ***	−1.264 *	−0.077	0.491 ***	0.468 ***
	(2.064)	(0.672)	(0.251)	(0.053)	(0.095)
Fin	−16.203 ***	−5.554 ***	−1.564 **	0.273 **	1.021 ***
	(6.273)	(1.567)	(0.735)	(0.109)	(0.272)
Tra	−0.081	−0.193	−0.031	0.031	0.118 *
	(0.624)	(0.170)	(0.072)	(0.045)	(0.065)
Pop	−0.523	−0.230	−0.014	0.333 ***	0.463 ***
	(0.812)	(0.260)	(0.104)	(0.040)	(0.076)
Stres	−4.651	−0.446	0.843	2.970 ***	4.153 ***
	(5.853)	(1.510)	(0.702)	(0.560)	(0.729)
Strin	−0.366	−0.146	0.006	0.119 ***	0.222 ***
	(0.392)	(0.138)	(0.067)	(0.042)	(0.056)
Mar	−0.450	−0.150	0.068	0.027	0.132 *
	(0.916)	(0.246)	(0.097)	(0.048)	(0.079)
Fdi	189.607	31.971	20.550	44.379 **	108.772 **
	(133.026)	(33.487)	(15.817)	(19.826)	(48.173)
样本量	3892				

表 7-20　城市创新产出无关多样化（*Uindiversity*）对固定互联网

普及率的面板分位数回归结果

分位数	Q = 5%	Q = 10%	Q = 15%	Q = 50%	Q = 75%
解释变量	固定互联网普及率				
ln*Oint*	−6.519 ***	−1.295 **	−0.094	0.505 ***	0.480 ***
	(2.266)	(0.647)	(0.231)	(0.051)	(0.100)
Fin	−16.964 **	−5.497 ***	−1.619 **	0.284 **	1.026 ***
	(6.747)	(1.740)	(0.737)	(0.133)	(0.342)
Tra	−0.045	−0.189	−0.038	0.030	0.108 *
	(0.672)	(0.181)	(0.071)	(0.042)	(0.065)
Pop	−0.719	−0.370	−0.011	0.357 ***	0.502 ***
	(0.932)	(0.316)	(0.113)	(0.042)	(0.070)

续表

分位数	$Q=5\%$	$Q=10\%$	$Q=15\%$	$Q=50\%$	$Q=75\%$
解释变量	固定互联网普及率				
Stres	-7.592	-0.808	0.795	3.088***	4.311***
	(5.866)	(1.615)	(0.611)	(0.493)	(0.704)
Strin	-0.400	-0.181	0.007	0.134***	0.231***
	(0.331)	(0.118)	(0.062)	(0.038)	(0.053)
Mar	0.285	-0.119	0.066	0.047	0.149*
	(0.836)	(0.273)	(0.114)	(0.052)	(0.084)
Fdi	240.838	38.771	22.250	43.265**	107.468**
	(190.661)	(36.380)	(15.471)	(19.101)	(48.670)
样本量	3892				

表 7-21　城市创新产出无关多样化（*Uindiversity*）

对移动互联网规模的面板分位数回归结果

分位数	$Q=5\%$	$Q=10\%$	$Q=15\%$	$Q=50\%$	$Q=75\%$
解释变量	移动互联网规模				
ln*Omint*	-3.085**	-0.762*	0.066	0.469***	0.455***
	(1.409)	(0.410)	(0.154)	(0.054)	(0.095)
Fin	-19.889***	-5.987***	-1.333*	0.358**	1.141***
	(6.762)	(1.700)	(0.742)	(0.142)	(0.341)
Tra	-0.228	-0.259	-0.057	0.021	0.101
	(0.881)	(0.200)	(0.076)	(0.050)	(0.076)
Pop	-1.153	-0.282	0.040	0.351***	0.498***
	(0.975)	(0.291)	(0.100)	(0.046)	(0.068)
Stres	-5.826	-0.889	0.938	3.204***	4.371***
	(6.759)	(1.740)	(0.779)	(0.608)	(0.763)
Strin	-0.766*	-0.201	0.004	0.110**	0.227***
	(0.438)	(0.131)	(0.063)	(0.044)	(0.062)
Mar	-0.777	-0.199	0.023	0.054	0.170**
	(1.090)	(0.297)	(0.102)	(0.057)	(0.085)
Fdi	25.133	23.851	20.378	46.121**	109.680**
	(198.339)	(36.031)	(17.710)	(22.049)	(55.297)
样本量	3892				

表7-22　城市创新产出无关多样化（*Uindiversity*）

对移动互联网普及率的面板分位数回归结果

分位数	Q=5%	Q=10%	Q=15%	Q=50%	Q=75%
解释变量	移动互联网普及率				
ln*Omint*	-3.189**	-0.828*	0.059	0.494***	0.492***
	(1.415)	(0.444)	(0.165)	(0.053)	(0.090)
Fin	-20.402***	-5.957***	-1.374	0.365**	1.162***
	(7.676)	(1.991)	(0.867)	(0.151)	(0.368)
Tra	-0.340	-0.235	-0.057	0.022	0.094
	(0.895)	(0.193)	(0.066)	(0.038)	(0.061)
Pop	-0.894	-0.348	0.045	0.389***	0.532***
	(1.074)	(0.332)	(0.120)	(0.042)	(0.071)
Stres	-7.761	-1.236	0.909	3.428***	4.610***
	(8.290)	(1.767)	(0.674)	(0.529)	(0.752)
Strin	-0.683	-0.224*	0.002	0.119***	0.242***
	(0.436)	(0.134)	(0.068)	(0.042)	(0.056)
Mar	-0.738	-0.234	0.027	0.059	0.156***
	(1.166)	(0.247)	(0.100)	(0.056)	(0.078)
Fdi	111.558	19.595	21.146	48.991**	116.986**
	(187.465)	(32.069)	(14.820)	(19.717)	(52.720)
样本量	3892				

第三节　内生性与稳健性分析

一、内生性问题讨论

考虑到模型识别中的内生性问题，本章在模型构建部分已经对可能出现的一些内生性问题进行了相应的预处理，具体包括：第一，通过空间距离权重矩阵构建全域的城市互联网发展指标，在一定程度上避免了逆向因果带来的模型估计偏误问题；第二，考虑到遗漏变量给模型估计所带来的内生性问题，本章在模型中对可能的遗漏变量进行了选取和控制，如城市的规模、劳动力流动、金融发展水平以及产业结构等影响因素。

为确保模型估计结果的有效性，有效克服模型估计过程中的内生性问题，本节同时运用工具变量法（2SLS）和广义矩估计方法（GMM）对基准面板模型进行再估计。首先，对于城市互联网指标的工具变量的选取，本节参考黄群慧等（2019）处理互联网发展的内生性问题时所构造工具变量的方法，搜集了各城市1984 年、1985 年和 1986 年每百人固定电话数量和每百万人邮局的数量，分别构造上述变量与对应城市所在省份滞后一年互联网投资额的交互项，将该交互项作为本节研究中城市互联网发展状况的工具变量，其中各城市 1984 年、1985 年和1986 年每百人固定电话数量和每百万人邮局的数量反映了城市个体互联网发展的基础，而对应城市所在省份滞后一年互联网投资额则反映了样本期内城市互联网发展的时间趋势。基于工具变量的模型估计结果与上文基准模型的估计结果（见表 7-2、表 7-3 和表 7-4）相比，模型所估计的系数保持了较好的一致性。其次，考虑到本章研究不同层次城市创新多样化数据可能存在时间上的相关性，本节同时使用动态面板模型，采用广义矩估计方法（GMM）对模型进行了再估计，估计结果依然表明，相对于基准模型的估计结果，系统矩估计方法下城市互联网指标的系数保持了较好的一致性，进一步验证了本章结论的有效性。具体模型估计结果如表 7-23、表 7-24 和表 7-25 所示。

表 7-23　城市创新产出综合多样化（*Indiversity*）对互联网

基准回归模型的内生性分析结果

模型	2SLS	GMM	2SLS	GMM	2SLS	GMM	2SLS	GMM
解释变量	固定互联网规模		固定互联网普及率		移动互联网规模		移动互联网普及率	
	模型 61	模型 62	模型 63	模型 64	模型 65	模型 66	模型 67	模型 68
ln*Oint*	−44.25 ** (18.56)	−1.35 * (0.78)	−44.45 *** (16.21)	−2.72 *** (0.74)				
ln*Omint*					−51.60 ** (22.03)	−0.73 (0.77)	−52.05 *** (18.43)	−2.51 *** (0.72)
lagRindiversity		1.30 *** (0.0003)		1.30 * (0.74)		1.30 *** (0.0003)		1.30 *** (0.0004)
Fin	−4.05 ** (1.73)	−0.65 *** (0.11)	−3.60 ** (1.55)	−0.69 *** (0.11)	−3.89 ** (1.70)	−0.61 *** (0.10)	−2.97 ** (1.46)	−0.65 *** (0.10)

续表

模型	2SLS	GMM	2SLS	GMM	2SLS	GMM	2SLS	GMM
解释变量	固定互联网规模		固定互联网普及率		移动互联网规模		移动互联网普及率	
	模型61	模型62	模型63	模型64	模型65	模型66	模型67	模型68
Tra	-5.81***	-1.29***	-5.31***	-1.21***	-5.27***	-1.31***	-4.99***	-1.23***
	(1.65)	(0.15)	(1.67)	(0.15)	(1.80)	(0.15)	(1.73)	(0.15)
Pop	8.73***	0.13	5.80**	-0.03	8.34***	0.14	4.80*	-0.03
	(1.88)	(0.18)	(2.29)	(0.18)	(1.92)	(0.18)	(2.51)	(0.18)
$Stres$	51.99***	-4.61***	48.41***	-4.40***	47.70***	-4.85***	44.21***	-4.61***
	(14.84)	(1.32)	(14.60)	(1.26)	(14.63)	(1.29)	(14.57)	(1.25)
$Strin$	2.05	0.27	0.95	0.16	2.11	0.27	0.88	0.17
	(1.28)	(0.20)	(1.36)	(0.19)	(1.28)	(0.20)	(1.36)	(0.19)
Mar	3.71**	0.09	3.99**	0.13	3.71**	0.06	3.91**	0.10
	(1.85)	(0.12)	(1.85)	(0.13)	(1.86)	(0.11)	(1.83)	(0.12)
Fdi	1020.9***	71.64***	1062.1***	86.10***	1055.4***	61.98**	1004.8***	79.68***
	(354.98)	(27.34)	(340.28)	(27.88)	(368.08)	(26.47)	(326.26)	(26.08)
样本量	3542	3892	3542	3892	3542	3892	3542	3892
R^2	0.112	—	0.117	—	0.112	—	0.120	—
AR（1）	—	-1.66	—	-0.76	—	-0.76	—	-0.54
AR（2）	—	-1.72	—	-1.09	—	-0.99	—	-0.78
Sargan Test	—	20.86	—	19.97	—	19.56	—	19.81

表7-24 城市创新产出相关多样化（*Rindiversity*）

对互联网基准回归模型的内生性分析结果

模型	2SLS	GMM	2SLS	GMM	2SLS	GMM	2SLS	GMM
解释变量	固定互联网规模		固定互联网普及率		移动互联网规模		移动互联网普及率	
	模型69	模型70	模型71	模型72	模型73	模型74	模型75	模型76
$\ln Oint$	118.13***	1.38***	116.22***	1.05***				
	(11.37)	(0.29)	(9.96)	(0.25)				
$\ln Omint$					134.47***	1.16***	127.36***	0.76***
					(13.63)	(0.30)	(11.48)	(0.25)
$lagRindiversity$		1.26***		1.26***		1.26***		1.26***
		(0.0005)		(0.0005)		(0.0005)		(0.0005)

续表

模型	2SLS	GMM	2SLS	GMM	2SLS	GMM	2SLS	GMM
解释变量	固定互联网规模		固定互联网普及率		移动互联网规模		移动互联网普及率	
	模型 69	模型 70	模型 71	模型 72	模型 73	模型 74	模型 75	模型 76
Fin	11.627*** (1.06)	0.09* (0.05)	10.20*** (0.95)	0.06 (0.05)	11.07*** (1.05)	0.06 (0.05)	8.44*** (0.91)	0.03 (0.04)
Tra	3.31*** (1.01)	0.52*** (0.06)	2.30** (1.02)	0.53*** (0.06)	2.05* (1.11)	0.52 (0.06)	1.81* (1.08)	0.54*** (0.06)
Pop	2.06* (1.15)	-0.27*** (0.07)	9.43*** (1.41)	-0.20*** (0.07)	3.02** (1.19)	-0.25*** (0.07)	11.47*** (1.57)	-0.21*** (0.07)
Stres	18.86** (9.09)	0.90* (0.46)	28.68*** (8.97)	1.00** (0.46)	30.42*** (9.06)	1.08** (0.46)	39.24*** (9.08)	1.12** (0.46)
Strin	-0.45 (0.78)	-0.02 (0.05)	2.35*** (0.84)	0.01 (0.04)	-0.62 (0.79)	-0.02 (0.05)	2.36*** (0.85)	-0.00 (0.05)
Mar	-5.21*** (1.14)	0.16** (0.08)	-5.75*** (1.13)	0.17** (0.08)	-5.10*** (1.15)	0.18** (0.08)	-5.33*** (1.14)	0.20** (0.08)
Fdi	-1840*** (217.573)	-4.67 (9.71)	-1881*** (209.04)	0.03 (9.14)	-1894*** (227.82)	0.81 (9.43)	-1673*** (203.34)	-6.02 (9.01)
样本量	3542	3892	3542	3892	3542	3892	3542	3892
R²	0.155	—	0.170	—	0.146	—	0.162	—
AR (1)	—	-1.22	—	-1.87	—	-1.39	—	-1.24
AR (2)	—	-1.23	—	-1.61	—	-1.56	—	-1.60
Sargan Test	—	23.13	—	22.94	—	23.10	—	22.99

表 7-25　城市创新产出无关多样化（*Uindiversity*）对互联网基准回归模型的内生性分析结果

模型	2SLS	GMM	2SLS	GMM	2SLS	GMM	2SLS	GMM
解释变量	固定互联网规模		固定互联网普及率		移动互联网规模		移动互联网普及率	
	模型 77	模型 78	模型 79	模型 80	模型 81	模型 82	模型 83	模型 84
ln*O*int	-162.4*** (28.18)	-2.39*** (0.72)	-161.7*** (24.58)	-3.11*** (0.62)				
ln*O*mint					-186.1*** (33.52)	-1.63** (0.69)	-179.4*** (28.01)	-2.75*** (0.67)

续表

模型	2SLS	GMM	2SLS	GMM	2SLS	GMM	2SLS	GMM
解释变量	固定互联网规模		固定互联网普及率		移动互联网规模		移动互联网普及率	
	模型77	模型78	模型79	模型80	模型81	模型82	模型83	模型84
lagRindiversity		1.29*** (0.0003)		1.29*** (0.0003)		1.29*** (0.0003)		1.29*** (0.0003)
Fin	−15.67*** (2.63)	−0.60*** (0.10)	−13.80*** (2.36)	−0.59*** (0.10)	−14.96*** (2.59)	−0.53*** (0.09)	−11.41*** (2.22)	−0.53*** (0.10)
Tra	−9.11*** (2.51)	−1.65*** (0.17)	−7.61*** (2.53)	−1.61*** (0.17)	−7.32*** (2.74)	−1.68*** (0.17)	−6.80*** (2.63)	−1.64*** (0.17)
Pop	6.66** (2.85)	0.44** (0.19)	−3.63 (3.47)	0.24 (0.19)	5.32* (2.92)	0.45** (0.19)	−6.67* (3.82)	0.27 (0.20)
Stres	33.13 (22.53)	−4.20*** (1.33)	19.73 (22.13)	−4.12*** (1.29)	17.28 (22.27)	−4.75*** (1.31)	4.97 (22.14)	−4.63*** (1.28)
Strin	2.50 (1.94)	0.21 (0.19)	−1.40 (2.06)	0.12 (0.19)	2.73* (1.94)	0.20 (0.18)	−1.48 (2.07)	0.12 (0.18)
Mar	8.92*** (2.81)	−0.05 (0.16)	9.74*** (2.80)	−0.02 (0.15)	8.82*** (2.82)	−0.08 (0.15)	9.24*** (2.78)	−0.04 (0.15)
Fdi	2861.4*** (539.19)	64.29*** (22.44)	2943.9*** (515.87)	71.45*** (22.87)	2949.6*** (560.15)	50.18** (20.5)	2678.3*** (495.92)	58.76*** (21.38)
样本量	3542	3892	3542	3892	3542	3892	3542	3892
R²	0.119	—	0.129	—	0.118	—	0.129	—
AR（1）	—	−1.74	—	−1.38	—	−1.57	—	−1.61
AR（2）	—	−1.67	—	−1.45	—	−1.52	—	−1.60
Sargan Test	—	24.88	—	24.58	—	24.59	—	24.36

二、稳健性检验

为进一步增强本章研究结论的稳健性，本节针对模型变量和样本数据进行以下两类稳健性检验：首先，将固定互联网和移动互联网指标分别滞后1期和滞后2期对模型进行再估计，具体模型的估计结果如表7-26、表7-27和表7-28所示。回归结果显示，滞后1期和滞后2期固定互联网和移动互联网指标的系数与前文的基准模型估计结果（见表7-2、表7-3和表7-4）相比保持了较好的一致性。此外，滞后 1 期和滞后 2 期固定互联网和移动互联网指标的系数的绝对值大于前文未滞后固定互联网和移动互联网指标的系数的绝对值，并且滞后 2 期固定互联网和移动互联网指标的系数的绝对值大于滞后 1 期互联网指标的系数的绝对值，这意味着随着时间的推移，互联网对于城市创新产出多样化的影响效应逐渐累积并增强。

表 7-26　城市创新产出综合多样化（*Indiversity*）对互联网基准
回归模型的稳健性分析结果

解释变量	固定互联网规模		固定互联网普及率		移动互联网规模		移动互联网普及率	
	模型 85	模型 86	模型 87	模型 88	模型 89	模型 90	模型 91	模型 92
ln*Oint* 滞后 1 期	-18.37*** (6.24)		-26.38*** (5.36)					
ln*Oint* 滞后 2 期		-21.46*** (6.60)		-28.66*** (5.65)				
ln*Omint* 滞后 1 期					-20.92*** (7.09)		-31.18*** (5.70)	
ln*Omint* 滞后 2 期						-22.08*** (7.49)		-32.36*** (6.00)
Fin	-2.66* (1.41)	-2.87* (1.51)	-2.87** (1.38)	-3.00** (1.48)	-2.58* (1.40)	-2.65* (1.50)	-2.60* (1.37)	-2.58* (1.46)
Tra	-7.00*** (1.35)	-7.48*** (1.45)	-6.46*** (1.35)	-6.95*** (1.45)	-6.77*** (1.37)	-7.26*** (1.48)	-6.20*** (1.36)	-6.68*** (1.46)
Pop	8.89*** (1.79)	9.39*** (1.92)	7.17*** (1.83)	7.54*** (1.96)	8.73*** (1.79)	9.24*** (1.93)	6.53*** (1.84)	6.97*** (1.98)
Stres	44.90*** (13.95)	37.84** (15.21)	44.11*** (13.88)	46.69*** (15.14)	42.61*** (13.91)	45.18*** (15.17)	41.07*** (13.87)	43.29*** (15.12)
Strin	2.07* (1.25)	2.19 (1.36)	1.38 (1.25)	1.43 (1.37)	2.09* (1.25)	2.27* (1.36)	1.32 (1.25)	1.45 (1.37)
Mar	2.68 (1.64)	2.87 (1.75)	3.18* (1.64)	3.35* (1.75)	2.68 (1.64)	2.86 (1.75)	3.17* (1.64)	3.34* (1.75)
Fdi	690.39** (285.05)	737.66** (308.91)	815.93*** (282.24)	845.80*** (305.67)	702.50** (286.23)	714.283** (309.24)	794.35*** (279.18)	797.38*** (302.42)
样本量	3614	3336	3614	3336	3614	3336	3614	3336
R²	0.115	0.116	0.119	0.121	0.115	0.116	0.121	0.122
F 值	6.78***	6.91***	8.75***	8.83***	6.78***	6.67***	9.47***	9.26***

表7-27　城市创新产出相关多样化（*Rindiversity*）对互联网基准
回归模型的稳健性分析结果

解释变量	固定互联网规模		固定互联网普及率		移动互联网规模		移动互联网普及率	
	模型93	模型94	模型95	模型96	模型97	模型98	模型99	模型100
ln*Oint*滞后1期	17.92 *** (3.50)		23.01 *** (3.00)					
ln*Oint*滞后2期		20.51 *** (3.69)		24.18 *** (3.15)				
ln*Omint*滞后1期					14.33 *** (3.99)		21.70 *** (3.20)	
ln*Omint*滞后2期						15.82 *** (4.20)		22.42 *** (3.36)
Fin	5.85 *** (0.79)	5.91 *** (0.84)	5.93 *** (0.77)	5.88 *** (0.83)	5.49 *** (0.79)	5.46 *** (0.84)	5.51 *** (0.77)	5.38 *** (0.82)
Tra	8.56 *** (0.76)	9.21 *** (0.81)	8.17 *** (0.76)	8.86 *** (0.81)	8.63 *** (0.77)	9.25 *** (0.83)	8.22 *** (0.76)	8.88 *** (0.82)
Pop	−0.07 (1.00)	−0.16 (1.08)	1.40 (1.02)	1.36 (1.10)	−0.05 (1.01)	−0.14 (1.08)	1.49 (1.04)	1.43 (1.11)
Stres	32.19 *** (7.83)	34.88 *** (8.51)	33.21 *** (7.78)	36.30 *** (8.45)	34.67 *** (7.82)	37.75 *** (8.50)	35.74 *** (7.78)	39.09 *** (8.46)
Strin	−1.20 * (0.70)	−1.30 * (0.76)	−0.61 (0.70)	−0.68 (0.77)	−1.25 * (0.70)	−1.40 * (0.76)	−0.71 (0.70)	−0.84 (0.77)
Mar	−1.6 * (0.92)	−1.82 * (0.98)	−2.04 ** (0.92)	−2.14 ** (0.98)	−1.48 (0.92)	−1.62 * (0.98)	−1.83 ** (0.92)	−1.94 ** (0.98)
Fdi	−516.6 *** (160.00)	−544.4 *** (172.79)	−600.7 *** (158.06)	−604.2 *** (170.66)	−453.5 *** (160.96)	−460.4 *** (173.36)	−520.4 *** (156.74)	−511.9 *** (129.28)
样本量	3614	3336	3614	3336	3614	3336	3614	3336
R^2	0.111	0.118	0.119	0.125	0.107	0.114	0.115	0.122
F值	55.88 ***	55.49 ***	60.43 ***	59.42 ***	54.02 ***	53.15 ***	58.65 **	57.42 ***

表 7-28　城市创新产出无关多样化（*Uindiversity*）

对互联网基准回归模型的稳健性分析结果

解释变量	固定互联网规模		固定互联网普及率		移动互联网规模		移动互联网普及率	
	模型 101	模型 102	模型 103	模型 104	模型 105	模型 106	模型 107	模型 108
ln*Oint* 滞后 1 期	-36.29 *** (9.28)		-49.39 *** (7.96)					
ln*Oint* 滞后 2 期		-41.97 *** (9.82)		-52.84 *** (8.39)				
ln*Omint* 滞后 1 期					-35.25 *** (10.56)		-52.87 *** (8.47)	
ln*Omint* 滞后 2 期						-37.90 *** (11.14)		-54.77 *** (8.92)
Fin	-8.51 *** (2.10)	-8.79 *** (2.34)	-8.80 *** (2.06)	-8.89 *** (2.19)	-8.07 *** (2.09)	-8.11 *** (2.23)	-8.10 *** (2.04)	-7.97 *** (2.17)
Tra	-15.56 *** (2.02)	-16.69 *** (2.16)	-14.64 *** (2.01)	-15.81 *** (2.16)	-15.41 *** (2.04)	-16.51 *** (2.20)	-14.42 *** (2.02)	-15.55 *** (2.17)
Pop	8.95 *** (2.66)	9.55 *** (2.86)	5.77 ** (2.72)	6.17 ** (2.92)	8.79 *** (2.67)	9.38 *** (2.87)	5.04 * (2.74)	5.54 * (2.95)
Stres	12.71 (20.75)	12.96 (22.61)	10.90 (20.64)	10.38 (22.48)	7.94 (20.71)	-7.43 (22.57)	5.33 (20.63)	4.21 (22.47)
Strin	3.26 * (1.85)	3.50 * (2.03)	1.99 (1.86)	2.11 (2.04)	3.35 * (1.85)	3.67 * (2.03)	2.03 (1.86)	2.29 (2.03)
Mar	4.35 * (2.45)	4.69 * (2.60)	5.22 ** (2.44)	5.49 ** (2.60)	4.16 * (2.45)	4.49 * (2.61)	5.00 ** (2.43)	5.28 ** (2.60)
Fdi	1206.9 *** (424.14)	1282.1 *** (459.27)	1416.7 *** (419.54)	1450.0 *** (454.04)	1156.0 *** (426.15)	1174.6 ** (460.09)	1314.7 *** (415.28)	1309.3 *** (449.56)
样本量	3614	3336	3614	3336	3614	3336	3614	3336
R^2	0.134	0.137	0.140	0.143	0.133	0.135	0.140	0.143
F 值	15.76 ***	15.99 ***	18.75 ***	18.76 ***	15.23 ***	15.13 ***	18.81 ***	18.51 ***

　　其次，本节剔除了面板数据中的极端值，对模型进行重新估计和稳健性检验。本节对城市创新产出多样化指标的极大值和极小值所在的城市进行了相应的剔除，获得新的面板数据样本，在此基础上对基准回归模型进行重新估计，以尽

可能地消除样本数据的异常值和非随机性给计量回归结果带来的不利影响。具体稳健性检验结果如表 7-29、表 7-30 和表 7-31 所示。对比基准模型回归结果（见表 7-2、表 7-3 和表 7-4），基于极端值剔除样本的估计结果保持了较好的一致性，进一步表明本章研究结论的稳健性。

表 7-29　基于极端值剔除样本的城市创新产出综合多样化

（*Indiversity*）对互联网的稳健性检验

解释变量	固定互联网规模	固定互联网普及率	移动互联网规模	移动互联网普及率
	模型 109	模型 110	模型 111	模型 112
ln*Oint*	−5.468 * (2.812)	−4.514 * (2.388)		
ln*Omint*			−0.194 (3.699)	−1.384 (2.500)
Fin	0.325 (0.317)	0.291 (0.319)	0.365 (0.321)	0.343 (0.320)
Tra	−0.166 (0.366)	−0.161 (0.366)	−0.186 (0.367)	−0.175 (0.367)
Pop	0.758 (3.092)	0.294 (3.083)	0.276 (3.086)	0.157 (3.092)
Stres	11.653 ** (4.545)	10.904 ** (4.526)	10.845 ** (4.529)	10.747 ** (4.531)
Strin	−0.621 (0.412)	−0.651 (0.412)	−0.662 (0.412)	−0.668 (0.412)
Mar	0.059 (0.388)	0.055 (0.388)	0.051 (0.389)	0.051 (0.389)
Fdi	89.083 (62.760)	98.894 (63.418)	80.060 (64.780)	87.476 (64.351)
样本量	3864	3864	3864	3864
R^2	0.107	0.107	0.106	0.106
F 值	2.956 ***	2.930 ***	2.481 ***	2.519 ***

表 7-30 基于极端值剔除样本的城市创新产出相关多样化（**Rindiversity**）

对互联网的稳健性检验

解释变量	固定互联网规模	固定互联网普及率	移动互联网规模	移动互联网普及率
	模型 113	模型 114	模型 115	模型 116
ln*Oint*	9.015***	11.069***		
	(2.284)	(1.985)		
ln*Omint*			3.267	7.105***
			(2.613)	(2.122)
Fin	4.599***	4.628***	4.224***	4.301***
	(0.504)	(0.494)	(0.503)	(0.490)
Tra	4.966***	4.832***	5.207***	5.039***
	(0.491)	(0.489)	(0.497)	(0.491)
Pop	3.155***	3.822***	3.069***	3.575***
	(0.645)	(0.659)	(0.647)	(0.667)
Stres	40.199***	40.775***	41.334***	41.743***
	(4.965)	(4.947)	(4.965)	(4.960)
Strin	−0.246	0.025	−0.293	−0.117
	(0.446)	(0.449)	(0.447)	(0.450)
Mar	−0.607	−0.754	−0.371	0.521
	(0.592)	(0.591)	(0.592)	(0.591)
Fdi	−238.518**	−279.637***	−157.525	−202.150**
	(97.862)	(97.190)	(98.517)	(96.363)
样本量	3822	3822	3822	3822
R^2	0.148	0.152	0.145	0.147
F 值	82.638***	84.904***	80.590***	81.999***

表 7-31 基于极端值剔除样本的城市创新产出无关多样化

（**Uindiversity**）对互联网的稳健性检验

解释变量	固定互联网规模	固定互联网普及率	移动互联网规模	移动互联网普及率
	模型 117	模型 118	模型 119	模型 120
ln*Oint*	−7.142**	−10.514***		
	(3.059)	(2.678)		
ln*Omint*			−0.834	−6.510**
			(3.497)	(2.852)

续表

解释变量	固定互联网规模	固定互联网普及率	移动互联网规模	移动互联网普及率
	模型117	模型118	模型119	模型120
Fin	-4.043***	-4.152***	-3.657***	-3.833***
	(0.675)	(0.663)	(0.673)	(0.675)
Tra	-4.721***	-4.535***	-4.993***	-4.740***
	(0.657)	(0.654)	(0.664)	(0.656)
Pop	-1.550*	-2.211**	-1.458*	-1.963**
	(0.859)	(0.878)	(0.861)	(0.887)
Stres	-20.394***	-20.699***	-21.449***	-21.747***
	(6.602)	(6.580)	(6.591)	(5.587)
Strin	0.637	0.370	0.672	0.503
	(0.592)	(0.596)	(0.593)	(0.597)
Mar	1.031	1.233	0.793	1.001
	(0.793)	(0.793)	(0.793)	(0.792)
Fdi	311.003**	367.985***	224.510*	291.711**
	(131.489)	(130.623)	(132.213)	(129.320)
样本量	3864	3864	3864	3864
R^2	0.157	0.160	0.156	0.157
F 值	29.118***	30.438***	28.404***	29.086***

第四节　本章小结

综上所述，本章实证检验了互联网对城市创新产出多样化的影响效应，深入分析了固定互联网和移动互联网对创新产出相关多样化和无关多样化的作用。主要结论如下：

第一，通过提高现有产业体系的分工水平，强化在位企业的创新能力，互联网对城市创新主要体现为专业化促进的作用，有助于提高城市创新产出专业化水平，这意味着互联网对于城市创新产出多样化具有负向的影响，并且该结论通过了实证检验。此外，相对于固定互联网，移动互联网在促进创新专业化方面影响作用更大，这可能是由于移动互联网更容易形成产业内部的信息流动网络，但该网络相对封闭，易于形成"信息茧房"，阻碍技术知识对外交流。

第二，固定互联网和移动互联网的发展均有助于创新产出相关多样化水平的提升。并且固定互联网对创新产出相关多样化的促进作用高于移动互联网对创新产出相关多样化的促进作用，这是因为当前创新工作的开展，更多地采用固定互联网作为工具，由于固定互联网具有更稳定的传输速度和更安全的网络环境，有助于创新工作的顺利进行和安全保密，更加受到创新主体的青睐。

第三，固定互联网和移动互联网的发展对创新产出无关多样化水平具有负向的影响。固定互联网对创新产出无关多样化的抑制作用弱于移动互联网对创新产出无关多样化的抑制作用，究其原因，主要是由于移动互联网所形成的技术关联网络内部联系更加紧密，从而使创新主体较难突破现有的技术体系，实现其他领域的创新。

第四，基于面板分位数回归分析，在不同的城市创新产出多样化水平下，固定互联网和移动互联网对创新产出综合多样化、相关多样化以及无关多样化的影响效应存在差异。研究结论表明：其一，当城市创新产出综合多样化处于较高水平时，互联网将有助于创新产出综合多样化的继续提升；而当创新产出综合多样化水平较低时，此时互联网将对创新产出综合多样化产生负向的影响。其二，在不同创新产出相关多样化水平下，互联网均有助于提升城市创新产出相关多样化，并且随着城市创新产出相关多样化水平的提高，互联网对城市创新产出相关多样化的促进作用更加显著。其三，当城市创新产出无关多样化处于较低水平时，互联网将对城市创新产出无关多样化产生负向的影响，而当城市创新产出无关多样化处于较高水平时，互联网对城市创新产出无关多样化的影响将变为正向。

第八章 研究结论、政策启示与研究展望

第一节 研究结论

信息和知识的空间流动对于城市创新活动具有重要的意义，互联网作为影响信息流动的关键技术方式，可以有效缓解和克服空间经济中的知识流动摩擦，对于城市创新产出的水平、差距和多样化会产生重要的作用。本书基于网络经济理论、创新系统理论和新经济地理理论，探究互联网对城市创新地理的影响机理和效应，本书研究结论如下：

第一，通过系统归纳中国互联网发展和创新激励的相关政策文件，本书认为中国互联网政策经历了起始（1994~1999 年）、发展（2000~2009 年）和战略深化（2010 年至今）三个阶段。中国创新激励政策同时也经历了科教兴国（1978~2005 年）、建设创新型国家（2006~2014 年）和"大众创业、万众创新"（2015 年至今）三个阶段。近 15 年来，中国城市创新产出的空间格局基本处于稳定状态。东部沿海城市位于中国创新的第一梯队，然后由东向西依次递减。中国城市总量创新指数的平均水平高于人均创新指数和单位面积创新指数的平均水平，但三者均呈下降趋势。中国城市创新产出呈典型的"梭形"分布，即中国创新产出水平处于较低水平和较高水平的城市均较少，而创新产出水平处于中等水平或中下水平以及中上水平的城市所占比例较大。此外，中国城市互联网的平均使用规模呈稳步增长趋势，先在中国东部城市增长和发展，然后由东向西、由

沿海向内陆逐步推进。中国互联网使用（固定互联网和移动互联网）的城市间差距较大，并且城市互联网使用分布存在典型的"长尾效应"。

第二，互联网的普及和发展对于城市创新产出水平具有显著的促进作用。以"宽带中国"试点政策作为准自然实验，基于DID模型的实证分析表明，城市互联网的发展有助于城市创新产出水平的提升，相较于未被遴选为"宽带中国"试点的城市，被遴选为"宽带中国"试点城市的创新产出水平平均增长了27.6%。从影响机理看，互联网发展通过促进城市金融产业水平提升、城市产业结构合理化以及城市化发展进而提升城市创新产出水平。此外，以"宽带中国"试点政策来看，互联网对城市创新产出水平的提升效应表现出东北、西部、中部以及东部逐渐递减的变化趋势。

第三，互联网有助于缩小中国城市创新产出差距。互联网对创新活动地理分布的影响效应并非是单一的"离心力效应"或"向心力效应"，而是两种效应同时发挥作用，因此互联网对城市创新产出差距的影响取决于"离心力效应"和"向心力效应"相对大小，表现出非线性的特征。基于本书研究的实证结论，中国互联网对城市创新活动的"离心力效应"大于"向心力效应"，因此互联网有助于缩小中国城市创新产出差距。互联网对城市创新产出差距的影响受到城市金融发展和市场活力的调节作用。实证结果表明，金融发展水平对于互联网创新效应的发挥存在单门槛的调节作用。当城市金融发展水平较低时，互联网对城市创新的"向心力效应"起主导作用，城市创新产出差距将扩大；当城市金融发展达到较高水平时，互联网对城市创新的"离心力效应"起主导作用，有助于缩小城市创新产出差距。市场活力水平对于互联网创新效应的发挥存在单门槛的调节作用。一定水平的城市市场活力是互联网创新效应发挥作用的基本条件。当城市市场活力较低时，固定互联网对城市创新的"向心力效应"起主导作用，将扩大城市创新产出差距，与此相反，此时移动互联网的"离心力效应"则起主导作用，有助于缩小城市创新产出差距；当城市市场活力达到较高水平时，互联网对城市创新的"离心力效应"起主导作用，有助于缩小城市创新产出差距。

第四，从整体看，互联网对于城市创新产出多样化具有负向的影响。互联网通过提高现有产业体系的分工水平，强化在位企业的创新能力，对城市创新主要体现为专业化促进的作用，在一定程度上降低了城市创新产出多样化水平。此外，相对于固定互联网，移动互联网在促进创新产出专业化方面影响作用更大，这可能是由于移动互联网更容易形成产业内部的信息流动网络，但该网络相对封闭，易于形成"信息茧房"，阻碍技术知识对外交流。通过对创新产出综合多样化进行分解，研究发现互联网的发展有助于创新产出相关多样化水平的提升，而对创新产出无关多样化水平具有负向的影响。固定互联网对创新产出相关多样化的促进作用高于移动互联网对创新产出相关多样化的促进作用，这是因为当前创新工作的开展，更多地以固定互联网作为工具，由于固定互联网具有更稳定的传输速度和更安全的网络环境，有助于创新工作的顺利进行和安全保密，更加受到创新主体的青睐。固定互联网对创新产出无关多样化的抑制作用弱于移动互联网对创新产出无关多样化的抑制作用，究其原因，主要是由于移动互联网所形成的技术关联网络内部联系更加紧密，从而创新主体较难突破现有的技术体系，实现其他领域的创新。此外，在不同的城市创新产出多样化水平下，互联网对创新产出综合多样化、相关多样化以及无关多样化的影响效应存在差异。

相较于已有研究，本书的贡献主要体现在以下三个方面：

第一，现有研究多从静态的视角对互联网的创新效应进行分析，然而创新活动的动态属性意味着互联网的创新效应应该更加多元和深入。因此本书基于创新过程的四阶段理论，将创新过程划分为提出创意、咨询改进、创意匹配以及创意实施四个阶段，结合创新过程不同阶段的特征，深入分析了互联网对城市创新产出水平的直接和间接影响机理。以"宽带中国"试点政策作为准自然实验，基于 DID 模型的实证研究发现互联网可以通过直接和间接的作用提升城市创新产出水平；从直接影响看，互联网的普及和发展对于城市创新产出水平的提升具有显著的促进作用；从间接影响看，互联网发展通过促进城市金融产业水平提升、城市产业结构合理化以及城市化发展进而提升城市创新产出水平。

第二，不同于现有城市创新产出的增长效应研究，本书从城市之间创新活动的空间结构视角出发，同时考虑互联网对城市创新活动所产生的"离心力效应"和"向心力效应"，分析了互联网如何影响城市创新产出差距。互联网对创新活动地理分布的影响效应并非是单一的"离心力效应"或"向心力效应"，而是两种效应同时发挥作用，并且城市金融发展和市场活力在其中发挥着重要的调节作用。实证分析得出互联网对城市创新产出差距缩小具有正向效应和门槛效应；中国互联网对城市创新产出的"离心力效应"大于"向心力效应"，有助于缩小中国城市创新产出差距；互联网对城市创新产出差距的影响显著存在基于金融发展水平和市场活力的"单门槛效应"，城市只有跨越相应的金融发展水平和市场活力的门槛，互联网才能有效地促进中小城市创新能力提升，缩小城市创新产出差距。

第三，已有研究大多关注互联网对创新活动规模水平的影响效应，较少涉及创新活动的类型。本书基于创新类型的视角，从理论和实证方面深入探究了互联网对不同创新产出多样化的作用效应。研究发现互联网对城市创新产出综合多样化、无关多样化和相关多样化具有差异化的影响。从整体来看，互联网对于城市创新产出综合多样化具有负向的影响。互联网通过提高现有产业体系的分工水平，强化在位企业的创新能力，对城市创新主要体现为专业化促进的作用，在一定程度上降低了城市创新产出多样化水平。根据创新产出的技术关联性，创新产出综合多样化可以分解为创新产出无关多样化和创新产出相关多样化，实证检验发现互联网的发展有助于创新产出相关多样化水平的提升，而对创新产出无关多样化水平具有负向的影响。

第二节 政策启示

当前推动区域协调发展已经成为"十四五"时期中国经济社会发展的主要目标和重大任务。以互联网为代表的信息通信技术的蓬勃发展使中国数字经济欣欣向荣。互联网正在深刻地改变着信息和知识流动的方式，重置创新活动的空间格局。有效利用互联网等信息通信技术，进而提升城市创新能力，对于优化中国区域经济格局、助力中国经济的高质量发展具有重要意义。基于本书研究理论分析和实证结果，笔者提出以下几点政策建议：

第一，创新活动是一个复杂的、动态化的过程，政策制定者需要系统的政策工具对其进行激发和培育，在创新活动的不同阶段提供适宜良好的环境，制定相应的激励政策。良好的知识获取和交流环境是培养创新的重要基础，应充分利用互联网等信息技术，搭建和提供信息知识的共享交流平台，完善创新发展的基础配套设施和相关产业。

第二，在区域以及城市层面，互联网所产生的创新效应是复杂的、非线性的，对于希望通过互联网的手段实现区域创新提升的区域和城市，需要准确评估政策措施所带来的影响，在推进互联网普及的过程中需要考虑区域或城市其他经济发展领域的兼容性，不能简单线性地认为互联网可以提升创新能力，如果缺乏全面的认识和评估，可能产生事与愿违的政策效应。

第三，在普及和推广互联网的同时，城市政策制定者需要提高其金融发展水平和市场活力等协同支持。一方面，引导金融机构为互联网等新经济创业者提供创新融资，定向为创新企业提供创新融资补贴或税收减免，激励其不断创新。另一方面，优化市场监管和治理，降低企业创新成本，激发市场活力，为企业间的交流和学习提供平台，让创业者在交流和学习中不断碰撞出创意。

第四，提升城市创新能力，缩小城市创新产出差距是一个系统工程，互联网的普及为缩小城市创新产出差距提供了一种可能，但还需要各个方面的协同，一是需要提升城市的基础福利设施，比如教育、医疗和交通水平，这有利于吸引高技能劳动力来此就业和定居。二是需要优化当地产业结构，有助于吸引创新企业进入。三是需要制定长效的创新创业政策，提高政府管理水平和效率，鼓励和吸引创新企业落户本地。

第五，在创新发展的方向上，互联网在一定程度上会造成创新活动的路径依赖，政策制定者需要综合考虑区域或城市创新发展和经济增长的需求，适时对创新活动进行干预，通过政策引导多领域的创新活动，促进创新产出多样化的发展，有助于区域或城市经济的长期可持续增长。

第三节 研究展望

创新活动是一个动态的、缓慢的过程，因此对于创新活动的相关实证研究需要考虑使用较长时间跨度的个体数据进行分析，但由于城市层面数据在2002年之前缺失较多，因此笔者只能选取2003年之后的数据进行实证分析，因此可能引起模型估计系数的偏误。此外，本书主要使用局部分析的方法进行研究，无法广泛地探讨互联网对整体经济的影响；本书主要关注经济活动中的创新，但经济社会是一个整体系统，全局的一般均衡可以从更广的角度分析互联网发展带来的经济影响。

基于城市视角，本书探讨了互联网对创新产出水平、差距以及多样化的影响。然而创新活动不仅仅发生在城市当中，在城市周边和外围也存在许多创新活动，尤其是中国广阔的乡村区域，并且乡村地区的创新活动越来越受到学者们的关注（Eder，2019；Rodríguez-Pose and Wilkie，2019）。在中国乡村振兴的背景下，未来的研究中可以将城市和乡村纳入同一分析框架，探究互联网对于城乡创新活动的空间分布及其差距的影响。此外，城市层面相关数据的积累可以帮助人们进行更加全面准确的实证分析。从分析方法来看，本书主要采用局部的分析方法，在未来的研究中可以基于一般均衡的分析框架，构建经济主体的经济地理模型，深入分析互联网对于经济活动的地理空间效应。

参考文献

［1］Acemoglu D, Angrist J. How Large are Human-Capital Externalities? Evidence from Compulsory Schooling Laws ［J］. NBER Macroeconomics Annual, 2000 (15): 9-59.

［2］Acemoglu D, Laibson D, List J A. Equalizing Superstars: The Internet and the Democratization of Education ［J］. The American Economic Review, 2014, 104 (5): 523-527.

［3］Agrawal A, Catalini C, Goldfarb A. Crowdfunding: Geography, Social Networks, and the Timing of Investment Decisions ［J］. Journal of Economics & Management Strategy, 2015, 24 (2): 253-274.

［4］Ahlfeldt G M, Redding S J, Sturm D M, et al. The Economics of Density: Evidence from the Berlin Wall ［J］. Econometrica, 2015, 83 (6): 2127-2189.

［5］Akcigit U, Kerr W R. Growth through Heterogeneous Innovations ［J］. Journal of Political Economy, 2018, 126 (4): 1374-1443.

［6］Akerman A, Gaarder I, Mogstad M. The Skill Complementarity of Broadband Internet ［J］. The Quarterly Journal of Economics, 2015, 130 (4): 1781-1824.

［7］Alfaro Navarro J L, López Ruiz V R, Nevado Peña D. The Effect of ICT Use and Capability on Knowledge-based Cities ［J］. Cities, 2017 (60): 272-280.

［8］Anderson C. The Long Tail: How Endless Choice is Creating Unlimited Demand ［M］. London: Random House Business Books, 2006.

［9］Arkolakis C, Ramondo N, Rodríguez-Clare A, et al. Innovation and Production in the Global Economy ［J］. American Economic Review, 2018, 108 (8): 2128-

2173.

[10] Arnosti N, Beck M, Milgrom P. Adverse Selection and Auction Design for Internet Display Advertising [J] . American Economic Review, 2016, 106 (10): 2852-2866.

[11] Arthur W B. The Nature of Technology: What it is and How it Evolves [M] . London: Allen Lane, 2009.

[12] Aryal G R, Mann J, Loveridge S, et al. Drivers of Differences in Inventiveness across Urban and Rural Regions [J] . Journal of Urban Affairs, 2021, 43 (5): 640-657.

[13] Arzaghi M, Henderson J V. Networking off Madison Avenue [J] . The Review of Economic Studies, 2008, 75 (4): 1011-1038.

[14] Asheim B, Coenen L, Moodysson J. Methods and Applications of Regional Innovation Systems Analysis [M] //Karlsson C, Andersson M, Norman T. Handbook of Research Methods and Applications in Economic Geography. Cheltenham: Edward Elgar Publishing, 2015: 272-290.

[15] Asheim B T, Coenen L. Knowledge Bases and Regional Innovation Systems: Comparing Nordic Clusters [J]. Research Policy, 2005, 34 (8): 1173-1190.

[16] Asheim B T, Isaksen A, Trippl M. Advanced Introduction to Regional Innovation Systems [M] . Cheltenham: Edward Elgar Publishing, 2019.

[17] Audretsch D B, Feldman M P. R&D Spillovers and the Geography of Innovation and Production [J] . The American Economic Review, 1996, 86 (3): 630-640.

[18] Autor D H. Outsourcing at Will: The Contribution of Unjust Dismissal Doctrine to the Growth of Employment Outsourcing [J] . Journal of Labor Economics, 2003, 21 (1): 1-42.

[19] Balasubramanian S. Mail versus Mall: A Strategic Analysis of Competition between Direct Marketers and Conventional Retailers [J] . Marketing Science, 1998, 17 (3): 181-195.

[20] Baldwin C Y, Clark K B. Managing in an Age of Modularity [J] . Harvard Business Review, 1997, 75 (5): 84-93.

[21] Bar-Isaac H, Caruana G, Cuñat V. Search, Design, and Market Structure [J] . The American Economic Review, 2012, 102 (2): 1140-1160.

[22] Baslandze S. The Role of the IT Revolution in Knowledge Diffusion, Innovation and Reallocation [C] . Society for Economic Dynamics, 2016.

[23] Ba S, Pavlou P A. Evidence of the Effect of Trust Building Technology in Electronic Markets: Price Premiums and Buyer Behavior [J] . MIS Quarterly, 2002, 26 (3): 243–268.

[24] Baye M R, Morgan J. Information Gatekeepers on the Internet and the Competitiveness of Homogeneous Product Markets [J] . American Economic Review, 2001, 91 (3): 454–474.

[25] Baysoy M A, Altug S. Growth Spillovers for the MENA Region: Geography, Institutions, or Trade? [J] . The Developing Economies, 2021, 59 (3): 275–305.

[26] Berliant M, Reed R R, Wang P. Knowledge Exchange, Matching, and Agglomeration [J] . Journal of Urban Economics, 2006, 60 (1): 69–95.

[27] Bertschek I, Briglauer W, Hüschelrath K, et al. The Economic Impacts of Broadband Internet: A Survey [J] . Review of Network Economics, 2015, 14 (4): 201–227.

[28] Bettencourt L M, Lobo J, Strumsky D. Invention in the City: Increasing Returns to Patenting as a Scaling Function of Metropolitan Size [J] . Research Policy, 2007, 36 (1): 107–120.

[29] Bhargava H K, Choudhary V. Research Note—When is Versioning Optimal for Information Goods? [J] . Management Science, 2008, 54 (5): 1029–1035.

[30] Blum B S, Goldfarb A. Does the Internet Defy the Law of Gravity? [J] . Journal of International Economics, 2006, 70 (2): 384–405.

[31] Bonesso S, Gerli F, Pizzi C, et al. The Role of Intangible Human Capital in Innovation Diversification: Linking Behavioral Competencies with Different Types of Innovation [J] . Industrial and Corporate Change, 2020, 29 (3): 661–681.

[32] Borenstein S, Saloner G. Economics and Electronic Commerce [J] . Journal of Economic Perspectives, 2001, 15 (1): 3–12.

[33] Breschi S, Lissoni F, Malerba F. Knowledge-relatedness in Firm Technological Diversification [J] . Research Policy, 2003, 32 (1): 69–87.

[34] Briglauer W, Dürr N S, Falck O, et al. Does State Aid for Broadband Deployment in Rural Areas Close the Digital and Economic Divide? [J] . Information

Economics and Policy, 2019 (46): 68-85.

[35] Brown J R, Goolsbee A. Does the Internet Make Markets More Competitive? Evidence from the Life Insurance Industry [J] . Journal of Political Economy, 2002, 110 (3): 481-507.

[36] Brynjolfsson E, Hitt L M. Computing Productivity: Firm-Level Evidence [J] . The Review of Economics and Statistics, 2003, 85 (4): 793-808.

[37] Brynjolfsson E, Hu Y, Rahman M S. Battle of the Retail Channels: How Product Selection and Geography Drive Cross-Channel Competition [J] . Management Science, 2009, 55 (11): 1755-1765.

[38] Brynjolfsson E, Hu Y, Simester D. Goodbye Pareto Principle, Hello Long Tail: The Effect of Search Costs on the Concentration of Product Sales [J] . Management Science, 2011, 57 (8): 1373-1386.

[39] Brynjolfsson E, Smith M D. Frictionless Commerce? A Comparison of Internet and Conventional Retailers [J] . Management Science, 2000, 46 (4): 563-585.

[40] Buzard K, Carlino G A, Hunt R M, et al. The Agglomeration of American R&D Labs [J] . Journal of Urban Economics, 2017 (101): 14-26.

[41] Böhme R, Christin N, Edelman B, et al. Bitcoin: Economics, Technology, and Governance [J] . Journal of Economic Perspectives, 2015, 29 (2): 213-238.

[42] Cairncross F. The Death of Distance: How the Communications Revolution is Changing Our Lives [M] . Boston: Harvard Business School Press, 2001.

[43] Camagni R, Capello R. ICTs and Territorial Competitiveness in the Era of Internet [J] . The Annals of Regional Science, 2005, 39 (3): 421-438.

[44] Caragliu A, Del Bo C F. Smart Innovative Cities: The Impact of Smart City Policies on Urban Innovation [J] . Technological Forecasting and Social Change, 2019 (142): 373-383.

[45] Carlino G, Kerr W R. Agglomeration and Innovation [M] //Duranton G, Henderson J V, Strange W C. Handbook of Regional and Urban Economics. Berkeley: Elsevier, 2015: 349-404.

[46] Carlton D W, Gans J S, Waldman M. Why Tie a Product Consumers Do Not Use? [J] . American Economic Journal: Microeconomics, 2010, 2 (3): 85-105.

[47] Celbis M G, De Crombrugghe D. Internet Infrastructure and Regional Conver-

gence: Evidence from Turkey [J]. Papers in Regional Science, 2018, 97 (2): 387-409.

[48] Choi C, Hoon Yi M. The Effect of the Internet on Economic Growth: Evidence from Cross - Country Panel Data [J]. Economics Letters, 2009, 105 (1): 39-41.

[49] Choi C. The Effect of the Internet on Service Trade [J]. Economics Letters, 2010, 109 (2): 102-104.

[50] Ciccone A, Peri G. Identifying Human - Capital Externalities: Theory with Applications [J]. The Review of Economic Studies, 2006, 73 (2): 381-412.

[51] Ciffolilli A, Muscio A. Industry 4. 0: National and Regional Comparative Advantages in Key Enabling Technologies [J]. European Planning Studies, 2018, 26 (12): 2323-2343.

[52] Coenen L, Asheim B, Bugge M M, et al. Advancing Regional Innovation Systems: What Does Evolutionary Economic Geography Bring to the Policy Table? [J]. Environment and Planning C: Politics and Space, 2017, 35 (4): 600-620.

[53] Coenen L, Morgan K. Evolving Geographies of Innovation: Existing Paradigms, Critiques and Possible Alternatives [J]. Norsk Geografisk Tidsskrift - Norwegian Journal of Geography, 2020, 74 (1): 13-24.

[54] Cohen W M, Klepper S. Firm Size and the Nature of Innovation within Industries: The Case of Process and Product R&D [J]. The Review of Economics and Statistics, 1996, 78 (2): 232-243.

[55] Cohen W M, Nelson R, Walsh J P. Protecting Their Intellectual Assets: Appropriability Conditions and Why U. S. Manufacturing Firms Patent (or Not) [R]. Cambridge: National Bureau of Economic Research, 2000.

[56] Combes P P, Duranton G. Labour Pooling, Labour Poaching, and Spatial Clustering [J]. Regional Science and Urban Economics, 2006, 36 (1): 1-28.

[57] Combes P P, Gobillon L. The Empirics of Agglomeration Economies [M] // Duranton G, Henderson J V, Strange W C. Handbook of Regional and Urban Economics. New York: Elsevier, 2015: 247-348.

[58] Cooke P. Regionally Asymmetric Knowledge Capabilities and Open Innovation: Exploring "Globalisation 2" —A New Model of Industry Organisation [J]. Re-

search Policy, 2005, 34 (8): 1128-1149.

[59] Craig S G, Hoang E C, Kohlhase J E. Does Closeness in Virtual Space Complement Urban Space? [J]. Socio-Economic Planning Sciences, 2017 (58): 22-29.

[60] Croissant Y, Millo G. Panel Data Econometrics with R [M]. Hoboken: John Wiley & Sons, 2018.

[61] Cullen Z, Farronato C. Outsourcing Tasks Online: Matching Supply and Demand on Peer-to-Peer Internet Platforms [J]. Management Science, 2020, 67 (7): 3985-4003.

[62] Czernich N. Does Broadband Internet Reduce the Unemployment Rate? Evidence for Germany [J]. Information Economics and Policy, 2014 (29): 32-45.

[63] Davis D R, Dingel J I. A Spatial Knowledge Economy [J]. American Economic Review, 2019, 109 (1): 153-170.

[64] De Jong J, Den Hartog D. Measuring Innovative Work Behaviour [J]. Creativity and Innovation Management, 2010, 19 (1): 23-36.

[65] De Nijs R. Behavior-based Price Discrimination and Customer Information Sharing [J]. International Journal of Industrial Organization, 2017 (50): 319-334.

[66] De Vos D, Lindgren U, Van Ham M, et al. Does Broadband Internet Allow Cities to "Borrow Size"? Evidence from the Swedish Labour Market [J]. Regional Studies, 2020, 54 (9): 1175-1186.

[67] Dijkstra L, Poelman H, Rodríguez-Pose A. The Geography of EU Discontent [J]. Regional Studies, 2020, 54 (6): 737-753.

[68] Doleac J L. The Effects of DNA Databases on Crime [J]. American Economic Journal: Applied Economics, 2017, 9 (1): 165-201.

[69] Doloreux D. What We Should Know about Regional Systems of Innovation [J]. Technology in Society, 2002, 24 (3): 243-263.

[70] Duranton G, Kerr W R. The Logic of Agglomeration [R]. Cambridge: National Bureau of Economic Research, 2015.

[71] Duranton G, Puga D. The Economics of Urban Density [J]. Journal of Economic Perspectives, 2020, 34 (3): 3-26.

[72] Economides N, Jeziorski P. Mobile Money in Tanzania [J]. Marketing Science, 2017, 36 (6): 815-837.

[73] Edelman B. Priced and Unpriced Online Markets [J] . Journal of Economic Perspectives, 2009, 23 (3): 21-36.

[74] Eder J. Innovation in the Periphery: A Critical Survey and Research Agenda [J] . International Regional Science Review, 2019, 42 (2): 119-146.

[75] Einav L, Farronato C, Levin J, et al. Auctions versus Posted Prices in Online Markets [J] . Journal of Political Economy, 2018, 126 (1): 178-215.

[76] Ellison G, Ellison S F. Lessons about Markets from the Internet [J] . Journal of Economic Perspectives, 2005, 19 (2): 139-158.

[77] Evans D S. The Online Advertising Industry: Economics, Evolution, and Privacy [J] . Journal of Economic Perspectives, 2009, 23 (3): 37-60.

[78] Fajgelbaum P D, Gaubert C. Optimal Spatial Policies, Geography, and Sorting [J] . The Quarterly Journal of Economics, 2020, 135 (2): 959-1036.

[79] Fajgelbaum P D, Morales E, Serrato J C S, et al. State Taxes and Spatial Misallocation [J] . The Review of Economic Studies, 2019, 86 (1): 333-376.

[80] Fallick B, Fleischman C A, Rebitzer J B. Job - Hopping in Silicon Valley: Some Evidence Concerning the Microfoundations of a High-Technology Cluster [J] . The Review of Economics and Statistics, 2006, 88 (3): 472-481.

[81] Feldman M P. The Geography of Innovation [M] . Dordrecht: Springer Netherlands, 1994.

[82] Feldman M P. The Internet Revolution and the Geography of Innovation [J] . International Social Science Journal, 2002, 54 (171): 47-56.

[83] Fitjar R D, Rodríguez-Pose A. Where Cities Fail to Triumph: The Impact of Urban Location and Local Collaboration on Innovation in Norway [J] . Journal of Regional Science, 2020, 60 (1): 5-32.

[84] Florax R J, Folmer H, Rey S J. Specification Searches in Spatial Econometrics: The Relevance of Hendry's Methodology [J] . Regional Science and Urban Economics, 2003, 33 (5): 557-579.

[85] Forman C, Ghose A, Goldfarb A. Competition between Local and Electronic Markets: How the Benefit of Buying Online Depends on Where You Live [J] . Management Science, 2009, 55 (1): 47-57.

[86] Forman C, Van Zeebroeck N. Digital Technology Adoption and Knowledge

Flows within Firms: Can the Internet Overcome Geographic and Technological Distance? [J] . Research Policy, 2019, 48 (8): 103697.

[87] Fradkin A, Grewal E, Holtz D. The Determinants of Online Review Informativeness: Evidence from Field Experiments on Airbnb [R] . New York: Social Science Research Network, 2018.

[88] Freedman M L. Job Hopping, Earnings Dynamics, and Industrial Agglomeration in the Software Publishing Industry [J] . Journal of Urban Economics, 2008, 64 (3): 590-600.

[89] Freire-Gibb L C, Nielsen K. Entrepreneurship within Urban and Rural Areas: Creative People and Social Networks [J] . Regional Studies, 2014, 48 (1): 139-153.

[90] Frenken K, Van Oort F, Verburg T. Related Variety, Unrelated Variety and Regional Economic Growth [J] . Regional Studies, 2007, 41 (5): 685-697.

[91] Friedman T L. The World is Flat: A Brief History of the Twenty-First Century [M] . London: Picador, 2007.

[92] Fudenberg D, Villas-Boas J M. Price Discrimination in the Digital Economy [M] . Oxford: Oxford University Press, 2012.

[93] Fujita M, Thisse J F. Does Geographical Agglomeration Foster Economic Growth? And Who Gains and Loses from It? [J] . The Japanese Economic Review, 2003, 54 (2): 121-145.

[94] Galloway L, Sanders J, Deakins D. Rural Small Firms' Use of the Internet: From Global to Local [J] . Journal of Rural Studies, 2011, 27 (3): 254-262.

[95] Gaspar J, Glaeser E L. Information Technology and the Future of Cities [J] . The Journal of Urban Economics, 1998, 43 (1): 136-156.

[96] Gaubert C. Firm Sorting and Agglomeration [J] . The American Economic Review, 2018, 108 (11): 3117-3153.

[97] Gaziulusoy A I, Brezet H. Design for System Innovations and Transitions: A Conceptual Framework Integrating Insights from Sustainablity Science and Theories of System Innovations and Transitions [J] . Journal of Cleaner Production, 2015 (108): 558-568.

［98］ Gerlach H, Rønde T, Stahl K. Labor Pooling in R&D Intensive Industries ［J］. Journal of Urban Economics, 2009, 65（1）: 99-111.

［99］ Glaeser E L, Ponzetto G A M, Zou Y. Urban Networks: Connecting Markets, People, and Ideas ［J］. Papers in Regional Science, 2016, 95（1）: 17-59.

［100］ Glaeser E L, Rosenthal S S, Strange W C. Urban Economics and Entrepreneurship ［J］. Journal of Urban Economics, 2010, 67（1）: 1-14.

［101］ Goldfarb A, Tucker C. Digital Economics ［J］. Journal of Economic Literature, 2019, 57（1）: 3-43.

［102］ Goldfarb A, Tucker C. Digital Economics ［R］. Cambridge: National Bureau of Economic Research, 2017.

［103］ Gómez-Barroso J L, Marbán-Flores R. Telecommunications and Economic Development-The 21st Century: Making the Evidence Stronger ［J］. Telecommunications Policy, 2020, 44（2）: 101905.

［104］ Gompers P, Lerner J. The Venture Capital Revolution ［J］. Journal of Economic Perspectives, 2001, 15（2）: 145-168.

［105］ Grimes S. How Well are Europe's Rural Businesses Connected to the Digital Economy? ［J］. European Planning Studies, 2005, 13（7）: 1063-1081.

［106］ Grossman G M, Helpman E. Innovation and Growth in the Global Economy (7th Print) ［M］. Cambridge: The MIT Press, 2001.

［107］ Haefner L, Sternberg R. Spatial Implications of Digitization: State of the Field and Research Agenda ［J］. Geography Compass, 2020, 14（12）: e12544.

［108］ Hampton K, Wellman B. Neighboring in Netville: How the Internet Supports Community and Social Capital in a Wired Suburb ［J］. City & Community, 2003, 2（4）: 277-311.

［109］ Hansen B E. Threshold Effects in Non-Dynamic Panels: Estimation, Testing, and Inference ［J］. Journal of Econometrics, 1999, 93（2）: 345-368.

［110］ Haruyama T, Hashimoto K. Innovators and Imitators in a World Economy ［J］. Journal of Economics, 2020, 130（2）: 157-186.

［111］ Helsley R W, Strange W C. Innovation and Input Sharing ［J］. Journal of Urban Economics, 2002, 51（1）: 25-45.

［112］ Honka E. Quantifying Search and Switching Costs in the US Auto Insurance

Industry [J] . The RAND Journal of Economics, 2014, 45 (4): 847-884.

[113] Houser D, Wooders J. Reputation in Auctions: Theory, and Evidence from eBay [J] . Journal of Economics & Management Strategy, 2006, 15 (2): 353-369.

[114] Ivus O, Boland M. The Employment and Wage Impact of Broadband Deployment in Canada [J] . Canadian Journal of Economics, 2015, 48 (5): 1803-1830.

[115] Johnson J P. Targeted Advertising and Advertising Avoidance [J] . The RAND Journal of Economics, 2013, 44 (1): 128-144.

[116] Jones C I. R&D—Based Models of Economic Growth [J] . Journal of Political Economy, 1995, 103 (4): 759-784.

[117] Jung J, López-Bazo E. On the Regional Impact of Broadband on Productivity: The Case of Brazil [J] . Telecommunications Policy, 2020, 44 (1): 101826.

[118] Jungmittag A. Innovation Dynamics in the EU: Convergence or Divergence? A Cross-Country Panel Data Analysis [J] . Empirical Economics, 2006, 31 (2): 313-331.

[119] Kim J-H, Wagman L. Screening Incentives and Privacy Protection in Financial Markets: A Theoretical and Empirical Analysis [J] . The RAND Journal of Economics, 2015, 46 (1): 1-22.

[120] King G, Lucas C, Nielsen R. The Balance-Sample Size Frontier in Matching Methods for Causal Inference [J] . American Journal of Political Science, 2017, 61 (2): 473-489.

[121] Kleysen R F, Street C T. Toward a Multi-Dimensional Measure of Individual Innovative Behavior [J] . Journal of Intellectual Capital, 2001, 2 (3): 284-296.

[122] Kolympiris C, Kalaitzandonakes N, Miller D. Spatial Collocation and Venture Capital in the US Biotechnology Industry [J] . Research Policy, 2011, 40 (9): 1188-1199.

[123] Kremer M, Brannen C, Glennerster R. The Challenge of Education and Learning in the Developing World [J] . Science, 2013, 340 (6130): 297-300.

[124] Krugman P R. Geography and Trade [M] . Cambridge: The MIT Press,

1991.

[125] Krugman P. Space: The Final Frontier [J]. Journal of Economic Perspectives, 1998, 12 (2): 161-174.

[126] Kuhn P, Mansour H. Is Internet Job Search Still Ineffective? [J]. The Economic Journal, 2014, 124 (581): 1213-1233.

[127] Leamer E E, Storper M. The Economic Geography of the Internet Age [J]. Journal of International Business Studies, 2001, 32 (4): 641-665.

[128] Lenard T M, Rubin P H. In Defense of Data: Information and the Costs of Privacy [J]. Policy & Internet, 2010, 2 (1): 149-183.

[129] Lerner J, Seru A. The Use and Misuse of Patent Data: Issues for Corporate Finance and Beyond [R]. Cambridge: National Bureau of Economic Research, 2017.

[130] Lerner J, Tirole J. Some Simple Economics of Open Source [J]. The Journal of Industrial Economics, 2002, 50 (2): 197-234.

[131] Levin J, Milgrom P. Online Advertising: Heterogeneity and Conflation in Market Design [J]. American Economic Review, 2010, 100 (2): 603-607.

[132] Lewis R A, Reiley D H. Online Ads and Offline Sales: Measuring the Effect of Retail Advertising Via a Controlled Experiment on Yahoo! [J]. Quantitative Marketing and Economics, 2014, 12 (3): 235-266.

[133] Liu S, Xu X Y, Zhao K, et al. Understanding the Complexity of Regional Innovation Capacity Dynamics in China: From the Perspective of Hidden Markov Model [J]. Sustainability, 2021, 13 (4): 1658.

[134] Livingston J A. How Valuable is a Good Reputation? A Sample Selection Model of Internet Auctions [J]. The Review of Economics and Statistics, 2005, 87 (3): 453-465.

[135] Loebbecke C, Picot A. Reflections on Societal and Business Model Transformation Arising from Digitization and Big Data Analytics: A Research Agenda [J]. The Journal of Strategic Information Systems, 2015, 24 (3): 149-157.

[136] Loorbach D. Transition Management for Sustainable Development: A Prescriptive, Complexity-Based Governance Framework [J]. Governance, 2010, 23 (1): 161-183.

[137] Luca M, Zervas G. Fake It Till You Make It: Reputation, Competition,

and Yelp Review Fraud [J]. Management Science, 2016, 62 (12): 3412-3427.

[138] Lucchetti R, Palomba G. Nonlinear Adjustment in US Bond Yields: An Empirical Model with Conditional Heteroskedasticity [J]. Economic Modelling, 2009, 26 (3): 659-667.

[139] Lucking-Reiley D, Bryan D, Prasad N, et al. Pennies from eBay: The Determinants of Price in Online Auctions [J]. The Journal of Industrial Economics, 2007, 55 (2): 223-233.

[140] Mack E A, Grubesic T H. Broadband Provision and Firm Location in Ohio: An Exploratory Spatial Analysis [J]. Tijdschrift voor Economische en Sociale Geografie, 2009, 100 (3): 298-315.

[141] Malecki E J. Digital Development in Rural Areas: Potentials and Pitfalls [J]. Journal of Rural Studies, 2003, 19 (2): 201-214.

[142] Malecki E J. Real People, Virtual Places, and the Spaces in between [J]. Socio-Economic Planning Sciences, 2017 (58): 3-12.

[143] Marshall A. Industry and Trade: A Study of Industrial Technique and Business Organization and of Their Influences on the Condition of Various Classes and Nations [M]. New York: MacMillian and Co. Limited, 1919.

[144] Matouschek N, Robert-Nicoud F. The Role of Human Capital Investments in the Location Decision of Firms [J]. Regional Science and Urban Economics, 2005, 35 (5): 570-583.

[145] Mayzlin D, Dover Y, Chevalier J. Promotional Reviews: An Empirical Investigation of Online Review Manipulation [J]. American Economic Review, 2014, 104 (8): 2421-2455.

[146] Miller A R, Tucker C. Privacy Protection, Personalized Medicine, and Genetic Testing [J]. Management Science, 2018, 64 (10): 4648-4668.

[147] Mokyr J. The Gifts of Athena: Historical Origins of the Knowledge Economy [M]. Princeton: Princeton University Press, 2002.

[148] Morgan K. Nurturing Novelty: Regional Innovation Policy in the Age of Smart Specialisation [J]. Environment and Planning C: Politics and Space, 2017, 35 (4): 569-583.

[149] Morgan K. The Exaggerated Death of Geography: Learning, Proximity and

Territorial Innovation Systems ［J］. Journal of Economic Geography, 2004, 4 (1): 3-21.

［150］ Moriset B, Malecki E J. Organization versus Space: The Paradoxical Geographies of the Digital Economy ［J］. Geography Compass, 2009, 3 (1): 256-274.

［151］ Morton F S, Zettelmeyer F, Silva-Risso J. Internet Car Retailing ［J］. The Journal of Industrial Economics, 2001, 49 (4): 501-519.

［152］ Murata Y, Nakajima R, Okamoto R, et al. Localized Knowledge Spillovers and Patent Citations: A Distance-Based Approach ［J］. The Review of Economics and Statistics, 2014, 96 (5): 967-985.

［153］ Murray F. Innovation as Co-Evolution of Scientific and Technological Networks: Exploring Tissue Engineering ［J］. Research Policy, 2002, 31 (8-9): 1389-1403.

［154］ Nagaraj A. Does Copyright Affect Reuse? Evidence from Google Books and Wikipedia ［J］. Management Science, 2018, 64 (7): 3091-3107.

［155］ Nambisan S, Wright M, Feldman M. The Digital Transformation of Innovation and Entrepreneurship: Progress, Challenges and Key Themes ［J］. Research Policy, 2019, 48 (8): 103773.

［156］ Niebel T. ICT and Economic Growth-Comparing Developing, Emerging and Developed Countries ［J］. World Development, 2018 (104): 197-211.

［157］ Nocke V, Peitz M, Stahl K. Platform Ownership ［J］. Journal of the European Economic Association, 2007, 5 (6): 1130-1160.

［158］ Nosko C, Tadelis S. The Limits of Reputation in Platform Markets: An Empirical Analysis and Field Experiment ［R］. Cambridge: National Bureau of Economic Research, 2015.

［159］ OECD, Statistical Office of the European Communities. Oslo Manual: Guidelines for Collecting and Interpreting Innovation Data (3rd Edition) ［M］. Paris: OECD, 2005.

［160］ Orlov E. How Does the Internet Influence Price Dispersion? Evidence from the Airline Industry ［J］. The Journal of Industrial Economics, 2011, 59 (1): 21-37.

［161］ Peukert C, Claussen J, Kretschmer T. Piracy and Box Office Movie Revenues: Evidence from Megaupload [J]. International Journal of Industrial Organization, 2017 (52): 188-215.

[162] Porter M. Clusters and the New Economics of Competition [J]. Harvard Business Review, 1998, 76 (6): 77-90.

[163] Pozzi A. E-Commerce as a Stockpiling Technology: Implications for Consumer Savings [J]. International Journal of Industrial Organization, 2013, 31 (6): 677-689.

[164] Proksch D, Haberstroh M M, Pinkwart A. Increasing the National Innovative Capacity: Identifying the Pathways to Success Using a Comparative Method [J]. Technological Forecasting and Social Change, 2017 (116): 256-270.

[165] Quah D. Internet Cluster Emergence [J]. European Economic Review, 2000, 44 (4-6): 1032-1044.

[166] Redding S J, Rossi-Hansberg E. Quantitative Spatial Economics [J]. Annual Review of Economics, 2017, 9 (1): 21-58.

[167] Rehnberg M, Ponte S. From Smiling to Smirking? 3D Printing, Upgrading and the Restructuring of Global Value Chains [J]. Global Networks, 2018, 18 (1): 57-80.

[168] Reimers I. Can Private Copyright Protection Be Effective? Evidence from Book Publishing [J]. The Journal of Law and Economics, 2016, 59 (2): 411-440.

[169] Reynolds P, Storey D J, Westhead P. Cross-National Comparisons of the Variation in New Firm Formation Rates [J]. Regional Studies, 1994, 28 (4): 443-456.

[170] Rey S J, Smith R J. A Spatial Decomposition of the Gini Coefficient [J]. Letters in Spatial and Resource Sciences, 2013, 6 (2): 55-70.

[171] Rodríguez-Pose A, Wilkie C. Innovating in Less Developed Regions: What Drives Patenting in the Lagging Regions of Europe and North America [J]. Growth and Change, 2019, 50 (1): 4-37.

[172] Romer P M. Endogenous Technological Change [J]. Journal of Political Economy, 1990, 98 (5): S71-S102.

[173] Rotemberg J J, Saloner G. Competition and Human Capital Accumulation: A Theory of Interregional Specialization and Trade [J]. Regional Science and Urban Eco-

nomics, 2000, 30 (4): 373-404.

[174] Ryan C. Eco-Acupuncture: Designing and Facilitating Pathways for Urban Transformation, for a Resilient Low-Carbon Future [J]. Journal of Cleaner Production, 2013 (50): 189-199.

[175] Schumpeter J A. The Theory of Economic Development [M]. Cambridge: Harvard University Press, 1934.

[176] Schwerdtner W, Siebert R, Busse M, et al. Regional Open Innovation Roadmapping: A New Framework for Innovation-Based Regional Development [J]. Sustainability, 2015, 7 (3): 2301-2321.

[177] Serrano C J. The Dynamics of the Transfer and Renewal of Patents [J]. The RAND Journal of Economics, 2010, 41 (4): 686-708.

[178] Shane S. A General Theory of Entrepreneurship: The Individual-Opportunity Nexus [M]. Cheltenham: Elgar, 2004.

[179] Shapiro C, Varian H R. Information Rules: A Strategic Guide to the Network Economy [M]. Boston: Harvard Business School Press, 1999.

[180] Simcoe T. Standard Setting Committees: Consensus Governance for Shared Technology Platforms [J]. The American Economic Review, 2012, 102 (1): 305-336.

[181] Simonov A, Nosko C, Rao J M. Competition and Crowd-Out for Brand Keywords in Sponsored Search [J]. Marketing Science, 2018, 37 (2): 200-215.

[182] Soo K T. Innovation Across Cities [J]. Journal of Regional Science, 2018, 58 (2): 295-314.

[183] Stanton C T, Thomas C. Landing the First Job: The Value of Intermediaries in Online Hiring [J]. The Review of Economic Studies, 2016, 83 (2): 810-854.

[184] Sternberg R. Regional Dimensions of Entrepreneurship [J]. Foundations and Trends® in Entrepreneurship, 2009, 5 (4): 211-340.

[185] Strange W, Hejazi W, Tang J. The Uncertain City: Competitive Instability, Skills, Innovation and the Strategy of Agglomeration [J]. Journal of Urban Economics, 2006, 59 (3): 331-351.

[186] Sturgeon T J. Modular Production Networks: A New American Model of In-

dustrial Organization ［J］. Industrial and Corporate Change, 2002, 11 (3): 451-496.

［187］ Taylor C, Wagman L. Consumer Privacy in Oligopolistic Markets: Winners, Losers, and Welfare ［J］. International Journal of Industrial Organization, 2014 (34): 80-84.

［188］ Townsend L, Wallace C, Fairhurst G, et al. Broadband and the Creative Industries in Rural Scotland ［J］. Journal of Rural Studies, 2017 (54): 451-458.

［189］ Tranos E. The Causal Effect of the Internet Infrastructure on the Economic Development of European City Regions ［J］. Spatial Economic Analysis, 2012, 7 (3): 319-337.

［190］ Usher A P. A History of Mechanical Inventions ［M］. New York: Dover Publications, 1988.

［191］ Uyarra E, Flanagan K, Magro E, et al. Understanding Regional Innovation Policy Dynamics: Actors, Agency and Learning ［J］. Environment and Planning C: Politics and Space, 2017, 35 (4): 559-568.

［192］ Waldfogel J, Chen L. Does Information Undermine Brand? Information Intermediary Use and Preference for Branded Web Retailers ［J］. The Journal of Industrial Economics, 2006, 54 (4): 425-449.

［193］ Waldfogel J, Reimers I. Storming the Gatekeepers: Digital Disintermediation in the Market for Books ［J］. Information Economics and Policy, 2015 (31): 47-58.

［194］ Waldfogel J. Copyright Research in the Digital Age: Moving from Piracy to the Supply of New Products ［J］. The American Economic Review, 2012, 102 (3): 337-342.

［195］ Waldfogel J. Music File Sharing and Sales Displacement in the iTunes Era ［J］. Information Economics and Policy, 2010, 22 (4): 306-314.

［196］ Weitzman M L. Recombinant Growth ［J］. The Quarterly Journal of Economics, 1998, 113 (2): 331-360.

［197］ Wei Y, Zhang H, Wei J. Patent Elasticity, R&D Intensity and Regional Innovation Capacity in China ［J］. World Patent Information, 2015 (43): 50-59.

［198］ Williams H L. Intellectual Property Rights and Innovation: Evidence from the Human Genome ［J］. Journal of Political Economy, 2013, 121 (1): 1-27.

［199］ Yang H. Targeted Search and the Long Tail Effect ［J］. The RAND Journal of Economics，2013，44（4）：733-756.

［200］Zabala-Iturriagagoitia J M，Voigt P，Gutiérrez-Gracia A，et al. Regional Innovation Systems：How to Assess Performance［J］. Regional Studies，2007，41（5）：661-672.

［201］Zhang L. Intellectual Property Strategy and the Long Tail：Evidence from the Recorded Music Industry［J］. Management Science，2018，64（1）：24-42.

［202］安同良，杨晨. 互联网重塑中国经济地理格局：微观机制与宏观效应［J］. 经济研究，2020，55（2）：4-19.

［203］白俊红，蒋伏心. 协同创新、空间关联与区域创新绩效［J］. 经济研究，2015，50（7）：174-187.

［204］白俊红，刘怡. 市场整合是否有利于区域创新的空间收敛［J］. 财贸经济，2020，41（1）：96-109.

［205］蔡庆丰，陈熠辉，林焜. 信贷资源可得性与企业创新：激励还是抑制？——基于银行网点数据和金融地理结构的微观证据［J］. 经济研究，2020，55（10）：124-140.

［206］查婷俊，杨锐. 技术创新本地化壁垒与突破路径研究［J］. 科技进步与对策，2015，32（23）：1-8.

［207］常亮. 电子商务是否为无摩擦交易——基于我国 B2C 民航机票市场数据的研究［J］. 中国流通经济，2016，30（8）：82-88.

［208］陈杰，周倩. 中国城市规模和产业结构对城市劳动生产率的协同效应研究［J］. 财经研究，2016，42（9）：75-86.

［209］陈奕庭，董志强. 工作搜寻范围扩大对劳动力市场的影响［J］. 财经研究，2020，46（9）：78-91.

［210］陈长石，姜廷廷，刘晨晖. 产业集聚方向对城市技术创新影响的实证研究［J］. 科学学研究，2019，37（1）：77-85.

［211］承上. 人工智能时代个性化定价行为的反垄断规制——从大数据杀熟展开［J］. 中国流通经济，2020，34（5）：121-128.

［212］程崇祯，周世民. 信誉及品牌：模型构建及其经济学分析［J］. 数量经济技术经济研究，2004（6）：101-107.

［213］程立茹. 互联网经济下企业价值网络创新研究［J］. 中国工业经济，2013（9）：82-94.

［214］戴美虹．互联网技术与出口企业创新活动——基于企业内资源重置视角［J］．统计研究，2019，36（11）：62-75．

［215］邓智团，樊豪斌．中国城市人口规模分布规律研究［J］．中国人口科学，2016（4）：48-60+127．

［216］董屹宇，郭泽光．风险资本退出、董事会治理与企业创新投资——基于 PSM-DID 方法的检验［J］．产业经济研究，2020（6）：99-112．

［217］方创琳．中国城市群地图集［M］．北京：科学出版社，2020．

［218］方刚，谈佳馨．互联网环境下产学研协同创新的知识增值研究［J］．科学学研究，2020，38（7）：1325-1337．

［219］冯净冰，章韬，陈钊．政府引导与市场活力——中国 PPP 项目的社会资本吸纳［J］．经济科学，2020（5）：19-31．

［220］冯然．竞争约束、运行范式与网络平台寡头垄断治理［J］．改革，2017（5）：106-113．

［221］高旻昱，曾刚，王丰龙．相关多样化、非相关多样化与区域创新产出——以长三角地区为例［J］．人文地理，2020，35（5）：103-110．

［222］龚强，班铭媛，张一林．区块链、企业数字化与供应链金融创新［J］．管理世界，2021，37（2）：3+22-34．

［223］谷国锋，许瑛航．中国地级市电子商务发展水平的空间格局及影响因素［J］．经济地理，2019，39（10）：123-129+145．

［224］韩先锋，刘娟，李勃昕．"互联网+"驱动区域创新效率的异质动态效应研究［J］．管理学报，2020，17（5）：715-724．

［225］韩先锋，宋文飞，李勃昕．互联网能成为中国区域创新效率提升的新动能吗［J］．中国工业经济，2019（7）：119-136．

［226］韩旭，封进，艾静怡．城市规模与劳动力市场匹配效率——基于生命历程数据的研究［J］．劳动经济研究，2018，6（6）：3-22．

［227］何大安．互联网应用扩张与微观经济学基础——基于未来"数据与数据对话"的理论解说［J］．经济研究，2018，53（8）：177-192．

［228］何舜辉，杜德斌，焦美琪，等．中国地级以上城市创新能力的时空格局演变及影响因素分析［J］．地理科学，2017，37（7）：1014-1022．

［229］贺晓宇，张治栋．模块化视角的网络状产业链整合研究——以安徽省汽车产业为例［J］．科技管理研究，2013，33（24）：181-185．

［230］胡宗义，解俊杰，刘亦文．金砖国家经济增长源泉的异质性及强度研究——基于互联网、金融发展和法治水平的视角［J］．统计与信息论坛，2017，32（4）：57-63.

［231］黄萃，赵培强，李江．基于共词分析的中国科技创新政策变迁量化分析［J］．中国行政管理，2015（9）：115-122.

［232］黄丽娜，黄璐，邵晓．基于共词分析的中国互联网政策变迁：历史、逻辑与未来［J］．情报杂志，2019，38（5）：70+83-91.

［233］黄丽，王晓燕，熊瑶．长三角城市群创新产出差异的时空演变及影响因素［J］．科技管理研究，2018，38（19）：69-74.

［234］黄群慧，余泳泽，张松林．互联网发展与制造业生产率提升：内在机制与中国经验［J］．中国工业经济，2019（8）：5-23.

［235］黄益平，陶坤玉．中国的数字金融革命：发展、影响与监管启示［J］．国际经济评论，2019（6）：5+24-35.

［236］惠宁，刘鑫鑫．互联网发展与区域创新能力非线性关系研究［J］．科技进步与对策，2020，37（12）：28-35.

［237］纪祥裕．金融地理影响了城市创新能力吗？［J］．产业经济研究，2020（1）：114-127.

［238］简泽，谭利萍，吕大国，等．市场竞争的创造性、破坏性与技术升级［J］．中国工业经济，2017（5）：16-34.

［239］金培振，殷德生，金桩．城市异质性、制度供给与创新质量［J］．世界经济，2019，42（11）：99-123.

［240］寇宗来，刘学悦．中国城市和产业创新力报告2017［R］．上海：复旦大学产业发展研究中心，2017.

［241］黎晓春，常敏．数字经济时代创新型城市发展的动力变革和路径优化研究［J］．治理研究，2020，36（1）：93-99.

［242］李勃昕，韩先锋，李宁．知识产权保护是否影响了中国OFDI逆向创新溢出效应？［J］．中国软科学，2019（3）：46-60.

［243］李丹．算法歧视消费者：行为机制、损益界定与协同规制［J］．上海财经大学学报，2021，23（2）：17-33.

［244］李琳，郭立宏．文化距离、文化严格程度与跨国知识溢出［J］．科学学研究，2018，36（6）：1078-1086.

[245] 李青原，肖泽华. 异质性环境规制工具与企业绿色创新激励——来自上市企业绿色专利的证据 [J]. 经济研究，2020，55（9）：192-208.

[246] 李习保. 中国区域创新能力变迁的实证分析：基于创新系统的观点 [J]. 管理世界，2007（12）：18-30+171.

[247] 李星. 城市群创新能力的空间差异研究 [J]. 经济体制改革，2020（1）：66-72.

[248] 李艳妮，徐兰香. 搜索选择对新产品开发绩效的影响机制 [J]. 科学学研究，2021，39（3）：481-488.

[249] 李扬，张晓晶. "新常态"：经济发展的逻辑与前景 [J]. 经济研究，2015，50（5）：4-19.

[250] 李长英，赵忠涛. 技术多样化对企业创新数量和创新质量的影响研究 [J]. 经济学动态，2020（6）：15-29.

[251] 李振华，赵敏如，王佳硕. 社会资本对区域科技孵化网络创新产出影响——基于多中心治理视角 [J]. 科学学研究，2016，34（4）：564-573+581.

[252] 李政，杨思莹. 创新型城市试点提升城市创新水平了吗？[J]. 经济学动态，2019（8）：70-85.

[253] 廖宏建，张倩苇. "互联网+"教育精准帮扶的转移逻辑与价值选择——基于教育公平的视角 [J]. 电化教育研究，2018，39（5）：5-11.

[254] 林毅夫. 中国改革开放 40 年经济发展态势与新时代转型升级展望 [J]. 西部论坛，2018，28（6）：1-6.

[255] 刘传明，马青山. 网络基础设施建设对全要素生产率增长的影响研究——基于"宽带中国"试点政策的准自然实验 [J]. 中国人口科学，2020（3）：75-88+127-128.

[256] 刘芳. 高速铁路、知识溢出与城市创新发展——来自 278 个城市的证据 [J]. 财贸研究，2019，30（4）：14-29.

[257] 刘凤朝，刘靓，马荣康. 区域间技术交易网络、吸收能力与区域创新产出——基于电子信息和生物医药领域的实证分析 [J]. 科学学研究，2015，33（5）：774-781.

[258] 刘华军，曲惠敏. 中国城市创新力的空间格局及其演变 [J]. 财贸研究，2021，32（1）：14-25.

[259] 刘鹏，张运峰. 产业集聚、FDI 与城市创新能力——基于我国 264 个

地级市数据的空间杜宾模型［J］.华东经济管理，2017，31（5）：56-65.

［260］刘少波，张友泽，梁晋恒.金融科技与金融创新研究进展［J］.经济学动态，2021（3）：126-144.

［261］刘帅，李琪，徐晓瑜，等.互联网发展与城市创新提升——基于"宽带中国"战略的准自然实验［J］.西安交通大学学报（社会科学版），2022，42（6）：10-20.

［262］刘帅，李琪，徐晓瑜，等.互联网是否缩小了城市创新差距？——基于面板门槛模型的检验［J］.软科学，2023，37（1）：50-57+68.

［263］刘帅，李琪，徐晓瑜，等.中国创新要素集聚能力的时空格局与动态演化［J］.科技进步与对策，2021，38（16）：11-20.

［264］刘晔，曾经元，王若宇，等.科研人才集聚对中国区域创新产出的影响［J］.经济地理，2019，39（7）：139-147.

［265］刘晔，徐楦钫，马海涛.中国城市人力资本水平与人口集聚对创新产出的影响［J］.地理科学，2021，41（6）：923-932.

［266］刘银，徐丽娜，唐玺年，等.互联网使用对中国城乡家庭创业的影响分析——来自三期面板 CFPS 数据的实证［J］.湖南农业大学学报（社会科学版），2021，22（1）：87-96.

［267］柳志娣，张骁.互联网发展、市场化水平与中国产业结构转型升级［J］.经济与管理研究，2021，42（12）：22-34.

［268］鲁元平，王军鹏.数字鸿沟还是信息福利——互联网使用对居民主观福利的影响［J］.经济学动态，2020（2）：59-73.

［269］罗珉，李亮宇.互联网时代的商业模式创新：价值创造视角［J］.中国工业经济，2015（1）：95-107.

［270］吕拉昌，辛晓华，陈东霞.城市创新基础设施空间格局与创新产出——基于中国 290 个地级及以上城市的实证分析［J］.人文地理，2021，36（4）：104-113+125.

［271］马青山，何凌云，袁恩宇.新兴基础设施建设与城市产业结构升级——基于"宽带中国"试点的准自然实验［J］.财经科学，2021（4）：76-90.

［272］马晓河，胡拥军."互联网+"推动农村经济高质量发展的总体框架与政策设计［J］.宏观经济研究，2020（7）：5-16.

［273］毛蕴诗，周燕．硅谷机制与企业高速成长——再论企业与市场之间的关系［J］．管理世界，2002（6）：102-108.

［274］倪宁，金韶．大数据时代的精准广告及其传播策略——基于场域理论视角［J］．现代传播（中国传媒大学学报），2014，36（2）：99-104.

［275］庞玉萍，刘叶青．城市文化开放性对城市创新能力的影响［J］．城市发展研究，2020，27（3）：124-131.

［276］戚聿东，肖旭．数字经济时代的企业管理变革［J］．管理世界，2020，36（6）：135-152+250.

［277］任会明．中国城市网络结构特征及其对城市创新的影响研究［D］．上海大学博士学位论文，2020.

［278］任远，陶力．本地化的社会资本与促进流动人口的社会融合［J］．人口研究，2012，36（5）：47-57.

［279］阮素梅，蔡超，许启发．工资谈判与教育回报——基于动态 Mincer 方程的实证研究［J］．财贸研究，2015，26（2）：85-93.

［280］沈国兵，袁征宇．企业互联网化对中国企业创新及出口的影响［J］．经济研究，2020，55（1）：33-48.

［281］沈立，倪鹏飞，徐海东，等．市场活力、创新能力对城市可持续竞争力的影响机制［J］．城市问题，2020（12）：24-33.

［282］盛天翔，刘春林．网络渠道与传统渠道价格差异的竞争分析［J］．管理科学，2011，24（3）：56-64.

［283］盛彦文，骆华松，宋金平，等．中国东部沿海五大城市群创新效率、影响因素及空间溢出效应［J］．地理研究，2020，39（2）：257-271.

［284］施炳展，李建桐．互联网是否促进了分工：来自中国制造业企业的证据［J］．管理世界，2020，36（4）：130-149.

［285］石文华，钟碧园，张绮．在线影评和在线短评对票房收入影响的比较研究［J］．中国管理科学，2017，25（10）：162-170.

［286］司月芳，梁新怡，曾刚，等．中国跨境知识溢出的地理格局及影响因素［J］．经济地理，2020，40（8）：1-8.

［287］苏屹，林周周．自有知识、知识溢出与区域创新产出［J］．科研管理，2021，42（1）：168-176.

［288］苏屹，闫玥涵．国家创新政策与区域创新系统的跨层次研究［J］．

科研管理, 2020, 41（12）：160-170.

[289] 苏治, 荆文君, 孙宝文. 分层式垄断竞争：互联网行业市场结构特征研究——基于互联网平台类企业的分析 [J]. 管理世界, 2018, 34（4）：80-100+187-188.

[290] 孙瑾, 郑雨, 陈静. 感知在线评论可信度对消费者信任的影响研究——不确定性规避的调节作用 [J]. 管理评论, 2020, 32（4）：146-159.

[291] 孙宇, 冯丽烁. 1994-2014 年中国互联网治理政策的变迁逻辑 [J]. 情报杂志, 2017, 36（1）：87-91+141.

[292] 万道侠, 胡彬, 李叶. 相关多样化、无关多样化与城市创新——基于中国 282 个地级城市面板数据的实证 [J]. 财经科学, 2019（5）：56-70.

[293] 万广华, 张琰. 信息与城市化——基于跨国数据的实证研究 [J]. 经济学（季刊）, 2021, 21（2）：465-492.

[294] 王春杨, 兰宗敏, 张超, 等. 高铁建设、人力资本迁移与区域创新 [J]. 中国工业经济, 2020a（12）：102-120.

[295] 王晶晶, 程钰, 曹欣欣. 山东省区域创新产出空间演化与影响因素研究 [J]. 华东经济管理, 2018, 32（11）：14-21.

[296] 王春杨, 孟卫东, 凌星元. 高铁能否提升沿线城市的创新能力？——基于地级城市专利数据的分析 [J]. 研究与发展管理, 2020b, 32（3）：50-60.

[297] 王道金, 吕鸿江, 周应堂. 渐进式、突破式和平衡式创新对组织绩效的影响研究——正式网络支持与非正式网络帮助的调节作用 [J]. 研究与发展管理, 2020, 32（6）：165-176.

[298] 王峤, 刘修岩, 李迎成. 空间结构、城市规模与中国城市的创新绩效 [J]. 中国工业经济, 2021（5）：114-132.

[299] 王军, 常红. 知识溢出、吸收能力与经济增长——基于调节效应的检验 [J]. 经济与管理研究, 2020, 41（9）：12-28.

[300] 王鹏, 李军花. 产业互动外部性、生产性服务业集聚与城市创新力——对我国七大城市群的一项实证比较 [J]. 产经评论, 2020, 11（2）：17-33.

[301] 王巧, 佘硕, 曾婧婧. 国家高新区提升城市绿色创新效率的作用机制与效果识别——基于双重差分法的检验 [J]. 中国人口·资源与环境, 2020, 30（2）：129-137.

［302］王阳，沈军军，江震．移动互联网时代算法推荐语境下移动阅读素养研究［J］．新世纪图书馆，2020（6）：24-29.

［303］温军，冯根福．风险投资与企业创新："增值"与"攫取"的权衡视角［J］．经济研究，2018，53（2）：185-199.

［304］吴婵丹．中国互联网、市场潜能与产业布局——基于新经济地理学视角的研究［D］．华中科技大学博士学位论文，2015.

［305］徐力行，王鑫，郭静．银行中小企业金融服务产品：难促科技创新？——基于南京22家银行的调查研究［J］．中国软科学，2011（1）：59-66.

［306］徐越倩，李拓，陆利丽．科技金融结合试点政策对地区经济增长影响研究——基于科技创新与产业结构合理化的视角［J］．重庆大学学报（社会科学版），2021，27（6）：1-15.

［307］许时泽，杜德斌．上海与深圳城市创新活力比较研究［J］．科技管理研究，2019，39（18）：73-81.

［308］薛成，孟庆玺，何贤杰．网络基础设施建设与企业技术知识扩散——来自"宽带中国"战略的准自然实验［J］．财经研究，2020，46（4）：48-62.

［309］薛熠，张昕智．数字经济时代金融科技推动金融业发展的机理研究［J］．北京师范大学学报（社会科学版），2022（3）：104-112.

［310］薛有志，郭勇峰．C2C电子商务卖家的竞争战略研究：基于淘宝网的分析［J］．南开管理评论，2012，15（5）：129-140.

［311］杨明海，张红霞，孙亚男．七大城市群创新能力的区域差距及其分布动态演进［J］．数量经济技术经济研究，2017，34（3）：21-39.

［312］杨明海，张红霞，孙亚男，等．中国八大综合经济区科技创新能力的区域差距及其影响因素研究［J］．数量经济技术经济研究，2018，35（4）：3-19.

［313］叶德珠，潘爽，武文杰，等．距离、可达性与创新——高铁开通影响城市创新的最优作用半径研究［J］．财贸经济，2020，41（2）：146-161.

［314］叶晓倩，陈伟．我国城市对科技创新人才的综合吸引力研究——基于舒适物理论的评价指标体系构建与实证［J］．科学学研究，2019，37（8）：1375-1384.

［315］易纲．再论中国金融资产结构及政策含义［J］．经济研究，2020，55（3）：4-17.

［316］袁航，朱承亮．国家高新区推动了中国产业结构转型升级吗［J］．中国工业经济，2018（8）：60-77.

［317］原毅军，黄菁菁．FDI、产学研合作与区域创新产出——基于互补性检验的实证研究［J］．研究与发展管理，2016，28（6）：38-47.

［318］曾菊凡．互联网金融与征信业的互动耦合发展机理研究［J］．中国人口·资源与环境，2015，25（S1）：617-619.

［319］曾祥炎，曾小明，成鹏飞．人力资本外溢对新建企业选址的影响——来自中国工业企业的微观证据［J］．系统工程，2019，37（5）：150-158.

［320］翟婧彤．城市规模与创新能力：特征、机制与空间效应［D］．东北财经大学博士学位论文，2020.

［321］张萃．外来人力资本、文化多样性与中国城市创新［J］．世界经济，2019，42（11）：172-192.

［322］张贵，李涛．京津冀城市群创新产出空间差异的影响因素分析［J］．华东经济管理，2018，32（1）：69-76.

［323］张海洋．信息披露监管与P2P借贷运营模式［J］．经济学（季刊），2017，16（1）：371-392.

［324］张佳，王琛．农村电子商务与产品多样化影响因素探究——基于浙江淘宝村的实地调研分析［J］．地理科学进展，2020，39（8）：1260-1269.

［325］张军涛，翟婧彤，贾宾．城市规模与人力资本技能溢价：集聚效应和选择效应［J］．统计研究，2021，38（2）：73-86.

［326］张可．经济集聚与区域创新的交互影响及空间溢出［J］．金融研究，2019（5）：96-114.

［327］张梁，相广平，马永凡．数字金融对区域创新差距的影响机理分析［J］．改革，2021（5）：88-101.

［328］张林，高安刚．国家高新区如何影响城市群创新空间结构——基于单中心—多中心视角［J］．经济学家，2019（1）：69-79.

［329］张骞．互联网发展对区域创新能力的影响及其机制研究［D］．山东大学博士学位论文，2019.

［330］张所地，闫昱洁，李斌．城市基础设施、人才集聚与创新［J］．软科学，2021，35（2）：7-13.

［331］张骁，吴琴，余欣．互联网时代企业跨界颠覆式创新的逻辑［J］．

中国工业经济，2019（3）：156-174.

[332] 张小蒂，曾可昕．基于产业链治理的集群外部经济增进研究——以浙江绍兴纺织集群为例［J］．中国工业经济，2012（10）：148-160.

[333] 张新民，陈德球．移动互联网时代企业商业模式、价值共创与治理风险——基于瑞幸咖啡财务造假的案例分析［J］．管理世界，2020，36（5）：74-86.

[334] 张旭亮，史晋川，李仙德，等．互联网对中国区域创新的作用机理与效应［J］．经济地理，2017，37（12）：129-137.

[335] 张勋，万广华，张佳佳，等．数字经济、普惠金融与包容性增长［J］．经济研究，2019，54（8）：71-86.

[336] 张永林．互联网、信息元与屏幕化市场——现代网络经济理论模型和应用［J］．经济研究，2016，51（9）：147-161.

[337] 张志强．空间加权矩阵设置与空间面板参数估计效率［J］．数量经济技术经济研究，2014，31（10）：122-138.

[338] 赵星，王林辉．中国城市创新集聚空间演化特征及影响因素研究［J］．经济学家，2020（9）：75-84.

[339] 郑江淮，冉征．走出创新"舒适区"：地区技术多样化的动态性及其增长效应［J］．中国工业经济，2021（5）：19-37.

[340] 郑雅心．数字普惠金融是否可以提高区域创新产出？——基于我国省际面板数据的实证研究［J］．经济问题，2020（10）：53-61.

[341] 钟腾，汪昌云．金融发展与企业创新产出——基于不同融资模式对比视角［J］．金融研究，2017（12）：127-142.

[342] 周锐波，刘叶子，杨卓文．中国城市创新能力的时空演化及溢出效应［J］．经济地理，2019，39（4）：85-92.

[343] 周学仁，张越．国际运输通道与中国进出口增长——来自中欧班列的证据［J］．管理世界，2021，37（4）：52-63+64-67+102.

[344] 周正龙，马本江，胡凤英．中国 P2P 网络借贷平台的动态逆向拍卖机制［J］．系统工程理论与实践，2017，37（2）：409-417.

[345] 朱桂龙，杨小婉，江志鹏．层面—目标—工具三维框架下我国协同创新政策变迁研究［J］．科技进步与对策，2018，35（13）：110-117.

[346] 邹璇，林岚欣，胡小渝．轨道交通建设对城市创新产出影响的实证分析［J］．经济地理，2020，40（8）：76-85.